本书列入

2017年国家社会科学基金重大委托项目

"十三五"国家重点图书出版规划项目

中华传统文化百部经典

玄奘 著

王邦维 解读

大唐西域记（节选）

国家图书馆出版社

图书在版编目（CIP）数据

大唐西域记:节选／(唐)玄奘著；王邦维解读.—北京：
国家图书馆出版社，2023.12（2025.4 重印）
（中华传统文化百部经典／袁行霈主编）
ISBN 978-7-5013-6956-0

Ⅰ.①大… Ⅱ.①玄… ②王… Ⅲ.①西域－历史
地理－唐代 Ⅳ.① K928.6 ② K935.06

中国版本图书馆 CIP 数据核字 (2020) 第 017965 号

国家图书馆出版社官方微信

书　　名	大唐西域记（节选）
著　　者	(唐)玄 奘 著　王邦维 解读
责任编辑	潘肖蔷
特约审校	马庆洲
封面设计	敬人设计工作室

出版发行	国家图书馆出版社（北京市西城区文津街 7 号　100034）
	010-66114536　63802249　nlcpress@nlc.cn（邮购）
网　　址	http://www.nlcpress.com
印　　装	北京科信印刷有限公司
版次印次	2023 年 12 月第 1 版　2025 年 4 月第 2 次印刷

开　　本	710×1000　1/16
印　　张	22
字　　数	273 千字
书　　号	ISBN 978-7-5013-6956-0
定　　价	64.00 元（精装）

编纂缘起

　　文化是民族的血脉，是人民的精神家园。党的十八大以来，围绕传承发展中华优秀传统文化，习近平总书记发表了一系列重要讲话，深刻揭示出中华优秀传统文化的地位和作用，梳理概括了中华优秀传统文化的历史源流、思想精神和鲜明特质，集中阐明了我们党对待传统文化的立场态度，这是中华民族继往开来、实现伟大复兴的重要文化方略。2017 年初，中共中央办公厅、国务院办公厅印发《关于实施中华优秀传统文化传承发展工程的意见》，从国家战略层面对中华优秀传统文化传承发展工作作出部署。

　　我国古代留下浩如烟海的典籍，其中的精华是培育民族精神和时代精神的文化基础。激活经典，熔古铸今，是增强文化自觉和文化自信的重要途径。多年来，学术界潜心研究，钩沉发覆、辨伪存真、提炼精华，做了许多有益工作。编纂《中华传统文化百部经典》（简称《百部经典》），就是在汲取已有成果基础上，力求编出一套兼具思想性、学术性和大众性的读本，使之成为广泛认同、传之久远的范本。《百部经典》所选图书上起先秦，下至辛亥革命，包括哲学、文学、历史、艺术、科技等领域的重要典籍。萃取其精华，加以解读，旨在搭建传统典籍与大众之间的桥梁，激活中华优秀传统文化，用优秀传统文化滋养当代中国人的精神世界，提振当代中国人的文化自信。

这套书采取导读、原典、注释、点评相结合的编纂体例，寻求优秀传统文化与社会主义核心价值观之间的深度契合点；以当代眼光审视和解读古代典籍，启发读者从中汲取古人的智慧和历史的经验，借以育人、资政，更好地为今人所取、为今人所用；力求深入浅出、明白晓畅地介绍古代经典，让优秀传统文化贴近现实生活，融入课堂教育，走进人们心中，最大限度地发挥以文化人的作用。

《百部经典》的编纂是一项重大文化工程。在中宣部等部门的指导和大力支持下，国家图书馆做了大量组织工作，得到学术界的积极响应和参与。由专家组成的编纂委员会，职责是作出总体规划，选定书目，制订体例，掌握进度；并延请德高望重的大家耆宿担当顾问，聘请对各书有深入研究的学者承担注释和解读，邀请相关领域的知名专家负责审订。先后约有 500 位专家参与工作。在此，向他们表示由衷的谢意。

书中疏漏不当之处，诚请读者批评指正。

2017 年 9 月 21 日

凡 例

一、《中华传统文化百部经典》的选书范围，上起先秦，下迄辛亥革命。选择在哲学、文学、历史、艺术、科技等各个领域具有重大思想价值、社会价值、历史价值和学术价值的一百部经典著作。

二、对于入选典籍，视具体情况确定节选或全录，并慎重选择底本。

三、对每部典籍，均设"导读""注释""点评"三个栏目加以诠释。导读居一书之首，主要介绍作者生平、成书过程、主要内容、历史地位、时代价值等，行文力求准确平实。注释部分解释字词、注明难字读音，串讲句子大意，务求简明扼要。点评包括篇末评和旁批两种形式。篇末评撮述原典要旨，标以"点评"，旁批萃取思想精华，印于书页一侧，力求要言不烦，雅俗共赏。

四、原文中的古今字、假借字一般不做改动，唯对异体字根据现行标准做适当转换。

五、每书附入相关善本书影，以期展现典籍的历史形态。

避樹南有窣堵波無憂王之所建也迦葉波佛
王以如來涅槃之後第四百年君臨膽部州不
信罪福輕毀佛法田獵半澤遇白兔王親奉遂至此
忽臧見有牧牛小豎於林樹間作小窣堵波其高尺
王曰汝何所為牧豎對曰昔釋迦佛聖智懸記甞言
囯王於此朕地建窣堵波吾身舍利多聚其內大王堅
德宿殖名符昔記神功騰先屬斯辰故我今者
先相警發說此語已忽然不現王聞是說喜慶嗟悼
自負其名大聖先記因發正信深敬佛法周小窣堵波
更建石窣堵波欲以功力踰賣其上隨其數量恒出三
人筭是堵高踰四百尺其趾所峙周一里十層基五級
高一百五十尺方乃得賣小窣堵波王周喜慶復於其
上更建二十五層金銅相輪即以如來舍利一斛置
其中式終供養瑩瑩繞記見小窣堵波在大基東
隔下停出其半王心不平使即擁葉遂住窣堵波末
二級下石基中半現復於本更更出小窣堵波今猶現在有嬰疾病
而嘆曰嗟夫人事易迷神功難掩靈豎所扶慎悲何及
懃懼既已謝咎而稀其二窣堵波
欲祈康愈者塗香散花至誠篕合多蒙療差
大窣堵波東西石陛南鑱作二窣堵波一高三尺一高五

大唐西域记残卷 （唐）释玄奘撰
P.3814 法国国家图书馆藏

大唐西域記卷第五

三藏法師　玄奘奉　詔譯

大惣持寺沙門　辯機　撰

轉

六國

羯若鞠闍國、　阿踰陀國

阿耶穆佉國　鉢邏耶伽國

憍賞彌國　鞞索迦國 山格迦

羯若鞠闍國周四千餘里國大都城西臨殑
伽河其長二十餘里廣四五里城隍堅峻臺
閣相望花林池沼光鮮澄鏡異方奇貨多聚
於此居人豐樂家室富饒花果具繁稼穡時
播氣序和冷風俗淳質容貌妍雅服飾鮮綺

大唐西域记十二卷　（唐）释玄奘撰
宋绍兴二年（1132）王永从刻安吉州思溪法宝资福禅寺大藏本　国家图书馆藏

目　录

导　读

一、书名与作者 ……………………………………（ 1 ）

二、内容 ……………………………………………（ 11 ）

三、版本和流传情况 ………………………………（ 19 ）

四、价值与影响 ……………………………………（ 23 ）

五、节选情况 ………………………………………（ 30 ）

大唐西域记

卷一 ………………………………………………（ 33 ）

一、序论 ……………………………………………（ 33 ）

二、屈支国 …………………………………………（ 50 ）

三、飒秣建国 ………………………………………（ 58 ）

四、睹货逻国故地 …………………………………（ 61 ）

五、缚喝国 …………………………………………（ 64 ）

六、梵衍那国 ………………………………………（ 67 ）

七、迦毕试国 ....（74）

卷二 ....（85）

一、印度总述：名称 ....（85）

二、印度总述：疆域 ....（91）

三、印度总述：语言文字 ....（92）

四、印度总述：教育 ....（93）

五、印度总述：族姓 ....（96）

六、那揭罗曷国：佛影窟 ....（97）

七、健驮逻国 ....（107）

八、健驮逻国：迦腻色迦王大塔 ....（109）

卷三 ....（119）

一、呾叉始罗国 ....（119）

二、呾叉始罗国：拘浪拏太子故事 ....（122）

三、迦湿弥罗国 ....（126）

四、迦湿弥罗国：迦腻色迦王与佛教结集 ....（130）

五、迦湿弥罗国：雪山下王讨罪故事 ....（134）

六、迦湿弥罗国：佛牙伽蓝的传说 ....（135）

卷四 ....（138）

一、至那仆底国 ....（138）

卷五 ....（147）

一、羯若鞠阇国：大树仙人与曲女城的传说 ....（147）

二、羯若鞠阇国：戒日王 ....（151）

三、羯若鞠阇国：曲女城大会 ....（155）

卷六..（167）

一、劫比罗伐窣堵国：释迦牟尼佛诞生处的传说........（167）

二、劫比罗伐窣堵国：释种诛死处的传说..................（172）

三、劫比罗伐窣堵国：释迦牟尼归见父王处..............（175）

四、劫比罗伐窣堵国：腊伐尼林及释迦牟尼诞生传说.............（177）

五、蓝摩国..（179）

卷七..（185）

一、婆罗疤斯国..（185）

二、婆罗疤斯国：鹿野伽蓝..（186）

三、婆罗疤斯国：释迦牟尼初转法轮的故事..................（193）

四、婆罗疤斯国：烈士池的故事......................................（196）

五、婆罗疤斯国：三兽窣堵波故事..................................（206）

卷八..（214）

一、摩揭陀国：华氏城的传说..（214）

二、摩揭陀国：菩提树垣..（219）

三、摩揭陀国：菩提僧伽蓝..（235）

卷九..（241）

一、摩揭陀国：那烂陀寺..（241）

卷十..（256）

一、迦摩缕波国..（256）

二、秫罗矩吒国..（261）

卷十一..（269）

一、僧伽罗国：建国的传说..（269）

二、摩诃剌侘国 ....（276）

卷十二 ....（281）

一、活国 ....（281）

二、葱岭 ....（283）

三、羯盘陀国：汉日天种的故事 ....（284）

四、羯盘陀国：童受论师的传说 ....（289）

五、瞿萨旦那国 ....（292）

六、瞿萨旦那国：毗卢折那伽蓝 ....（296）

七、瞿萨旦那国：瞿室㥄伽山 ....（297）

八、瞿萨旦那国：勃伽夷城 ....（298）

九、瞿萨旦那国：鼠王的故事 ....（300）

十、瞿萨旦那国：娑摩若僧伽蓝传说 ....（304）

十一、瞿萨旦那国：东国公主与蚕种西传的传说 ....（307）

十二、瞿萨旦那国：龙女求夫的传说 ....（314）

导 读

一、书名与作者

《大唐西域记》是中国唐代高僧玄奘撰写的一部著作。在中国历史上众多的典籍中，《大唐西域记》很有特点，甚至可以说是一部有些奇异的书。

"西域"一词，在中国古代，指的是出今甘肃敦煌境内的古玉门关和阳关，由此迤西广大的一片地域。从汉至唐，在这一地域里，先后存在过大大小小的许多国家。广义的西域，可以包括往西一直到古代地中海的东罗马帝国，几乎没有什么一定的边际。范围稍小一点，则指今天中国的新疆地区、中亚以及印度次大陆一带。《大唐西域记》一书记载的，就是玄奘在唐朝初年往印度求法，曾经经历过的这一地域，以印度为主的一百多个国家或者地区的各种情况。这些国家和地区，当时都可以概称为"西域"。《大唐西域记》的书名，便由此而得来。

玄奘本姓陈，名袆。玄奘的出生地，在洛州缑氏县陈堡谷，即今河南洛阳偃师区缑氏镇的陈河村。玄奘出生的年代，史书中没有明确的记载。晚近的学者根据各种材料推断，得到的结果不一。比较被人接受的一种说法是在隋文帝开皇二十年（600）。玄奘是他出家取的法名。因为是唐朝人，所以人们又把他称作唐玄奘。在普通老百姓中，往往干脆把他称作唐僧。不过，严格地讲，唐朝的僧人，都可以叫做"唐僧"。"唐僧"有许多，玄奘只是其中一位。

玄奘的祖上，在北朝时作过官。他的父亲作过隋朝的江陵县令，不过隋朝末年政治败坏，就弃官回到家乡。隋唐时代，佛教在社会上有很大影响，玄奘的全家，都信仰佛教。缑氏县离洛阳不远，洛阳有许多著名的佛教寺庙。玄奘的二哥长捷，就在洛阳的净土寺出家。玄奘十岁那年，父亲去世。第二年，二哥就把他带到洛阳，教诵佛经。玄奘十三岁那年，朝廷派了官员，选拔品学兼优者出家。他因为年幼，本来没有被录取的资格，但他出家心切，就自己立于公门之侧。主持考试的官员大理寺卿郑善果见而奇之，问他是谁家的孩子，想要做什么。玄奘报告了姓氏，说他想出家。郑善果又问他为什么要出家。玄奘回答："意欲远绍如来，近光遗法。"郑善果大为赞叹，又看玄奘器貌不凡，破例录取了玄奘，并对左右的人说："诵业易成，风骨难得。若度此子，必为释门伟器。但恐果与诸公不见其翔翥云霄、洒演甘露耳。"（《大慈恩寺三藏法师传》卷一）玄奘出家以后，正式开始学习佛教的教义。他天资聪明，加上又非常用功，进步很快。可是，就在玄奘出家的头一年，隋末的农民大起义爆发，几年之间，天下大乱，洛阳一带处在战乱的中心。于是玄奘和他的二哥离开洛阳，来到长安。再从长安，到了四川的成都。当时战争尚未波及到四川。玄奘在四川住了几年，深入地学习了许多重要的佛教经典，然后又坐船东下，先后到了荆州、相州、赵州等地，最后回到长安。玄奘每到一处，总是访求名师益友，切磋学问。他既虚心向人学习，又注意融会贯通各家之说，有自己的见解。由于学习成绩优异，对佛教教义有敏捷透彻的理解，他这时在长安已经被人称作佛门的"千里驹"。

可是，这一切并没有使玄奘感到满足。他的学问越广博，疑问也越多。在玄奘的时代，佛教在印度，已经有一千多年的历史，不仅早已分为大乘、小乘两派，就是在大乘佛教中也有中观派和瑜伽行派两大分支。在传入中国的各种经典中，大乘的典籍最多，影响也最大。东晋时从中亚到汉地来的僧人鸠摩罗什，首先系统地把大乘中观派的典籍和学说翻译介绍到中国。南北朝中后期，从印度来华的僧人菩提流支和真谛又把瑜伽行派介绍到中国。通过这些翻译的典籍，中国僧人了解到印度佛教的各派学说，又依照自己的理解对这些学说做了解释和发挥，有的甚至由此创立出新的中国佛教宗派或学派。在唐朝初年，大乘瑜伽行派的学说传入还不久，对中国佛教徒来说，在教义和宗教哲学理论上有许多新的东西尚待认识。玄奘觉得，自己在佛学理论上仍然有些问题不清楚。他到处求教，可是始终得不到满意的答案。玄奘感到，要真正了解印度佛教的理论，必须通解佛经，尤其是印度语言的原典，仅仅依靠一些有限的、不完善的翻译去了解原典是远远不够的。要解决这些问题，只有一个办法，到佛教的发源地——印度去，寻找经典，学习佛教，也就是当时人们说的到"西天"去求法。于是玄奘有了到佛教的诞生地印度去寻求经典、彻底了解佛教的理论的念头，他尤其希望把大乘佛教瑜伽行派最重要的经典《瑜伽师地论》，亲自完整地带回中国。

但是，当时要到印度去，实在不是一件容易的事。中印之间相距遥远，如果从陆路走，虽然有现在称作"丝绸之路"的商路相通，可是路途十分艰险。而且，当时唐王朝中央政府建立不久，国内的形势还不稳定，北方和西北方的东西两部突厥与唐王朝对峙，因此，唐朝政府严禁一般人"出蕃"，也就是出国。通过边境时必须要有官府颁发的"过所"，也就是通行证。玄奘约了几个伙伴，上表向朝廷申请，可是没有被批准，他只好等待机会。

唐太宗贞观元年（627），也有一种说法是贞观三年（629）秋天，长安一带庄稼歉收，官府同意老百姓可以离开长安，"随丰就食"，也就是哪里庄稼有收成，就到哪里寻找粮食。这是一个难得的机会。玄奘趁此机会，混入饥民的队伍，出了长安城，踏上了他西行求法的征途。

从长安出发，玄奘往西经过秦州（今甘肃天水）、兰州，到达凉州（今甘肃武威）。凉州都督李大亮听说他要出国，命令他立即返回长安。幸亏当地有位慧威法师，同情玄奘，悄悄叫两个徒弟把他送到瓜州（今甘肃瓜州）。这时，凉州方面不让玄奘出关，要求抓捕他的公文也到了瓜州。又幸亏瓜州的刺史和州吏也同情和支持玄奘西行求法的举动，不仅没有抓捕他，还嘱咐他早日继续往西去。

瓜州当时是从河西通往西域的门户之一。但往前的路不仅更难走，而且非常危险。玄奘决定，从当时通西域的"北道"往西行。这条路，要先从瓜州北面通过玉门关，关外有五座烽火台，每座烽火台相距百里，中途没有水草。五座烽火台之外，是"八百里沙河"的大沙漠，人称莫贺延碛。沙漠中"上无飞鸟，下无走兽"，狂风时起，沙尘蔽天，白天酷热似火，夜晚又寒冷彻骨。但是这些都没有吓倒玄奘，他找到一位胡人也就是当地的一位少数民族作向导，带上一匹老瘦马，在一个夜晚，偷偷越过关口。可是，刚走了一段，这位胡人便不愿再往前走，玄奘只好独自一个人继续向前。他过了第四个烽火台，又走了一百来里地，便迷了路。更糟糕的是，他不小心，又把随身带的水袋打翻了。没有了水，在沙漠里，生命会有危险。玄奘想回到第四烽火台，装上水，再往西行。他回头走了十来里，可是又想："我先前发过誓，不到印度，绝不东归一步。现在为什么往回走？我宁可往西去死，也绝不往东而生！"于是还是转过头来，向西北方向行进。他在沙漠中，四天五夜没有喝一滴水，已经到了死亡的边缘。最后，他精疲力尽，只能躺卧在沙漠中，默念观世音菩萨的名号和《般若波罗蜜多心经》。到第五天的半夜，处在昏迷之中的玄奘被一阵凉风吹醒，这时马也站了起来。人和马又勉强地往前行。突然，马不顾一切地向前跑，原来马凭着嗅觉，在沙漠中发现了一处长满青草的水池。玄奘跟在后面，人和马终于得救。

玄奘经过的莫贺延碛，后来经过渲染和加工，便成了《西游记》故事中的流沙河，并且演变出一段过流沙河，降伏沙和尚的故事。

走出莫贺延碛，玄奘到达伊吾（今新疆哈密），然后到达高昌（今新疆吐鲁番）。当时高昌是一个独立的王国，国王名叫麹文泰。麹文泰信仰佛教，他热情地接待了玄奘。可是也许就因为他太敬佩玄奘了，有心把玄奘留在高昌。玄奘当然不答应。麹文泰不放玄奘走。玄奘只好绝食。一连三天，玄奘不吃不喝，也不说话，只是端端正正地坐着。最后，麹文泰被感动了，他向玄奘谢罪，还要求与玄奘结为异姓兄弟，同时要求玄奘在高昌住一个月，西行回返时，再到高昌停留三年。这些，玄奘都答应了。麹文泰为玄奘重新准备了行装、马匹，给沿途的国王写了信，请求照顾玄奘，还准备了给当时称霸西域的西突厥可汗的礼物。玄奘这才重新踏上了征途。

高昌国的附近，有著名的火焰山，《西游记》里因此有火焰山一段故事。当然，玄奘在这儿并没有遇见铁扇公主。

离开高昌，玄奘经过阿耆尼国（今新疆焉耆）、屈支国（今新疆库车）、跋禄迦国（今新疆阿克苏），然后翻越凌山，到达了素叶水城（在今吉尔吉斯斯坦共和国北部的托克马克附近）。玄奘在这儿见到了西突厥的叶护可汗。他由此继续向西行，经过千泉（在今吉尔吉斯斯坦共和国北境内）和怛逻斯（今哈萨克斯坦共和国东南部的江布尔城），再折向西南。经过赭时（今乌兹别克斯坦共和国的塔什干）、飒秣建（今乌兹别克斯坦的撒马尔罕）等国，过铁门关，到达睹货罗故地（在今阿富汗北部境内，中国文献称为"大夏"，西方文献称为"巴克特里亚"）。再翻过大雪山（今兴都库什山），历尽艰辛，九死一生，这才终于到达了印度——也就是当时所说的"西天"。

古代的印度，地理上分为东西南北中五部，称作五印度，政治上又分为许多小国。公元前6世纪至前5世纪，释迦牟尼创立佛教，是在中印度的摩揭陀国（今印度的比哈尔邦一带）。玄奘从北印度，先到中印度。旅行中他不止一次遇到危险。其中有一次，他坐船顺恒河东下，差一点被抢劫的强盗杀掉祭神。

当时印度最大最有名的佛教寺院是那烂陀寺。那烂陀寺就在中印度的摩揭陀国，寺院规模宏大，客僧主僧据说有万人之多。玄奘当初西行，主要的目的是求取《瑜伽师地论》。那烂陀寺的住持僧人名叫戒贤，在当时就最为精通这部经典。戒贤虽然年事已高，又患有风湿病，但很高兴地接受从中国来的玄奘作他的学生。他专门为玄奘开讲这部经典，前后历时十五个月，同时听讲的还有数千人。玄奘先后听了三遍，同时还在那烂陀学习了其他一些重要的佛教经典以及其他的印度典籍。

玄奘在那烂陀寺留学五年，为了更广泛地了解印度，学习佛教，又开始了长途旅行。他离开那烂陀寺，到东印度，再沿着印度的东海岸到南印度，再从南印度，绕行西印度，最后再次回到中印度摩揭陀国的那烂陀寺。和以前一样，他每到一处，总是先瞻仰朝拜佛教圣迹，然后访求有学问的僧人或者学者，向他们学习或者跟他们讨论各种佛教理论著作。玄奘还注意观察各个国家不同的风土人情、物产气候以及地理、历史、语言、宗教的状况。他后来回国写成的《大唐西域记》一书，主要根据的就是他旅行的经历和见闻。

经过这一番游学，加上在那烂陀寺几年悉心的学习，玄奘不仅很好地掌握了印度佛教，包括大乘和小乘两方面的理论，而且还有自己的创见。他成了戒贤法师最优异的学生。戒贤法师于是让玄奘主持那烂陀寺的讲座。当时的那烂陀寺，很像是今天的一所大学。住在寺院里的，有从各国各地来的许多有学问的僧人。寺院里经常有各种讲座和辩论。玄奘的演讲，既有深刻的道理，又明白易懂，很受大家欢迎。当时印度的大乘佛教，主要分为两派，一个是中观派，一个是瑜伽行派。两派之间，争论很厉害。玄奘认为，两派的理论，虽然有不同，但在某些地方可以融合。于是他用印度的古语言梵文，写成一部著作《会宗论》，提出了他自己的这一观点。戒贤法师和其他僧人读了都非常称赞。那烂陀当时有十位最精通佛教三藏的大德，玄奘是其中之一。所以玄奘后来被称为唐三藏，或者三藏法师。南印度有一位小乘僧人，写了一部《破大乘论》，批评大乘，玄奘又针锋相对地写了一部《破恶见论》。

玄奘博学多才的名声很快就在印度传开。当时印度最有势力的国王是羯若鞠阇国的戒日王。戒日王知道了玄奘从中国来，又博学多才，特地约见玄奘。戒日王曾经听说中国有一种乐曲叫《秦王破阵乐》。见到玄奘，他首先问起此事。玄奘向他介绍了中国的情况，宣扬唐朝的文化，中印之间一度中断的友好关系由此得到恢复。戒日王敬佩玄奘的品德学问，特地在羯若鞠阇国的都城曲女城举行大会，请玄奘作"论主"。又邀请了印度的二十几位国王、四千多位佛教僧人，还有两千多位其他教派的信徒参加。玄奘在会上宣读的论文，据说十八天内没有一个人能够出来反驳。大乘的僧人因此给玄奘加了一个美名，叫"大乘天"，小乘的僧人也给玄奘加了一个美名，叫"解脱天"。"天"在印度语言中本来的意思是"神"，用来称呼人，是表示极端的尊敬和崇仰。玄奘以他的学问，在印度获得很高的荣誉。

玄奘求法取经的目的已经达到，曲女城大会以后，他决定回国。他谢绝了戒日王和其他印度朋友挽留他的好意，在又参加了一次在钵逻耶伽国举行的大会以后，带着历年访求到的佛经和佛像等，仍然取道陆路，起身东归。

唐太宗贞观十九年（645）正月二十四日，玄奘终于回到了长安。

和他十几年前偷偷出行时的情形大不一样，他受到了空前热烈的欢迎。玄奘带回的佛教经典，一共有 657 部，合 520 夹。这些经典，写在一种特殊的棕榈树树叶上，称作贝叶经。此外，玄奘还带回许多佛像。

唐太宗这时因为准备一场大的军事行动，正在洛阳。唐太宗召见玄奘，玄奘立即赶到洛阳。召见时唐太宗与玄奘的对话很有意思，"坐讫，帝曰：'师去何不相报？'"

玄奘赶紧为当年偷渡出国的事道歉："玄奘当去之时，已再三表奏，但诚愿微浅，不蒙允许。无任慕道之至，乃辄私行，专擅之罪，唯深惭惧。"

唐太宗也很宽大："师出家与俗殊隔，然能委命求法，惠利苍生。朕甚嘉焉，亦不烦为愧。但念彼山川阻远，方俗异心，怪师能达也。"

玄奘是绝顶聪明的人，于是回答了一大段奉承皇帝的好话，大意是说唐太宗如何伟大，圣威远播，外国的君长，见到有鸟从东方飞来，想到可能是来自"上国"，便立刻"敛躬而敬之"，他就是仰仗"天威"，因此来往印度才没有问题。

接下来唐太宗就"广问彼事。自雪岭已西，印度之境，玉烛和气，物产风俗，八王故迹，四佛遗踪，并博望之所不传，班、马无得而载"。玄奘也就"随问酬对，皆有条理"。唐太宗大为赞赏，对玄奘说："佛国遐远，灵迹法教，前史不能委详，师既亲睹，宜修一传，以示未闻。"

这个时候的唐太宗，正有意经营西域地区，急切地想了解这一地区的情况。对于玄奘而言，这是皇帝的命令，因此是一项他必须、也愿意完成的任务。不过，玄奘自己最看重、最想做的，是翻译他从印度带回来的佛经。

第二年，也就是贞观二十年（646）七月，《大唐西域记》全书撰成，一共十二卷。玄奘马上把它呈送给唐太宗，同时附上他写的一份表文。第二天，唐太宗亲笔写了回信："新撰《西游记》者，当自披览。"

唐太宗是中国历史上一位雄才大略的皇帝。唐帝国建立的初期，西边，也就是西域地区，最大的威胁是突厥。突厥分为东西两部，唐太宗在贞观年间打败了东突厥，但强大的西突厥仍然存在。玄奘刚从印度回来，没有人比玄奘对西域了解得更多。在玄奘方面，撰写《大唐西域记》，是皇帝交给他的任务，他不能不完成，同时他自己也想通过这部书，把他见到、知道的西域的情况，尤其是自己心目中佛教的圣地印度的情况介绍给中国人。玄奘一定认为，这也是他作为一位虔诚的佛教徒的责任。

《大唐西域记》为唐初的皇帝处理西域的军政事务提供了重要的信息。后来编成的《旧唐书》和《新唐书》，以及其他的一些史书，其中有关西域的部分，很多地方参考过《大唐西域记》。

除了撰写《大唐西域记》，唐太宗还想让玄奘还俗作官。玄奘婉言谢绝，表示只想翻译他从印度带回的佛经，实现他赴印求法时的抱负和愿望。玄奘的话说得很委婉，但是态度非常坚决。唐太宗只好答应，并且表示愿意支持他译经的事业。

玄奘回到长安，立即开始翻译佛经。从他回国，到唐高宗麟德元年（664）二月去世，十九年间，他前后一共翻译出佛经 75 部，1335 卷，大约 1300 多万字。把来自外国的经典翻译出来，介绍到自己的国家，有这样的成就，不仅在中国，在世界上，从古至今，没有人能超过玄奘。现在西安城南的大慈恩寺，是玄奘当年译经的地方之一。寺里今天很有名的大雁塔，就是为存放玄奘带回的佛经和佛像所建造。作为一位佛经的大翻译家，玄奘为后人留下的著作，不仅丰富了中国文化的宝库，也为印度保存了大量典籍。这是玄奘对中印文化所作的一大贡献。

玄奘译经的成绩，不仅反映在数量上，还表现在译文的质量上。中国从汉末时开始翻译佛经，前期的译人，绝大多数是外国来的僧人，或者以外国僧人为主译，中国人助译。外国僧人虽然通解佛经原本的语言，可是往往不大通解汉语，助译的中国人情形则刚好相反，因此译文的质量都不高。有的过于意译，以至失去原意；有的过于直译，中国人又难以理解。玄奘在翻译工作中提出了"既须求真，又须喻俗"的原则，意思是既要忠实于原文，又要使人易于理解。由于玄奘到过印度，精通佛经的语言，又对佛教教义有很深刻的理解，其译文的质量和水平自然大大超过他以前所有的译人。当时和后来的人因此把他翻译的佛经称为"新译"，而把在他以前翻译的佛经称为"旧译"，借此把整个佛经翻译史分为两个阶段。玄奘因此也就成了一位划时代的翻译家。

玄奘不但译梵为汉，也译汉为梵。他参加过把中国道家的经典《道德经》译成梵文的工作。翻译一开始，他就跟与他合作的道士们，对用哪一个梵语词来翻译道教的"道"字发生了争执，这项工作最后是否完成不是很清楚。据说玄奘还曾经把一部在印度已经失传的佛教著作《大乘起信论》回译成梵文，送回印度，使其流传本土。不过，这事是否属实，也有一些争议。

前面讲了，玄奘去印度，最初和最直接的原因是想取回大乘佛教的一部重要经典《瑜伽师地论》。他在印度，深入地学习和钻研了这部经典，最后还带回了中国。回国后，玄奘不仅亲自把《瑜伽师地论》完整地翻译了出来，还大力介绍这一派的学说。他与他的弟子窥基由此在中国建立了一个新的佛教宗派——法相宗。法相宗的学说在唐初曾风行一时，同时还传到日本，并产生过重要的影响。

印度古代的逻辑学称作"因明"。佛教的学者，讨论佛教的哲学问题，也运用和发展因明学的理论。玄奘在印度专门下功夫学过这门学问，回国后又特地翻译和传述因明学的著作。于是，在中国一时也有不少人研究因明学。这为中国哲学思想和逻辑学的发展增添了新的内容。

玄奘印度求法，前后十八年。他从中国出发，先后经过古代中亚和南亚地区大大小小一百多个国家。这样的经历，此前只有张骞和法显，此后只有义净等少数人略略可以相比，但其他人的行程没有留下玄奘那样多的传奇故事。玄奘的求法经历，在他去世后一两百年间，就成为传说，内容逐渐丰富，最后演变为一个完整的神话故事，成为后来的小说《西游记》创作的基础。

玄奘是佛教的高僧，也是佛经的翻译家。玄奘为中国文化的发展，为中外，尤其是中印之间文化的交流，作出了非常巨大的贡献。今天，玄奘取经的故事，不仅为中国老百姓所熟知，在印度也广为传诵。玄奘的名字，被写进了印度的教科书。在印度那烂陀寺旧址，建有玄奘纪念堂。中印两国的人民，都会永远记住玄奘的名字。

二、内容

玄奘一生，虽然翻译了大量的佛经，但自己的著述不多，成为专书的，就只有《大唐西域记》。

《大唐西域记》全书十二卷，每卷以国分章，每章或详或略地记载了唐代初年，也就是公元 7 世纪初在中国西边的一百多个国家和地区的情况。这些国家和地区，绝大部分是玄奘西行求法中所亲历，只有少数一些得之传闻。每章的内容大致包括这些国家的名称、地理方位、疆域大小、地形地貌、都城位置、民族或种族、气候物产、语言文字、宗教概况、历史和神话传说。当然，其中有关佛教的内容往往占比较大。

依现在通行的各种版本的《大唐西域记》的编次，书的正文前，有两篇《序》。第一篇是唐秘书著作佐郎敬播所撰，第二篇是唐尚书左仆射燕国公于志宁所撰。两篇序文，撰写于唐贞观或者永徽年间。《大唐西域记》本身的正文前，又有一段玄奘自己撰写的文字，纵论天下宇内的地理大势，约略相当于正文前的一篇"序论"。这段文字，从内容上讲，也颇重要。

玄奘西行求法，先出瓜州西北的唐玉门关，至高昌（今新疆吐鲁番），然后由此继续西行。玄奘西行开始时的高昌国，在贞观十四年（640）已经被唐朝的军队灭掉，成为中央王朝直接统治的一个州，称作"西州"。《大唐西域记》所记载的国家，因此不可以包括高昌，所以书中在"序论"之后的第一句话是"出高昌故地，自近者始，曰阿耆尼国"，也就是说从高昌以西的阿耆尼国开始。各卷记载的具体国家和地区是：

第一卷，记载共三十四个国家，包括：阿耆尼国、屈支国、跋禄迦国、笯赤建国、赭时国、怖捍国、窣堵利瑟那国、飒秣建国、弭秣贺国、劫布呾那国、屈霜你伽国、喝捍国、捕喝国、伐地国、货利习弥伽国、羯霜那国、呾蜜国、赤鄂衍那国、忽露摩国、愉漫国、鞠和衍那国、镬沙国、珂咄罗国、拘谜陀国、缚伽浪国、纥露悉泯健国、忽懔国、缚喝国、锐秣陀国、胡寔健国、呾剌健国、揭职国、梵衍那国、迦毕试国。

阿耆尼国即今天中国新疆的焉耆。这一卷包括的地域，从中国新疆的焉耆开始，往西是今天的库车、阿克苏、阿克苏以西的大雪山，以及今天中亚的吉尔吉斯、哈萨克、乌兹别克几个共和国和阿富汗的大部分地区。梵衍那就是今天阿富汗境内的巴米扬，那里有过世界有名的两座大佛，可惜二十多年前被塔利班彻底炸毁，今天仅存遗址。玄奘对这两座大佛作了详细生动的记载。他的记载，在世界上是最早的。他的书，是今天了解这一地区当时历史和地理最重要的资料。

第二卷，在"印度总述"部分外，记载三个国家：滥波国、那揭罗曷国、健驮逻国。

从阿富汗往东往南，就进入了印度。印度是玄奘求法的目的地。为了更好地介绍佛国印度的情况，在第二卷的一开始，玄奘特地用了半卷的篇幅，先对印度的情况作了一个综述，然后才在以下各卷各章中对五印度各国一一再作叙述。这一部分"印度总述"，详细地讲到了印度国名的来由、疆域大小、岁时和历制、饮食和衣饰、教育和文字、佛教和族姓、兵术和刑法、赋税和物产。"印度之境，疆界具举，风壤之差，大略斯在，同条共贯，粗陈梗概"，为了解印度首先提供了一个整体的印象。可以说，在公元七世纪初，在印度以外，还没有谁像玄奘这样对印度有如此多的了解和认识。

三个国家中，滥波国和那揭罗曷国在今天的阿富汗，后者即阿富汗东南部的贾拉拉巴德。健驮逻国在今天的巴基斯坦境内。这些国家，在古代属于北印度。健驮逻国曾经是北印度佛教的中心，佛教的雕刻和绘画艺术特别有名。佛教东传，这里曾经是一个重镇。

第三卷记载八个国家，包括：乌仗那国、钵露罗国、呾叉始罗国、僧诃补罗国、乌剌尸国、迦湿弥罗国、半笯嗟国、曷罗阇补罗国。

这些国家也都属于北印度。乌仗那国、钵露罗国和呾叉始罗国在今天巴基斯坦境内。迦湿弥罗即今天的克什米尔，在历史上与中国联系很密切。汉魏时期到中国来的佛教僧人，很多就是从迦湿弥罗来的。

第四卷记载十五个国家，包括：磔迦国、至那仆底国、阇烂达罗国、屈露多国、设多图卢国、波理夜呾罗国、秣菟罗国、萨他泥湿伐罗国、窣禄勤那国、秣底补罗国、婆啰吸摩补罗国、瞿毗霜那国、垩醯掣呾罗国、毗罗删拏国、劫比他国。

波理夜呾罗国以前，仍属于北印度。从波理夜呾罗国开始，进入中印度境。

第五卷记载六个国家，包括：羯若鞠阇国、阿踰陀国、阿耶穆佉国、钵逻耶伽国、憍赏弥国、鞞索迦国。

这些国家都属于中印度。当玄奘到达印度时，印度最有势力和威望的国王是戒日王。戒日王当时也是羯若鞠阇国的国王。前面《书名与作者》一节中已经讲了，他热情地接待了玄奘，向玄奘询问中国的情况，还为玄奘专门在羯若鞠阇国的首都曲女城举行了一次极为盛大的大会。《大唐西域记》讲羯若鞠阇国的一节因此就比较详细。阿踰陀国、钵逻耶伽国和侨赏弥国，也都是古代印度比较有名的国家。

第六卷记载四个国家，包括：室罗伐悉底国、劫比罗伐窣堵国、蓝摩国、拘尸那揭罗国。

这四个国家，也都在中印度境内。室罗伐悉底国即汉译佛经里经常提到的舍卫国或者舍卫城。佛经中讲，释迦牟尼佛一生，有许多时候，住在舍卫城的祇洹精舍。劫比罗伐窣堵国是释迦牟尼佛诞生的地方，也是他自己的民族释迦族的国家。拘尸那揭罗国则是释迦牟尼佛最后入涅槃的地方。这几处地方，对于佛教徒来说，都是重要的圣地。

第七卷记载五个国家，包括：婆罗疱斯国、战主国、吠舍厘国、弗栗恃国、尼波罗国。

这五个国家，除弗栗恃属于北印度外，其余的都属于中印度。婆罗疱斯国即今印度北方邦的瓦纳腊西。婆罗疱斯国的鹿野苑，是释迦牟尼佛初转法轮的地方，至今遗迹犹存。从古代至今，婆罗疱斯一直是印度的历史文化名城。尼波罗国即今天的尼泊尔。

第八卷和第九卷虽然分为两卷，但合起来都是讲中印度的摩揭陀国。摩揭陀国是古代印度最重要的国家，也曾经是古代印度政治文化的中心地区之一。释迦牟尼佛当年，很多时间住在摩揭陀国，成道的地方金刚座菩提树，以及玄奘留学所在的那烂陀寺，也都在摩揭陀国，其他与佛教有关的圣迹也非常多，所以摩揭陀国实际上成为《大唐西域记》书中叙述的重点，有整整两卷的篇幅。摩揭陀即今天印度的比哈尔邦。

第十卷记载十七个国家，包括：伊烂拏钵伐多国、瞻波国、羯朱嗢祇罗国、奔那伐弹那国、迦摩缕波国、三摩呾吒国、耽摩栗底国、羯罗拏苏伐剌那国、乌荼国、恭御陀国、羯饟伽国、侨萨罗国、案达罗国、驮那羯磔迦国、珠利耶国、达罗毗荼国、秣罗矩吒国。

本卷的国家，自迦摩缕波国开始，至恭御陀国，属于东印度。侨萨罗国仍然属于中印度。羯饟伽国以及案达罗国以下诸国，都属于南印度。

观音菩萨在印度的道场布呾落迦山，就在南印度的秣罗矩吒国。

第十一卷记载二十三个国家，包括：僧伽罗国、恭建那补罗国、摩诃剌侘国、跋禄羯呫婆国、摩腊婆国、阿吒厘国、契吒国、伐腊毗国、阿难陀补罗国、苏剌他国、瞿折罗国、邬阇衍那国、掷枳陀国、摩醯湿伐罗补罗国、信度国、茂罗三部卢国、钵伐多国、阿点婆翅罗国、狼揭罗国、波剌斯国、臂多势罗国、阿軬荼国、伐剌拏国。

僧伽罗国又称执狮子国，即今天的斯里兰卡。僧伽罗国从地理上讲，不属于印度，但与印度紧邻，历史上一直是个佛教国家。从恭建那补罗国至伐腊毗国，以及邬阇衍那国和掷枳陀国属于南印度。从阿难陀补罗国至瞿折罗国，以及信度国和茂罗三部卢国则属于西印度，摩醯湿伐罗补罗国属于中印度。钵伐多国属于北印度。从阿点婆翅罗国至伐剌拏国则又属于西印度。波剌斯即今天的伊朗。玄奘在书中说，僧伽罗国和波剌斯非印度之国，他没有到过，但因为是印度的近邻，又很重要，所以也作了记载。

卷十二记载二十二个国家，包括：漕矩吒国、弗栗恃萨傥那国、安呾罗缚国、阔悉多国、活国、瞢健国、阿利尼国、曷逻胡国、讫栗瑟摩国、钵利曷国、呬摩呾罗国、钵铎创那国、淫薄健国、屈浪拏国、达摩悉铁帝国、尸弃尼国、商弥国、揭盘陀国、乌铩国、佉沙国、斫句迦国、瞿萨旦那国。

本卷的国家，都在印度之外。揭盘陀以前十七个国家，大致都在今阿富汗和塔吉克斯坦共和国境内。揭盘陀国即今天中国新疆的塔什库尔干县。以下的四个国家都在新疆境内的塔克拉玛干沙漠的南缘。瞿萨旦那今称和田。从此往东，进入敦煌西边的阳关，就是当时大唐的境内了。

这样加在一起，《大唐西域记》记载的国家就有一百多个。玄奘在书撰成后给唐太宗上表，说一共一百二十八个国家。但如果把一些简略几句话提到的得之耳闻的国家计算在内，数量更多，有一百四十一个国家。玄奘写书的根据，主要是他自己西行一路上的所见所闻，尤其是他对不同国家风土人情、物产气候以及地理、历史、语言、宗教的仔细观察。

从以上的国家排列的次序，可以看得很清楚，《大唐西域记》记载的西域各个国家，是以玄奘自己的行程为先后次序的。这些国家，依照玄奘撰书时的助手辩机的说法，"书行者，亲游践也；举至者，传闻记也"。因此绝大部分是玄奘的亲履亲见，只有很少一些是得之传闻。

总起来讲，对于"西域"各国，玄奘记叙的重点，在于印度，或者照当时的说法，在于五印度。这不奇怪，因为玄奘本人是一位虔诚的佛教徒，他冒死西行，是为了求取佛法。他遍游五印度也是为了在"佛国"广泛地瞻仰佛教胜迹，求师访友，更全面地学习佛教。近代常常有人把玄奘称作"旅行家"，把他的西行称作"旅行"，这实际上是没有准确地理解到玄奘伟大的品格和他西行求法的本来意义，因此并不太合适。《大唐西域记》全书，重点还在突出佛教或与佛教有关的事情。纵观全书，这一点，非常清楚。全书十二卷，有十卷几乎全是讲印度，其中两卷（第八、第九卷）则完全是讲中印度的摩揭陀国。玄奘撰书的意思因此很清楚。

《大唐西域记》的叙事模式，其实颇类似于中国史书中的"西域传"，但讲到的事情、涉及的内容、记载的范围，有很多同时的史书，如《旧唐书》和《新唐书》的《西域传》中见不到的材料。一个例子是今天阿富汗有名的巴米扬大佛。有关的叙述在卷一的"梵衍那国"：

> 王城东北山阿，有立佛石像，高百四五十尺，金色晃曜，宝饰焕烂。东有伽蓝，此国先王之所建也。伽蓝东有鍮石释迦佛立像，高百余尺，分身别铸，总合成立。

两处大佛世界闻名，可惜 2001 年塔利班冒天下之大不韪，把它们炸掉了。大佛建造于公元 5 世纪，玄奘到达的时候，形象还很辉煌。玄奘的记载是世界上最早，也是最详细的文字记载。玄奘还讲，城东二三里有"长千余尺"的"佛入涅槃卧像"，不过，人们虽然找了很久，一直没有发现，应该是更早时候就已经被毁掉了。

《大唐西域记》讲印度的内容最多，因此与印度有最多的关联。印度的古代，因为文化传统的关系，几乎完全没有现代学术意义上的历史记载，玄奘的很多记载也就成为了解印度古代历史的重要资料。例如，当时中印度和北印度最有势力的国王戒日王，印度方面虽有记载，但年代上缺乏准确的记录。玄奘与戒日王交往，今天的历史书，讲到戒日王，就一定会引用到《大唐西域记》。一些关键的时间点，更要依靠于玄奘的记载。也是在玄奘会见戒日王之后，戒日王派出使臣，出使中国，唐太宗立即派出使节，回访印度，中印两国由此建立了正式的外交关系。此后中印之间有过多次使节的互访。

玄奘写成的《大唐西域记》一书，极大地增加了当时中国人对于西域地区，尤其是其中的印度各国情况的认识。这大大有利于当时中国内地和西域各个国家之间、人民之间的交往。唐代在中国历史上，国力最为强盛，文化事业极一代之盛。这种局面的形成，当然有多方面的原因，其中无疑应该包括善于吸收外来文化，对外来文化持一种开放的态度这一条。唐代中国与外国交往频繁，贸易活跃。这从任何方面讲，对中国和外国都有好处。玄奘的书，无疑促进了这一过程的发展。举一个例子。《新唐书》卷二百二十一《西域传》中有《天竺国》一节，其中就讲到戒日王和玄奘，说：

　　武德中，国大乱，王尸罗逸多勒兵战无前，象不弛鞍，士不释甲，因讨四天竺，皆北面臣之。会唐浮屠玄奘至其国，尸罗逸多召见曰："而国有圣人出,作《秦王破阵乐》,试为我言其为人。"玄奘粗言太宗神武,平祸乱,四夷宾服状。王喜,曰:"我当东面朝之。"贞观十五年,自称摩伽陀王,遣使者上书。帝（唐高宗）命云骑尉梁怀璥持节尉抚,尸罗逸多惊问国人:"自古亦有摩诃震旦使者至吾国乎?"皆曰:"无有。"戎言中国为摩诃震旦。乃出迎,膜拜受诏书,戴之顶。复遣使者随入朝。诏卫尉丞李义表报之。大臣郊迎,倾都邑纵观,道上焚香,尸罗逸多率群臣东面受诏书,复献火珠、郁金、菩提树。

很显然,这段叙述,前一半就来自玄奘或玄奘的《大唐西域记》。因为玄奘到达印度,戒日王派了使节到中国来,中印之间建立了新的联系。不仅如此,同书同传中接着还有"摩揭它国",也就是"摩揭陀国"一节,其中又讲:

摩揭它,一日摩伽陀,本中天竺属国。……贞观二十一年,始遣使者自通于天子,献波罗树,树类白杨。太宗遣使取熬糖法,即诏扬州上诸蔗,柞沈如其剂,色味愈西域远甚。高宗又遣王玄策至其国摩诃菩提祠立碑焉。后德宗自制钟铭,赐那烂陀祠。

这说明,这个时候中印之间新建立的联系,不仅仅限于一般的礼聘往来,还有更多的内容。其中重要的一项,是制糖的技术由此从印度传来。这项技术,传到中国后又得到进一步的提高。中印之间友好往来,互相学习,成为一段佳话。有这样的事,玄奘功不可没。

《大唐西域记》全书的最后,有玄奘的助手僧人辩机的一篇《记赞》。《大唐西域记》全书撰写成,与辩机有很密切的关系,文字上的工作,辩机承担了很大一部分。与此相关的,是《大唐西域记》的作者署名的问

题。宋代以后的刻本《大唐西域记》，在书名之下，往往题名为"三藏
法师玄奘奉诏译，大总持寺沙门辩机撰"。这显然不准确，或者说根本
是一个错误。因为，第一，《大唐西域记》本身，是撰写的而不是翻译
的著作。这一点，无可怀疑。第二，辩机是玄奘译经时的助手，玄奘在
撰写《大唐西域记》时，由他来协助，事情很自然，但是很难因此就说
辩机是书的撰者。辩机在《记赞》中讲的是："爰命庸才，撰斯方志。学
非博古，文无丽藻。磨钝励朽，力疲曳塞。恭承志记，伦次其文，尚书
给笔札而撰录焉。"这里讲的"撰"，并不是我们今天理解的"撰写"的
意思，而是指承担记录、缀文和编辑的任务。辩机接下来的话，讲的是
"撰录"，表达就更准确。实际的情况是，书中的内容，由玄奘口述，辩
机记录并加以辑缀。这一点，与玄奘同时代，并且参加过玄奘译经的团
队，也是唐代佛教高僧的道宣，在他撰写的传记《续高僧传》卷四《玄
奘传》中说的话，也可以得到证实："（玄奘）微有余隙，又出《西域传》
一十二卷。沙门辩机，亲受时事，连缀前后。"

　　题名上为什么会发生这样的错误？合理的解释是，隋唐时代翻译的
佛经，经题下大多都有某某法师"奉诏译"的字样，后来传抄或者刻印
佛经的人，未作仔细的分辨，便一律仿照成例，以至会有如此的错误，
并且一直沿袭下来。这一错误，发生在唐以后，因为唐代的好几种佛教
经录，都没有做如此的题名，这就是证明。

三、版本和流传情况

　　《大唐西域记》一书，写成于贞观二十年（646）。书成以后，首先
送呈唐太宗。大概在此后不久，全书就开始公开流传。因为其后不久撰
成的大型佛教类书《法苑珠林》，就已经引用到其中的文字。与玄奘同
时的道宣，去世时间只比玄奘晚三年。道宣编的《大唐内典录》就已经

把《大唐西域记》列入其中，只是书名稍有不同，称作《大唐西域传》。这也是佛经目录中最早提到《大唐西域记》的一处记载。

晚唐以前，中国的书，还只有抄本。因此，我们现在所能见到的最早的《大唐西域记》，也都是抄本。《大唐西域记》现存最早的抄本，很可能应该是 1981 年在吐鲁番鄯善县吐峪沟千佛洞发现的一份唐代写本残片。研究者依据同时粘贴在一起的另一份抄写内容不同，但基本可以推断出纪年的残片进一步做推测，认为这份《大唐西域记》抄写的时间不晚于唐显庆三年（658），更有可能是在长安抄写后，永徽二年（651）从长安带到唐代西州，即吐鲁番的抄本。① 这样的推论，有一定的道理，大致可信。如果是这样，这个时候玄奘还在长安。可惜现在发现的残片上仅存有十行几十个字。

20 世纪初，在甘肃敦煌莫高窟的藏经洞里发现大量唐代的抄本。其中也有《大唐西域记》，包括四个残本。两个残卷藏于英国伦敦的大英图书馆，两个残本藏于法国巴黎的法国国立图书馆。残本上存留有卷一、卷二、卷三的部分内容。根据已故北京大学向达教授的研究，这几个抄本，抄成的年代大概在公元八九世纪，也就是说，距成书时间不过一二百年。唐抄本虽然只是残卷，但所存字数较多，为研究当时《大唐西域记》抄写的形态提供了较多的信息。

古代日本与中国的文化交流非常密切。《大唐西域记》的古抄本和古刻本，实际上在日本保留得最多。日本学者近年在日本京都堀川的兴圣寺发现的一种《大唐西域记》抄本，其中的第一卷，有日本延历四年（唐贞元元年，785）七月的题记。② 以明确的纪年而论，这个抄本的年代可以说是最早。但如果把上面提到的吐鲁番残片也包括进来，则可以说是第二早。

唐抄本之后，则是宋刻本。早期的宋刻本《大唐西域记》中，包括有《福州藏》本，再有《金藏》本（也称《赵城藏》本），再有《思溪藏》

本和《碛砂藏》本。不过没有一种是全帙。宋代以后，历次翻刻大藏经，其中都有《大唐西域记》。而单独刻印的本子也很常见。这些本子则大多是完整的。明清时代，单刻的《大唐西域记》也比较常见。清代编《四库全书》，收入了《大唐西域记》，馆臣们当时所见到的，就是单刻本。

　　历代抄写和翻刻的《大唐西域记》，虽然个别文字上有一点差异，但总的讲来，绝大部分内容都一样。只有明代初年在北京刻印的《北藏》本，在卷十一的《僧伽罗国》一节中有关"佛牙精舍"一条的下面，误增入了一段与郑和出使斯里兰卡有关的文字。这显然是传抄和刻印时发生的错误。

　　《大唐西域记》写成以后，第一读者，是唐太宗。书很快被广泛传抄，同时收入了佛教的"一切经"。这一点，从《大唐内典录》及其后的佛教经录可以看得很清楚。书的内容，被唐代的学者和史书不时引用。宋代以后，一些非佛教的目录书，也著录了《大唐西域记》。这类目录书，大多把《大唐西域记》归入地理类的著作。只是这个时候的《大唐西域记》，已经没有多少人重视。明清两代，印书业发达，佛教的《大藏经》多次刊印，《大唐西域记》也在其中，同时佛教以外的一些丛书，偶尔也有收入《大唐西域记》的。书的读者，估计不多，研究者则几乎没有。

　　到了19世纪，欧洲研究印度学、佛教学以及汉学的学者，注意到了《大唐西域记》，并开始翻译和研究《大唐西域记》。在这方面，欧洲学者做了很多开拓性的工作。但他们的工作，涉及版本和文字方面的比较少。相对于西方学者的成果而言，日本学者后来的研究工作，则比较注意版本和文字的校勘。他们利用日本自古与中国文化上的密切联系，佛教是从中国传到日本的，因此日本有收藏大量中国的古抄本和古刻本的条件，后来又出版了新的校勘本。1911年，京都大学出版的一种《大唐西域记》，底本是13世纪在朝鲜刻印的《高丽新藏》本，同时利用了

11 世纪刻印的《高丽旧藏》本以及其他的一些古抄本和古刻本。另外，日本学者陆续出版的一些研究性著作，都包括有对《大唐西域记》的翻译和注释，也涉及原文的版本和校勘问题。直到今天，日本的一些学者，还在进一步调查和收集日本各个地方，尤其是佛教寺庙中旧藏的《大唐西域记》的古抄本和古刻本，继续对《大唐西域记》的研究。

中国方面，在清末民初，虽然翻刻的《大唐西域记》本子不少，但基本都是一般的复刻本。这种情形，是因为当时还谈不上对《大唐西域记》作系统的，尤其是具有新意的研究。只有民国初年的丁谦做过一些工作，但没有大的突破。受到欧洲和日本学者研究成绩的刺激，我国自己的一些学者，例如北京大学的向达先生，一直打算仔细整理《大唐西域记》。虽然向先生最后赍志而殁，不过，在 20 世纪 80 年代以前，其他的中国学者也完成了两种新的校勘本。一种由吕澂先生校点，1957 年由金陵刻经处刻印；一种由章巽先生校点，1977 年由上海人民出版社出版。

就中国学者相关的研究而言，最值得一提的是 1985 年由北京中华书局出版的《大唐西域记校注》一书。这是以北京大学季羡林先生为首的九位中国学者共同努力，在 20 世纪 70 年代末到 80 年代前期，在资料并不太充足的条件下完成的一个校注本。其他不论，仅就版本的校勘而言，它是利用了过去所有有价值的古抄本和主要的刻印本整理出的一个新本。仅此一点，在成就上就超过了过去所有的刊印本。在其他方面，也取得了不少新的成果。这是第一部完全由中国学者完成的大部头著作，是中国学者对学术和佛教研究的一个重要的贡献。书出版以后，颇有好评。不过，研究《大唐西域记》的工作，涉及的方面太多，难度极大，要真正做好这个工作，还需要"更上一层楼"，再作更大的努力。玄奘是中国的高僧，对于中国学者来说，完成这一工作，责无旁贷，同时时日推移，对《大唐西域记》的研究，也需要更新和进一步提高。

四、价值与影响

先谈《大唐西域记》的价值。

《大唐西域记》一书，继承的是传统中国撰述的两个源头：一是中国求法僧的著作传统，一是中国历史上撰写域外地志的传统。

先说第一方面。佛教在汉代传入中国，最初只有从西方来的外国僧人，在中国传教、译经。三国时魏国末年，汉人朱士行为求取经本，西行到于阗，是为有记载的最早向西方求法的中国人。东晋以后，佛教得到大发展，向西方求法的中国僧人数量大大增加。东晋末年，法显西行，成为第一个到达印度本土的中国僧人。法显从陆路去，先到北印度，然后到达中印度，再从东印度乘船到达斯里兰卡，最后从斯里兰卡乘船回到中国。这在当时是一件极不平凡的壮举。法显回国后，将他的经历撰写成书，这就是有名的《法显传》（又称作《高僧法显传》或《佛国记》）。法显的书，第一次以亲见亲闻的形式，向中国人详细报告了西天佛国的情形。比法显稍后，又有僧人智猛，也到了印度。智猛回国，也撰有《游行外国传》，可惜书后来很早就佚失了。其他的，例如僧人昙景著有《外国传》，僧人法维著有《佛国记》，僧人法盛著有《历国传》，大约都是类似的著作，可惜后来也都佚失了。甚至连他们西行的年代今天也不是很清楚。只有北魏时奉灵太后命西行的僧人惠生的行记，赖《洛阳伽蓝记》中长段的引文，至今尚可知道其主要内容。求法僧们为追求佛法，"轻万死以涉葱河，重一言而之奈苑"，倘能回到中国，只要可能，自然愿意把自己的经历和见闻记录下来。这对于宣传佛教和让人们了解佛教以及佛教的诞生地印度的情况，无疑很有用处。玄奘在唐初出国，孤征数万里，在印度十余年，所行最远，所见最广，所知又最多，他回国以后，撰成《大唐西域记》一书，正可以看作是继承求法僧著作的传统。

再说第二方面。中华民族注重务实，历来喜好历史和地理。汉代司马迁撰写《史记》，就有《大宛列传》，专门记载汉武帝时开拓西域，包括张骞出使所获得的有关西域的知识。班固撰《汉书》，更专门写了《西域传》一节。以后的史书，不管是官修，还是私人编撰，大多有一个或更多的专节，介绍西域的情况。魏晋南北朝时期，民族大融合，原来住在中国西北一带的一些少数民族，迁移到中原地区，中原的人民，也有不少移居到河西甚至于西域的。这些，都推动和增加了中原和西域地区之间的交流和往来。迁徙的民族、出行的使节、求法的僧人，带回更多的消息，大大丰富了中国人对于域外的知识，于是出现了数量上前所未有的一批有关域外地理的著作。这些著作，虽然后来大多都已散佚，但在流传下来的一些书里，例如北魏郦道元的《水经注》和一些类书，有所反映。出于相同的原因，同时为了更好地宣传佛教，让人们了解佛教，中国的僧人，从来对撰写西域，其中包括印度的地志类的著作有很大的热情。在玄奘的《大唐西域记》之前，实际上已经有好些种由中国僧人撰写的类似的著作。东晋时的名僧道安撰有《西域志》，支僧载撰有《外国事》，竺枝撰有《扶南记》，隋代的彦琮撰有《西域传》以及彦琮与裴矩合著的《天竺记》，裴矩还另撰有《西域图记》三卷，都是例子。玄奘撰写《大唐西域记》，因此也可以看作是对这一传统的继承和发展。

当然，玄奘撰《大唐西域记》，还有一个最直接的动因，就是唐太宗的要求。太宗这样做，也包括两个方面的原因：一是政治和军事上的考虑。经过隋末的大乱，天下大定，唐太宗雄才大略，需要进一步考虑如何经营西域，发展与西域各国的交往，了解西域各方面的情况，对于唐太宗因此很重要。这一点，在最前面已经讲到了。另外，从好奇，或者说知识性的追求而言，唐太宗也希望玄奘能写出这样的著作，那就是唐太宗对玄奘说的那句话："佛国遐远，灵迹法教，前史不能委详，师既亲睹，宜修一传，以示未闻。"

再谈《大唐西域记》的影响。

《大唐西域记》写成后，无论是主题和内容，也影响到其后一些著作的撰写。这方面有几个例子。

第一个例子是与《大唐西域记》有直接关系，玄奘的弟子慧立和彦悰撰写的《大慈恩寺三藏法师传》。这部书，虽然体裁上与《大唐西域记》不同，但全书十卷，记述了玄奘一生的事迹，其中有一半（卷一至卷五）都是讲玄奘西行求法的经历。书中许多地方，与《大唐西域记》相表里，或彼略而此详，或彼详而此略，可以互相印证和补充。慧立和彦悰，在玄奘在世时，都亲炙于玄奘，所以书中材料非常值得重视。而且，书中对玄奘艰难卓绝的求法经历以及玄奘舍生忘死、矢志西行的伟大精神，有着极为生动的描写。全书篇章布局得当，记事精准，叙述流畅，文字优美，在中国古代传记文学史上，也称得上是一部杰作。

其次应该提到的是道宣的《释迦方志》。道宣也是唐初的高僧，又是律宗的大师，他与玄奘同时，虽然自己没有到过印度，但在玄奘回国后，参加过玄奘的译场，得以与玄奘有许多接触。道宣一生，著述极丰，《释迦方志》就是其中之一。《释迦方志》书名中的"方志"二字，标出它完全是一部记叙古印度的地理志类的著作。道宣虽未亲履其地，但他依靠他能见到的所有典籍，尤其是玄奘新撰《大唐西域记》，也包括他亲自从玄奘和其他人，例如唐初出使印度的王玄策获得的其他有关知识，撰成此书。因此他的书中仍有一些新材料。道宣撰书，时间上略晚于玄奘，对于唐初中印之间的交往，以及玄奘赴印之后的事，更作了一些补充。

与《释迦方志》类似，还有玄奘时代出使印度的王玄策的《中天竺国行记》。王玄策稍晚于玄奘，但基本同时。贞观十七年（643），玄奘还在回国的途中，王玄策第一次以副使身份出使印度，其后又有两次，作为正使，再度出使印度。《中天竺国行记》原书早佚，但在佛教的一部大型类书《法苑珠林》中还存留了一些片段。此外，依照《新唐书》卷五十八《艺文志》的记载，唐高宗还曾派遣使人分往康国以及吐火罗等国，访其风俗物产，诏令史官编撰过《西域图志》六十卷。如果依照《法苑珠林》卷五、卷十四及卷二十九的记载，当时除了编成《西国志》六十卷外，又"敕令诸学士画图，集在中台，复有四十卷"。二者合成，共一百卷。

在玄奘返国二十多年后，中国僧人中又有义净到了印度。义净从海路去，仍从海路还。义净在印度居留了十多年，加上在南海一带停留的时间，前后在国外二十余年。义净在南海时，撰成《大唐西域求法高僧传》和《南海寄归内法传》两部书。这两部书，作为中国求法僧的著作，也极负盛名。尤其是后一部书，详细记述印度及南海佛教的仪轨，对于了解当时印度佛教僧伽的制度、行为规定以及印度南海与佛教有关的社会生活的各个方面，都非常有价值。书中讲的"圣教"，从理论上讲，一直被后来的一些中国僧人认为是佛教徒行为的最高标准，只是在实践中很难完全执行。

比义净稍晚，还有唐玄宗开元年间赴印度的新罗僧人慧超，回到中国后，也写有一部行记，称作《往五天竺国传》。现存的有 20 世纪初在敦煌发现的残本，其中也记载了一些当时印度的情况，但在详实的程度上还是远远不能与《大唐西域记》相比。作为全面记述古代印度的地理、历史、民族、语言、物产、宗教、风俗的一部著作，玄奘的《大唐西域记》，在历史上可以说是空前绝后。

唐代是一个十分开放的时代，人们对"异域"的兴趣很大，注意到《大唐西域记》的人就多。这一点，从同时代其他人的书里能够清楚地看到。但到了宋代，社会和文化环境有了变化，注意到这部书的人渐渐少了，对书的价值能有所认识的人更少。到了清代，《大唐西域记》虽然还有人知道，但评价越来越低。清代乾隆年间编辑的《四库全书》，其中收有《大唐西域记》。编书的馆臣，都是极一时之选的博学之士，显然不怎么看得起这部书，认为书中讲的大多是传闻。馆臣们撰写的"提要"，在《四库全书总目提要》卷七十一：

> 所述多佛典因果之事，而举其地以实之。晁公武《读书志》称，玄奘至天竺求佛书，因记其所历诸国。凡风俗之宜，衣服之制，幅员之广隘，物产之丰啬，悉举其梗概，盖未详检是书，特姑据名为说也。

馆臣们还把《大唐西域记》与清代编成的《钦定西域图志》做了对比，最后对《大唐西域记》做了这样的总结：

> 我皇上开辟天西，咸归版籍。《钦定西域图志》征实传信，凡前代传闻之说，一一厘正。此书侈陈灵异，尤不足稽。然山川道里，亦有互相证明者，姑录存之，备参考焉。

编纂《四库全书》的大臣，认为"此书侈陈灵异"，虽然不能说毫无理由，但他们对于《大唐西域记》在学术研究方面诸多的重要价值，可以说一无所知。馆臣们依照自己的思维，以皇上"钦定"的书为准，由此写出这样的评语，只能表明，这个时候的中国人，从皇帝到大臣，都极少了解中国以外世界的情况以及当时世界大势的变化。这样的情形，直到清朝末年在西方列强的冲击下才有所改变。

但这个时候国外的情况则正好相反。就在《四库全书》编成不过几十年后，从19世纪开始，欧洲的学者就注意到了《大唐西域记》。这有两个原因：

首先，随着欧洲殖民主义势力向东方的扩张和东方地区的殖民化，欧洲的学术界对东方的兴趣越来越大，由此兴起一门新的学科"东方学"，"印度学"是其中的一个分支。由于文化传统的不同，在古代印度，没有一部可以称为信史的文献。学者们研究印度历史，最感困难的，就是缺乏可靠的文献资料。他们发现，在中国的文献中，有玄奘的《大唐西域记》、法显的《法显传》以及义净的《大唐西域求法高僧传》和《南海寄归内法传》等著作，都与古代印度的历史、宗教和文化密切相关。这让他们十分兴奋，很快就开始翻译和研究的工作。

具体到印度学的研究，印度是英国在东方最重要的殖民地。1870年，英印政府建立印度考古局，开始对印度的主要地区进行考古调查和发掘。印度没有历史，在近代以前，几乎没有可以称得上是历史的文献。玄奘书中的记载，为寻找早已湮没的古代城市、道路，以及各种各样的古迹提供了大量的线索。英印政府考古局的第一任局长，也是印度现代考古的奠基人，名叫康宁汉（A. Cunningham）。《大唐西域记》几乎成了他进行考古调查和发掘时的一部指南。很多考古遗址，包括古代一些城市的位置、寺庙遗址，很大程度上就是依靠《大唐西域记》最后做出判定。《大唐西域记》由此在研究印度学的学者中名声大著。

不仅对于印度，《大唐西域记》的内容包括中亚，因此也极大地推动了近代中亚的考古。英籍匈牙利人斯坦因（A. Stein）在阿富汗、克什米尔，以及中国的新疆、甘肃进行过广泛的考古调查和发掘，获得巨大的成功。斯坦因有关中亚的著作，今天已经成为了中亚考古的经典，其中不时引用到《大唐西域记》。

当玄奘在书中记载的那些古城和古迹，先后一个个被发现、发掘出来时，可以想象，学者们是多么的兴奋。在这些工作中，玄奘的书起了重要的作用。人们明白了，玄奘的记载，不是凭空的虚构，而是有实在的根据。《大唐西域记》的价值再次被人们发现，受到一致的肯定。《大唐西域记》在国际学术界获得了极大的名声，从此成为一部世界性的名著。它的价值，用学者说过的话来形容，是无论怎样评价也不会过分。这句话，并不是一般的溢美之辞。

这一时期，欧洲学者出版的翻译或者专门研究《大唐西域记》的书，最主要的，可以列出以下数种。法文的有：

S. Julien: *Memoires sur les contrees occidentales*, *traduits du Sanscrit en Chinois*, *en I'An 648*, *par Hiouen-Thsang*, *et du Chinois en Francais*, 2 tomes, Paris, 1857-58

idem: *Histoire de la Vie de Hiouen-Thsang et de ses Voyages dans l'Ind depuis I'An 629 jusqu'en 645*, *par Hoei-li et Yen-Thsong*, suive de Documents et d'Eclaircissements Geographiques tires de la Relation Originale de Hiouen-Thsang, Paris, 1853

英文方面的有：

S. Beal: *Si-yu-ki*, *Buddhist Records of the Western World*, 2 vols., London, 1884

idem: *The Life of Hiuen Tsiang by the Shaman Hwui Li*, London, 1911

T. Watters: *On Yuan Chwang's Travels in India*, *629-645 A.D.*, 2 vols., London, 1904-05

其他与《大唐西域记》有关或引用到《大唐西域记》的书和论文则几乎不可计数。

在欧洲学者之后或同时，日本也有不少学者研究《大唐西域记》，他们也出版了多种专著。日本有很多人信仰佛教，历史上与中国文化渊源又深，玄奘和玄奘的著作，从来就很受尊敬和重视。他们的学者研究《大唐西域记》，虽然起步稍晚，但在资料和文献上用力甚勤，成果也不小。

其中以《大唐西域记》作为专题的研究著作就有好些种。这些著作是：

> 堀谦德的《解说西域记》，东京，1912 年；
> 小野玄妙翻译的《大唐西域记》，东京，1936 年；
> 足立喜六的《大唐西域记的研究》，东京，1942 至 1943 年；
> 水谷真成释注的《大唐西域记》，东京，1972 年；
> 野村耀昌翻译的《大唐西域记》，东京，1983 年。

这些著作体现出的研究成果，也很值得注意。直到今天，日本仍然有学者在研究《大唐西域记》，同时有新的成果发表。

最后，总结起来讲，今天研究印度和中亚历史、地理、考古，《大唐西域记》早已成为最基本、最重要的文献之一。我们甚至可以这样说，一千三百多年前，在世界的范围内，没有一部著作能够像《大唐西域记》这样，对一个广大的地区，中亚和南亚，做过这样详细，很多地方也可以说是科学的记载。用印度历史学家阿里的话说，是"如果没有法显、玄奘和马欢的著作，重建印度史是完全不可能的"。研究佛教史，《大唐西域记》的记载更是不可缺少，书中的许多记载不仅丰富，而且唯一。与《大唐西域记》略略可以相比的，只有另外两位中国求法僧法显和义净的著作，不过三位高僧的著作各有特点，互相之间不可以替代。玄奘的《大唐西域记》作为经典，不仅是对中国文化，更是对亚洲文化、世界文化有重要贡献。

五、节选情况

《大唐西域记》全书十二卷，加上最前的两篇《序》和最末的《记赞》，接近十三万字，篇幅已不算小。依照《中华传统文化百部经典》编撰体例的要求，这里从《大唐西域记》中节选出部分章节。节选的原则大致是：（一）每卷都选一个或多个章节，由此全书的各个部分都能够有所体现。（二）章节的内容或者所记载的国家或地区有比较大的代表性，例如卷二印度的《总述》部分以及健驮逻国，卷六的劫比罗伐窣堵国，卷八、卷九的摩揭陀国。（三）所记载的国家在今天中国的境内，或者内容与中国有比较多一些的关系，则选得多一些。这包括卷一的屈支国，卷十二的瞿萨旦那国和朅盘陀国，以及卷四的至那仆底国和卷十的迦摩缕波国。

上面讲了，《大唐西域记》在一千多年的流传过程中，出现过多种抄本和刻印本，近代以来又有多种学者们整理出来的校点本。本书在做节选时，主要依据上面提到的 1985 年北京中华书局出版的《大唐西域记校注》，同时参照台北的中华电子佛典协会出版的 CBETA 电子佛典集成的电子版。所有的文字，都重新斟酌了一遍，如果有异文，则择善而从，标点和分段也是重新做的。

同样也是依照《中华传统文化百部经典》编撰的要求，对节选章节的原文，加了一些简略的注释。有的是对内容所做的知识性说明，有的是解释字词，目的也都是帮助读者了解原书和理解原文。这一点是不是具体做到了，尚待读者们的批评。

---

① 柳洪亮：《〈大唐西域记〉传入西域的有关问题》，载：马大正等编《西域考察与研究》，新疆人民出版社，1994 年，第 299–306 页。
② ［日］高田时雄：《京都兴圣寺现存最早的〈大唐西域记〉抄本》，载：《敦煌研究》2008 年第 2 期，第 47–48 页。

大唐西域记

卷一

一、序论

然则索诃世界（旧曰娑婆世界，又曰娑诃世界，皆讹也）三千大千国土[1]，为一佛之化摄也。今一日月所照临四天下者，据三千大千世界之中，诸佛世尊，皆此垂化，现生现灭，导圣导凡。苏迷卢山（唐言妙高山，旧曰须弥，又曰须弥娄，皆讹略也）[2]，四宝合成[3]，在大海中，据金轮上，日月之所照回，诸天之所游舍，七山七海，环峙环列。山间海水，具八功德。七金山外，乃咸海也。海中可居者，大略有四洲焉：东毗提诃洲（旧曰弗婆提，又曰弗于逮，讹也）[4]，南赡部洲（旧曰阎浮提洲，又曰剡浮洲，讹也）[5]，西瞿陀尼

须弥山与四大部洲之说，本是印度人的说法，传入中国后，被很多人接受。中国古代的一些神话或小说，因此也常常提及。

洲（旧曰瞿耶尼，又曰劬伽尼，讹也）[6]，北拘卢洲（旧曰郁单越，又曰鸠楼，讹也）[7]。金轮王乃化被四天下，银轮王则政隔北拘卢，铜轮王除北拘卢及西瞿陀尼，铁轮王则唯赡部洲。夫轮王者，将即大位，随福所感，有大轮宝，浮空来应。感有金银铜铁之异，境乃四三二一之差，因其先瑞，即以为号。

[注释]

[1]索诃世界：索诃是梵语 Sahā 的音译，有时意译为“忍”或者“堪忍”，“索诃世界”往往也就译为“忍土”。旧曰娑婆世界，又曰娑诃世界，皆讹也：“旧曰”意思是指旧的翻译，玄奘之前的佛经中，“索诃”又翻译为“娑婆”“娑诃”。玄奘说“讹也”，意思是翻译错了，但这实际上是玄奘的一个误解。中国早期翻译的佛经，很多不是来自梵语佛经，而是来自其他印度古代语言，比如健陀罗语的佛经，所以翻译出来的词语很多与后来玄奘从梵语佛经翻译出来的词语不一样，但这不是错误，只是因为来源不一。相比较而言，梵语的佛经出现得比较晚一些。以下玄奘在词语方面所说的“讹也”，基本上都需要做这样的理解。以下类似情况不再做具体的解释。　[2]苏迷卢山：“苏迷卢”为梵语 Sumeru 的音译，意译“妙高”。玄奘之前的汉译佛经中一般译为“须弥”或“须弥山”，意译“妙高山”。　[3]四宝：白银、黄金、颇梨、琉璃。　[4]东毗提诃洲：印度人想象的大洲，位于世界的东边。毗提诃，梵语 Videhadvīpa 的音译。　[5]南

赡部洲：印度人想象的大洲，位于世界的南边，人类居住于此。赡部，梵语 Jambudvīpa 的音译。　[6]西瞿陀尼洲：印度人想象的大洲，位于世界的南边。瞿陀尼，梵语 Godāniyadvīpa 的音译。　[7]北拘卢洲：印度人想象的大洲，位于世界的北边。拘卢，梵语 Kurudvīpa 的音译。

[**点评**]

这是《大唐西域记》全书起首《序论》中的一段文字。玄奘在《序论》中，从一位佛教徒的角度出发，依据印度的宇宙观作为基本理论，对他或者说他那个时代的人理解的世界做了一个整体的描述。玄奘首先讲，世界由"四大部洲"，也就是"东毗提诃洲""南赡部洲""西瞿陀尼洲"以及"北拘卢洲"构成，这其中的"南赡部洲"，就是我们人类居住的地方。

依照今天的知识，世界当然不是这样，但玄奘讲到的说法，不仅被古代的印度人接受，一度也被信仰佛教的中国人所接受。中国古代最有名的神话小说《西游记》，故事一开始，讲孙悟空的诞生，诞生之地在"东胜神洲"，"东胜神洲"就是"东毗提诃洲"。故事中的三藏法师唐玄奘的诞生地，则在"南赡部洲"。

玄奘所讲，与今天的常识差得太远，甚至可以说显得很有些匪夷所思。但我们需要知道，一千多年前的人类，科学知识不能跟现在相比，对于人类所处的世界，古代的各个民族，都有过类似的说法。因此古代印度人有这样的想象，完全可以理解。印度人，也包括信仰佛教的中国人，都曾经接受过这种说法。这实际上就是当时的一种宇宙观，我们要注意的是，这些与神话混合在一起的想象或者说宇宙观，在古代往往与宗教和政治文化密切相关。玄奘这里讲的，实际就是这样一种情况。

"索诃世界"是一个佛教的词语，佛教用这个词来形容整个世界。这个世界在佛经里也常常被称作"三千大千国土"或者"三千大千世界"，因为在古代的印度人看来，宇宙中不止一个世界，而是有许多世界，世界有大有小，三千只是一个大数而已。汉语中的"世界"这个词，最早就来自翻译的佛经。"大千世界"一词，后来也就成为汉语中的一个成语，连人名都可以使用。近代中国著名的画家张大千，一度出家，法名"大千"，后来成为他的名号。这让人常常忘记这个词最初的来源。

在这个想象的世界中，"苏迷卢山"是最高的山，山体由白银、黄金、颇梨、琉璃四种宝物构成，所以这里说"四宝合成"。整个山坐落在"金轮"之上，日月往返照耀，诸神往来于其间。环绕苏迷卢山，又有七山七海。山与山之间的海水，也不一般，具有八种功德，也就是八种神奇的品质。

不仅如此，宇宙很大，"苏迷卢山"与"七山七海"之外，还有山和海，海中有陆地，称为"洲"，"洲"有四个，合称"四洲"，"四大洲"或者"四大部洲"。

玄奘是佛教徒，玄奘的这段叙述，有佛教的经典作为依据，具体地讲，是佛经《俱舍论》中的《分别世品》。这部经，玄奘在撰写《大唐西域记》后不久，就把它从梵文翻译为了汉文。只是玄奘在上面的叙述中列出这些专名时说，过去的翻译有错，实际上却不是如此。玄奘不了解在他之前早期佛经翻译时印度和中亚语言的情况，所以会有这样的误解。

四大洲的说法，很有想象力。在中国古代，只有战国时代的邹衍在《禹贡》所讲的"九州"基础上提出的"大九州"之说，略略可与之相比。但就想象力和理论的周密性而言，邹衍的说法，与印度相比，还是差得太远。古代印度人具有的想象力，实在是很夸张。中印文化的差别，在此就能看出来。

但四大洲的说法，不仅仅与宇宙的秩序相关，同时更具有人文和政治方面的意义。这中间最突出的就是所谓"轮王"的说法。所谓"轮王"，完整的称呼是"转轮圣王"。古代印度人认为，如果一位国王具备充分的福德，感应所致，"轮宝"就会从天而降。国王福德不一，感应的"轮宝"便有金银铜铁的差别，于是轮王也有四种不同的称号，管辖的地域大小不一。所谓"金轮王乃化被四天下，银轮王则政隔北拘卢，铜轮王除北拘卢及西瞿陀尼，铁轮王则唯赡部洲"，意思就是"金轮王"的教化普及四大洲，银轮王则去掉"北拘卢洲"，只有三大洲，铜轮王再去掉"北拘卢洲"及"西瞿陀尼洲"，剩下两大洲，铁轮王则仅仅只有一洲，那就是南赡部洲。

有意思的是，"轮王"，尤其是"金轮王"的说法，作为一种政治文化理念和称号，传到中国，很快就被中国的一些帝王所接受。最典型的例子是唐代的武则天。武则天信仰佛教，以佛教作为自己重要的政治思想资源。她先后三次宣布自己是"金轮圣神皇帝"（长寿二年，693）、"越古金轮圣神皇帝"（延载元年，694）以及"天册金轮大圣皇帝"（天册万岁元年，695）。三个圣号，都离不了"金轮"二字。为此武则天两次改元，同时还"作金轮等七宝，每朝会，陈之殿庭"（《资治通鉴》卷二〇五）。武则天把"金轮"应用于中国的政治中，成为一种新的政治符号，目的是要说明，她自己就是神圣无比的"金轮王"。"洋为中用"作为一种政治手段，一千三百多年前的武则天，就已经显示出娴熟的运用技巧。

在古代印度人看来，赡部洲的中央，不是寻常之地。

注意玄奘提到的关于黄河河源的说法。对于中国人而言，黄河自古以来就有特殊的意义。

则赡部洲之中地者，阿那婆答多池也（唐言无热恼。旧曰阿耨达池，讹也）[1]。在香山之南[2]，大雪山之北[3]，周八百里矣。金、银、琉璃、颇胝，饰其岸焉。金沙弥漫，清波皎镜。八地菩萨以愿力故，化为龙王，于中潜宅。出清冷水，给赡部洲。是以池东面银牛口流出殑伽河（旧曰恒河，又曰恒伽，讹也）[4]，绕池一匝，入东南海；池南面金象口流出信度河（旧曰辛头河，讹也）[5]，绕池一匝，入西南海；池西面琉璃马口流出缚刍河（旧曰博叉河，讹也）[6]，绕池一匝，入西北海；池北面颇胝师子口流出徙多河（旧曰私陀河，讹也）[7]，绕池一匝，入东北海。或曰潜流地下，出积石山^[8]，即徙多河之流，为中国之河源云。

[注释]

[1]阿那婆答多：梵语 Anavatapta 的音译，意译"无热恼"。"阿那婆答多池"因此也就称作"无热恼池"，旧译"阿耨达池"。　[2]香山：佛教传说中的山。　[3]大雪山：指位于今天印度北边、中国西南边巨大的喜马拉雅山山脉。喜马拉雅山这个名字，来自印度的梵语 Himālaya，意思就是雪山。　[4]殑伽河：即恒河，虽然玄奘在这里给出了一个新的译名，但"恒河"一名此前就在佛经中出现，此后一直沿用至今。殑伽，梵语 Gaṅgā 的音译，旧译"恒伽"。　[5]信度河：今译印度河。信度，梵语 Sindhu 的音译。　[6]缚刍河：即今天中亚最主要的河流之一的阿姆河。缚刍，梵语 Vakṣu 的音译。　[7]徙多河：具体是指哪一条大河，最早比较模糊，后来渐渐比较清楚，多数的情况下可以比定为今天中国新疆境内的叶尔羌河，流入塔克拉玛干沙漠后称作塔里木河。徙多，梵语 Śīta 的音译。　[8]积石山：中国境内的山脉，位于今天中国青海与甘肃交界处。黄河从青海东流，绕积石山北端，进入甘肃。《禹贡》讲大禹治水，说到"导河积石"，一般认为，所说的就是此处的积石山。玄奘此处讲到源出"无热恼池"的徙多河东流，"潜流地下，出积石山，即徙多河之流，为中国之河源云"则是另一种奇特的说法。解释见本段"点评"。

[点评]

"阿那婆答多"又称"无热恼池"，本来仅仅是古代印度人想象中位于人类居住的南赡部洲中央的一个巨大的湖泊，具体的位置在"香山之南，大雪山之北"。香山只是一种传说，但大雪山确有所指，那就是今天印度北边、中国西南边的巨大的喜马拉雅山山脉。喜马拉雅山这个名字，来自印度的梵语 Himālaya，意思就是雪山。印度人很早就知道，在喜马拉雅山的北边，有一些巨大的高山湖泊。这其实就是"无热恼池"传说的由来。

玄奘讲的"香山"，在印度方面虽然只是传说，但这个名字却在中国留下很深的印记。北京西郊的香山不必提了，有名的还有洛阳龙门附近的香山。唐代的诗人白居易曾经居住在这里，他称自己为"香山居士"，白居易因此也就被称作白香山。至于以香山为名，称作"香山寺"的佛教寺庙，在中国各地更有许多。

至于"无热恼池"，玄奘说在香山之南，有的佛经说在香山之上。虽然这实际上仅仅是一种传闻，因此没有人能够确定究竟在什么地方，但依照这样的传说，周长八百里，岸边都是金、银、琉璃、颇胝，"金沙弥漫，清波皎镜"，显然也不是一处平常的地方。龙王居于其中的神话可以不论，重要的是，赡部洲，也就是我们所居住的这片大地上的四条大河，所有清泠之水，据说都来自于此。而这四条大河确实存在于现实之中。

玄奘特别提到的这四条大河，几千年来一直是中亚和南亚地区最重要的河流。四条河发源于何处，在今天很清楚，但在玄奘的时代却是既知道一些，却又不是很清楚。说知道一些，意思是所谓的"无热恼池"，传说指向的方位，在喜马拉雅山的北边，即今天中国的西藏西部，而我们今天知道的四条河的发源之地，或者确实是在这一地区，或者即使不完全在这一地区，其位置离这一地区也不算太远。说不是很清楚，是因为在一千多年前，无论在印度还是在中国，没有人准确地知道，这四条河的源头，究竟在什么地方。

具体地讲，依照今天的地理知识，恒河的源头被确定在今天印度北部的北阿坎德邦境内。上游分别称作巴吉拉蒂河（Bhagirathi R.）和阿拉克南达河（Alaknanda R.）。两条河都起源于喜马拉雅山山麓，起初是涓涓细流，河水往东南流淌，汇入更多的支流，进入北方邦后，成为大河。这与传说中位于"大雪山之北"的"无热恼池"，不能说一点联系没有，只是实际位置与此有一定的距离。

印度河的情况则最接近于事实。印度河发源于中国西藏的阿里地区。印度河的上游称作萨特累季河（Sutlej R.），流经今天的巴基斯坦。萨特累季河的上游，称作象泉河。象泉河是阿里地区最主要的河流之一。在阿里地区，作为萨特累季河源头的，有象泉河，还有狮泉河。象泉河与狮泉河的名称，追本溯源，其实就与这里讲到的佛教传说有关。青藏高原上最大的几个湖泊，也正是在这附近，其中最大的是玛旁雍错（Ma pham mtsho）。不管是印度人还是藏人，都把玛旁雍错看作是圣湖。每年许多印度的朝圣者进入西藏，目的就是到这里来朝圣。这样的朝圣，已经有很久的历史。对于印度人以及佛教徒而言，玛旁雍错就是"无热恼池"。

至于缚刍河，作为今天的阿姆河的上游，则发源于帕米尔。这里虽然地理上不属于青藏高原，但放在一个大的尺度看，离青藏高原还不算太远。缚刍河的流向，确实是向西。

徙多河则有更多的一些故事。玄奘说它从"无热恼池"北面的师子口流出，显然只是一种想象。如果实在要坐实，一般的看法，认为可以被指为今天中国新疆西部的叶尔羌河，流入塔里木盆地后称作塔里木河。依据今天的知识，叶尔羌河实际上发源于今天克什米尔北部喀喇昆仑山脉的喀喇昆仑山口。这个位置，从地理上讲，在青藏高原的边缘。与缚刍河一样，如果以一个大的尺度看，与另外的三条河的距离也还不算太远。

传说中从"无热恼池"流出的徙多河，究竟流向哪里，玄奘虽然讲到了河的情况，但他自己显然也不是很有把握。玄奘讲，河水流入东北海。这与叶尔羌河也就是塔里木河的流向一致。但他又说，或者是"潜流地下，出积石山"，最后成为中国的黄河的源头。前一种说法是为了与印度的传说、同时与"无热恼池"其他三个口分别流出的三条河相协调，但后一种说法则完全来自中国，与中国古代一千多年来寻找的黄河的源头有关。黄河是中国最重要的大河，但黄河出自何处在中国古代却一直不是很清楚。最早也最有影响的是"河出昆仑"的说法，讲的是黄河之水源自昆仑山，最初"潜流地下"，最后从位于今天青海境内的积石山重新流出地面。今天看来，这当然是误解或者说是一种似是而非的猜想，但很长一段时间里却代表了中国人对黄河河源以及中国西部一带地理状况的认识水平。玄奘是中国人，既信仰佛教，又有中国的知识，所以他在印度的"无热恼池"的说法之外，另加上了这样一段话，让中国原有的河源之说也能与此联系在一起。这样的说法，不是玄奘最早提出来，但玄奘把它与徙多河联系在一起，说明这个传说在当时很有影响。

至于玄奘讲的，四条大河"绕池一匝"，再往四个方向流去，表述得很规整，是事实，但也有包括一部分想象。不过，通过这样的说法，我们可以看到，古代的印度人，也包括一部分中国的佛教徒，当时是怎样理解和解释世界，包括宇宙，也包括山川和河流。

一个上古时代的想象，一种不是没有来由的传说，虽然早已经被我们现代的知识所取代，但其中所反映的东亚和南亚古代的先民对于世界的认识过程和宇宙观，以及其中隐含的政治、宗教和文化的意义，包括他们赋予大自然的神圣感和表现出的一种特殊的敬畏，即使是在今天，是不是仍然值得我们回顾和思考？古代的传说，其实反映出的是历史。人类对世界的认识，像是一条长河，其中的一些片段，即使在今天被证明是误解，但往往一个时期内曾经是认识的起点和基础。如果我们从这个角度来看玄奘在这里讲到的这些事物，就不仅能够理解过去的历史，也能理解今天的很多事。

时无轮王应运，赡部洲地有四主焉。南象主则暑湿宜象，西宝主乃临海盈宝，北马主寒劲宜

前面讲"四大部洲""四河"，此处讲"四主"。"四"之为数，甚有意思。

马，东人主和畅多人。故象主之国躁烈笃学，特闲异术，服则横巾右袒[1]，首则中髻四垂，族类邑居，室宇重阁。宝主之乡无礼义，重财贿，短制左衽[2]，断发长髭，有城郭之居，务殖货之利。马主之俗，天资犷暴，情忍杀戮，毳帐穹庐[3]，鸟居逐牧。人主之地，风俗机惠，仁义照明，冠带右衽[4]，车服有序，安土重迁，务资有类。三主之俗，东方为上，其居室则东辟其户，旦日则东向以拜。人主之地，南面为尊。方俗殊风，斯其大概。至于君臣上下之礼，宪章文轨之仪，人主之地无以加也。清心释累之训，出离生死之教，象主之国其理优矣。

[注释]

[1]右袒：露出右臂。　[2]左衽：衣襟向左。　[3]毳（cuì）帐穹庐：用兽毛编织的帐篷。　[4]右衽：衣襟向右。

[点评]

玄奘在前面讲了，统治"四大部洲"的，是印度古代传说中的"转轮圣王"。不过，到了玄奘的时代，早已经没有了，有的是"南赡部洲"的"四主"。"主"是国主，也就是国王。这也就是说，如果把"南赡部洲"

看作一个整体，东南西北四个方向，南边有"象主"，西边有"宝主"，北边有"马主"，东边则有"人主"。四个方向的四个国家，也分别有不同的特点：南边暑热潮湿，适宜大象生活；西边靠近大海，宝物充盈；北边寒风劲烈，适宜养马；东边则气候和畅，因此人口众多。玄奘讲的这些话，正符合这四个方向的四个地区的地理特点。

但这只是就自然环境而言，重要的还有人文。依照玄奘的说法，南边的"象主之国"，人民性格虽然急躁，但喜好学习，尤其通解"异术"。他们的衣着是横批布巾，袒露右臂，头顶的中央扎一个发髻，其余的头发四面垂下。他们聚族而居，房屋建有重叠的楼阁。"象主之国"显然指的是印度。

再转向西边的"宝主之乡"，也就是"宝主"的国家。这个地方缺乏礼义，却看重财富。这里的人穿的是短衣，衣襟向左，剪发而留着长长的胡须。他们住在城里，贩卖货物，从中获利。这指的是中国西边的国家或者说包括很多国家的一个地区。

再转向北边，北边"马主"的国家，则是风俗犷悍粗暴，残忍而好杀戮。这里的人住在帐篷里，四处游牧，就像鸟一样不停地迁徙。这显然是指中国北边的那些游牧民族。

最后是东边的"人主之地"。"人主之地"则是另外一番气象：风俗灵巧聪明，仁义明白昭著。人们装饰冠带，衣襟向右，车辆服饰都有等级秩序。人们安居于本土，不轻易迁徙，致力于财货的，有专门的一类人。与前面的话比较起来，玄奘显然是最称赞"人主之地"。"人主之地"就是中国。

除了这些，四处地方还有一个重要的差别，那就是象主、宝主和马主之地都以东方为上，居室的门向东开，早上向东而拜。只有人主之地把南面看做是最尊贵的方向。

玄奘的叙述还涉及到对政治文化的评价，四处地方中，要是讲君臣上下的礼节、典章制度的仪式，没有一个地方比得上"人主之地"，也就是中国。不过，如果讲到让内心清净、脱离烦恼、超出生死轮回的教义，则是"象主之国"，也就是印度的理论最为高明。

四位国主，分别统治"南赡部洲"的东西南北四处地方，这当然不是准确的事实。但它是一个说法，也可以说是一种想象，也可以说古代印度人对今天亚洲地区人文地理的一种构想，同时还包括有玄奘自己的理解。它不是事实，但也不完全是无中生有。四处地方，也不是没有更具体的指向。

唐代与玄奘同一时期的僧人道宣，撰写过一部著名的书，名叫《续高僧传》，书的卷四是《玄奘传》。其中讲到，玄奘在印度学成之后，"声畅五天"，玄奘"称述支那人物为盛"。印度的戒日王和大菩提寺的僧人们，很久以来就希望了解中国，可是中印之间因为没有使节往来，无法得到可靠的消息。写到这里，道宣提到了"四王"也就是"四主"的传说：

　　彼土常传，赡部一洲，四王所治：东谓脂那，

主人王也。西谓波斯，主宝王也。南谓印度，主象
王也。北谓猃狁，主马王也。皆谓四国藉斯以治，
即因为言。奘既安达，恰述符同。

"脂那"即"支那"，是古代印度人对中国的称呼。
这就是说，东边的"人主之国"，指的是中国；西边的"宝
主之国"，指波斯；南边的"象主之国"，指印度；北边的
"马主之国"，则指"猃狁"。所谓猃狁，是先秦时代中国
北方的一个民族，他们不属于华夏族，常与华夏族为敌。
到了后来，"猃狁"一名，也常用来泛指中国北方的少数
民族。

道宣也是唐代的一位高僧，以学识广博著称。他认
识玄奘，比玄奘稍微年长一些，还曾经协助过玄奘译经。
以当时人们对"世界大势"的了解来看，道宣的解释当
然也不是没有根据。接下来道宣还讲到印度的戒日王派
遣了使节，"赍诸经宝，远献东夏"。因为玄奘的到来，
印度方面证实了中国的确是"人主之地"，印度跟中国从
此有了新的外交往来。

道宣还写了另外一部书，书名《释迦方志》。在《释
迦方志》里，道宣更把"马主"的国家具体地指为突厥。
道宣这样做，大概是因为"猃狁"这个名称在唐代已经
很少使用，而当时在中国的北方，最大的族群同时也经
常是最大敌人的，是突厥。在道宣看来，突厥的风俗，
也合乎"天资犷暴，情忍杀戮，毳帐穹庐，鸟居逐牧"
这几个特点。

"四主"之说，最早来自印度。现存的汉译佛经中，

有一部《十二游经》，翻译者是东晋时代从西域来中国的僧人迦留陀伽（Kalodaka）。《十二游经》有一段讲到"四天子"：

> 阎浮提中有十六大国，八万四千城。有八国王，四天子。东有晋天子，人民炽盛；南有天竺国天子，土地多名象；西有大秦国天子，土地饶金银、璧玉；西北有月支天子，土地多好马。

"阎浮提"就是玄奘讲的"赡部洲"。"十六大国""八万四千城"以及"八国王"是佛经中讲印度地理时一个惯常的说法。值得注意的是"四天子"："晋天子"当然就是指中国东晋时代的皇帝，"大秦国"指的是古代的东罗马帝国，"月支天子"是大月支的国王。大月支又写作大月氏。大月氏也是古代的大国，全盛时地域包括印度西北、印度北部、中亚和西亚的一部分，中心在今天的阿富汗和巴基斯坦北部。这里的"四天子"，也就是玄奘讲的"四主"与道宣讲的"四王"。

但是，印度的理论到了中国，会有所变化。既然"人主之地"指的是中国，玄奘上面的那些话，除了一般的描述外，自然而然就显示出某种价值判断。一句"宪章文轨之仪，人主之地，无以加也"，把中国和中华文化推到了世界的顶端，无疑体现了玄奘的"中国情结"和"中国立场"。当然，在讲到这一点的同时，玄奘也认为，中国文化比较缺乏宗教的因素，因为"清心释累之训，出离生死之教，象主之国其理优矣"。从印度传来的佛教，是印度的"长项"。但即便如此，中国也还有很多值得骄傲的地方："三主之俗，东方为上，其居室则东辟其户，旦日则东向以拜。"说到底，四大地区中，东方最让人崇拜。

玄奘这样说话的风格，在一千三百多年的今天，中国人对中西文化进行比较时，似乎都还能见到。

如果做一个总结，玄奘讲到的"四主"之说，可以说有这样几个特点：

第一，方位和方位感很明确。东西南北，很是规整。整个的视野不仅仅限于中国，而是放大到今天的亚洲。用今天的话说，具有"世界的眼光"。

第二，整个的描述比较符合四个地区自然和人文的特点，简要而精炼。

第三，强调中华文化的优越。这显然是玄奘加上去的。此前的《十二游经》，讲"四天子"和四处国土，只讲特点，没有多少价值的判断。玄奘作为中国人，有自己的价值观，所以他称赞中国，尤其称赞中国在人文方面优异的表现。

在玄奘之后，"四主"的传说，还传到了阿拉伯。阿拉伯人的文献中，也有了类似的说法，只是把西方的"宝主"说成是阿拉伯的国王。20世纪法国的学者伯希和，写过一篇文章，题目就是《四天子说》，其中提到了这一点。

"四主"也好，"四天子"也好，原本只是一个关于古代亚洲人文地理的构想。其中要说明的，是世界不同地区自然和人文的特点，同时一定程度上也反映了当时的人们对不同族群、不同文化的认识和价值取向。这个说法，来自印度，有历史和地理的背景，很有趣，到了玄奘这里，重新做了叙述，话语中还加入他自己的理解。玄奘真是大师，无论对于中国文化还是对于印度文化，他都有透彻的了解，同时还能做出合适的表述。

历史上不同文化之间思想观念的交流与互动，有许多事例，"四主"之说可以说是其中之一。

二、屈支国

屈支即龟兹，是西域小国中的大国，与中原地区从来联系紧密。

屈支国[1]，东西千余里，南北六百余里，国大都城周十七八里[2]。宜穈、麦，有粳稻，出蒲萄、石榴，多梨、柰、桃、杏[3]。土产黄金、铜、铁、铅、锡。气序和，风俗质。文字取则印度，粗有改变。管弦伎乐[4]，特善诸国。服饰锦褐，断发巾帽。货用金钱、银钱、小铜钱。王，屈支种也[5]，智谋寡昧，迫于强臣。其俗生子以木押头，欲其匾𧃸也[6]。伽蓝百余所，僧徒五千余人，习学小乘教说一切有部[7]。经教律仪[8]，取则印度，其习读者，即本文矣。尚拘渐教[9]，食杂三净[10]。洁清耽玩，人以功竞。

[**注释**]

[1]屈支国：屈支在中国古代大多称为龟兹，即今天新疆的库车。龟兹一名，最早见于《汉书》，后来一直沿用，历代史书及各类文献中多有记载。此处玄奘依梵文读音翻译为屈支。《汉书·西域传》讲到西域"三十六国"，龟兹是其中之一。其后的史书中有关龟兹的记载越来越多，历史上龟兹与中国的中原地区一直有很密切的往来。　　[2]国大都城：一般认为，玄奘到达屈支国的时候，屈支国都城的位置在今新疆库车附近的皮郎旧城。　　[3]柰（nài）：水果名，类似苹果，但不是苹果，汉地俗称"花红"。　　[4]"管弦伎乐"二句：屈支或者说龟兹自古以来就以乐舞闻名。从东晋南北朝开始，一直到隋唐时代，中原王朝的宫廷乐中的乐部，都有一部称作"龟兹乐部"，也就是一支专门演奏龟兹乐舞的乐队。中原地区的一些乐曲以及乐器，其中最有名的如竖箜篌、琵琶，也都来自龟兹。　　[5]王屈支种也：意思是国王是屈支，即当地的人。　　[6]匾匧：方形，意思是用木压婴儿的头，使头长成方形。《新唐书》卷二二一《西域传》载龟兹国："产子以木压首，俗断发齐顶，惟君不剪发，姓白氏。"　　[7]小乘教说一切有部：佛教历史上曾经分为许多派别，称作"部派"，说一切有部是其中之一。佛教从教义和学说上讲，还可以分为大乘和小乘。小乘教说一切有部指的是这个部派在教义上奉行的是小乘佛教的学说。　　[8]"经教律仪"以下三句：意思是在屈支的佛教僧人，学习的佛教教义，也包括遵守的戒律，模仿的都是印度的规矩，日常诵读的也是印度文本的佛经，即梵文本的佛经。　　[9]渐教：佛教分为大乘和小乘，所谓渐教，是大乘佛教徒对小乘佛教的称呼。在大乘佛教徒看来，小乘佛教徒需要经过长时间修行，由浅入深，一步一步，逐渐才能得到证悟，所以小乘被视为渐教。大乘佛则不一样，可以由"顿悟"而迅速地悟

道。　[10]三净：大乘佛教徒严格素食，小乘佛教徒一般素食，但不严格，肉食在三种情况下可以食用：一、眼不见杀，没有亲眼为了给自己吃肉而杀死动物或看到杀死动物的惨相；二、耳不闻杀为净，没有亲耳听到动物被杀死的声音或从可信处听闻是为了自己而杀的；三、不为己所杀，不是为了自己想吃才杀的。这样的肉食就称作三净。

［点评］

屈支即今天中国新疆的库车，古代中国文献中更多地称为龟兹。龟兹是古代丝绸之路北道上最重要的城市，历史上与中原地区有很密切的联系。龟兹也曾经是西域佛教的中心之一。中国的史书中有关龟兹的记载很多。玄奘的记载与其他书中的记载有同有不同，因此为了解公元七世纪时的龟兹，尤其是龟兹的佛教和民俗提供了具体而有特点的信息。接下来玄奘讲的龙驹或者说龙马的故事即是一例。

这显然是一个从传说变化来的神话故事。

国东境城北天祠前[1]，有大龙池[2]。诸龙易形，交合牝马，遂生龙驹，懥戾难驭[3]。龙驹之子，方乃驯驾，所以此国多出善马。闻诸先志曰[4]：近代有王[5]，号曰金花。政教明察，感龙驭乘。王欲终没，鞭触其耳。因即潜隐，以至于今。城中无井，取彼池水。龙变为人，与诸妇会。生子骁勇，走及奔马。如是渐染，人皆龙种。恃力作威，不恭王命。王乃引构突厥^[6]，杀此城人，少长俱戮，略无噍类^[7]。城今荒芜，人烟断绝。

[注释]

[1]天祠：所谓"天"，指天神，这里专指非佛教的神。天祠是祭拜这些神的地方。不同的地方有不同的天祠，祭拜的神也不一样。这里似乎是指祭祀祆教神祇的一处地方。　[2]龙池：有龙的水池。　[3]憧（lǒng）戾难驭：性格暴烈，难以驾驭。　[4]先志：先世的传说。　[5]"近代有王"二句：玄奘在这里讲的，虽然只是神话性质的传说，但一些情节在中国的史书里不是没有痕迹可寻。在屈支或者说龟兹国的历史上，确实有过一位甚至两位名字叫金花的国王。《旧唐书·西戎传》"龟兹国"一节讲："（唐）高祖即位，其主苏伐勃駃遣使来朝。勃駃寻卒，子苏伐叠代立，号时健莫贺俟利发。贞观四年，又遣使献马，太宗赐以玺书，抚慰甚厚，由此岁贡不绝，然臣于西突厥。"《新唐书·西戎传》的记载相同。"苏伐勃駃"一名，还原为古代的龟兹语，是 Swarnabiṣpa。龟兹语的 Swarnabiṣpa，又来自印度梵语的 Suvarṇapuṣpa，两个词的意思正是"金花"。近代的学者根据在库车发现的木简上的古代龟兹语文字以及在克孜尔石窟发现的梵文残卷中的记载，结合汉语史料，确认龟兹历史上确实有不止一位国王的名字叫做"金花"。再有，古代龟兹的国王或者王室的成员，很多姓"帛"或"白"。不管是"帛"还是"白"，从语言上讲，很可能来自龟兹语的 biṣpa，也就是来自于梵语的 puṣpa。两个词的意思，都是"花"，不管是"金花"还是什么"花"。　[6]突厥：历史上中国北方地区讲突厥语，以游牧作为主要生产方式的部落联合体，南北朝后期崛起，成为中亚地区的

霸主，同时以强大的军事力量与中原王朝互相竞争，时有战争。唐代前期分列为东西两部，东突厥逐渐归附唐王朝，西突厥则西迁到中亚及西亚地区。玄奘西行，正当西突厥统叶护可汗的后期。玄奘到达龟兹的时候，龟兹虽然是一个独立的国家，但受到突厥的控制。《旧唐书》和《新唐书》对此有不少记载。玄奘的记载一定程度上也反映了这方面的一段历史。　[7] 噍（jiào）类：活下来的人。

［点评］

这个故事的第一段，说龙池中有龙。龙是传说中的动物，居于水中，龙池有龙，不奇怪。但龙从水中出来，与马交合，生下的小马，称作龙驹，龙驹性格暴烈，而龙驹的第二代，就成为良马，这样的故事，就很有些奇异。

故事进一步发展，是龙与马交合，生出龙驹。但这还不够，故事内容变化，有了新的情节，龙不只是与马交合，更变身为人，与妇女交合。交合的结果，也生下儿子，而且"生子骁勇，走及奔马"。龙与牝马交合，还与妇女交合，生下的有龙驹，更还有作为人的"龙种"，这中间看起来是一种隐喻，很可能隐喻这里的居民曾经以龙为图腾。所有这些，都可以引出新的问题。故事中讲的龙与人交合，还产生后代，如此的想象，对于中原地区的汉族而言，显然很少见。不过，故事出现在汉族以外的地区，来自古代的龟兹，也就不稀奇。追本溯源，背后或许还有来自印度的影响。

故事中提到了"金花王"这个名字，虽然"金花王"

在这里仅仅是故事中一个人物，故事也只是一个神话故事，但龟兹历史上确实有过金花王和金花王族，故事的情节因此不完全是无中生有。这从一个方面印证了新旧《唐书》中关于龟兹历史的记载。

中国的中原地区，此前也有龙马之说，但那要么是一种形容，例如《周礼·夏官·庾人》中讲"马八尺以上为龙，七尺以上为骒，六尺以上为马"，要么是汉代以后对《尚书·顾命》以及《礼记·礼运》中讲到的"河图"一名所做的一种解释："伏羲王天下，龙马出河，遂则其文以画八卦，谓之河图。"但这里讲的龙马，实际上只是一种称呼上的比喻，而不是指龙与马交合生出的后代。南北朝以后，经常出现在中国的文章和诗词中的"龙马"一词，大多也都被理解为是一种比喻。

荒城北四十余里，接山阿，隔一河水，有二伽蓝[1]，同名昭怙厘[2]，而东西随称。佛像庄饰，殆越人工。僧徒清肃，诚为勤励。东昭怙厘佛堂中有玉石，面广二尺余，色带黄白，状如海蛤，其上有佛足履之迹，长尺有八寸，广余六寸矣。或有斋日[3]，照烛光明。

这是屈支国历史上最大的佛寺，至今遗址犹存。

大城西门外路左右各有立佛像，高九十余尺，于此像前建五年一大会处[4]。每岁秋分数十日间，举国僧徒，皆来会集。上自君王，下至士

这样的五年一大会，又称"无遮大会"，当时在西域颇常见。

庶，捐废俗务，奉持斋戒。受经听法，竭日忘疲。诸僧伽蓝庄严佛像，莹以珍宝，饰之锦绮，载诸辇舆，谓之行像。动以千数，云集会所。常以月十五日晦日，国王大臣，谋议国事，访及高僧，然后宣布。

会场西北渡河，至阿奢理贰伽蓝（唐言奇特）^[5]。庭宇显敞，佛像工饰。僧徒肃穆，精勤匪怠，并是耆艾宿德，硕学高才。远方俊彦，慕义至止。国王、大臣、士庶、豪右四事供养^[6]，久而弥敬。

故事奇特，寺庙因此被命名为"奇特寺"。

闻诸先志曰：昔此国先王，崇敬三宝，将欲游方，观礼圣迹，乃命母弟，摄知留事。其弟受命，窃自割势^[7]，防未萌也。封之金函，持以上王。王曰："斯何谓也？"对曰："回驾之日，乃可开发。"即付执事，随军掌护。王之还也，果有构祸者曰："王令监国，淫乱中宫。"王闻震怒，欲置严刑。弟曰：不敢逃责，愿开金函。王遂发而视之，乃断势也。曰："斯何异物？欲何发明？"对曰："王昔游方，命知留事。惧有谗祸，割势自明。今果有征，愿垂照览。"王深惊异，情爱弥隆。出入后庭，无所禁碍。王弟于后，行遇一夫，拥五百牛，欲事刑腐。见而惟念，引类增怀："我今形亏，岂非宿业[8]？"即以财宝，赎此群牛，以慈善力，男形渐具。以形具故，遂不入宫。王怪而问之，乃陈其始末。王以为奇特也。遂建伽蓝，式旌美迹，传芳后叶。

[注释]

[1] 伽蓝：梵语 saṅghārāma 一词的音译，汉译为"众园"，即佛寺。　[2]"同名昭怙厘"二句：昭怙厘为佛寺名，原语不是很清楚。昭怙厘寺是魏晋至唐时期龟兹地区最大的佛寺，除玄奘讲到外，其他文献中也有记载。遗址在今新疆库车城东北23公里的确尔达格山南麓，分东西两部分，分布于铜厂河东西两岸。"东西随称"的意思是佛寺分为东西两处，东边的称为东昭怙厘寺，西边的称为西昭怙厘寺。东昭怙厘寺依山而筑，寺内有房舍和塔庙遗址，全系土坯建造，墙壁高者达10余米。遗址内有三座高塔，最北一塔耸立于山腰，可俯瞰全寺遗址。西昭怙厘寺呈方形，周长约318米，墙高10米，围墙内残垣密集，应为僧舍所在地。遗址上有数处高塔。遗址曾出过铜、铁、陶、木器及壁画、泥塑像以及木简、残纸等。遗址现为新疆维吾尔自治区的重点文物保护单位。　[3] 斋日：佛教僧人每半月一次，集合在一起，举行忏悔说戒的活动。在家的佛教徒也随之举行一些包括斋戒和布施的活动。这一天就称为"斋日"。　[4] 五年一大会：指当时佛教徒每五年举行一次的布施僧俗的大斋会，又称无遮大会。梵语原文是 Pañcavarṣaka，意思就是"五年"，音译为"般

阇于瑟"。   [5] 阿奢理贰伽蓝：法国学者伯希和认为遗址应该在
今新疆库车西部库木土拉河对岸的 Doaldour-agour 地方（伯希和
《吐火罗语与库车语》，载冯承钧译《吐火罗语考》，中华书局，
1957 年，第 111 页）。   [6] 四事供养：指供养僧人。四事，指
四类物品，一般包括衣物、卧具、饮食、医药。   [7] 势：指男
性生殖器。   [8] 宿业：佛教讲，前世的行为将在今世产生结果，
这种前世的行为就被称作"宿业"。佛教词语中的"业"，意思是
"行为的结果"。

[点评]

这个故事确实奇特，这个寺庙因此也有了这个奇特
的名字。不过，如此奇特的故事在佛教的文化背景下理
解不算奇怪。故事的最后，国王的弟弟因为救济牛群，
让牛免遭阉割，自己也得以恢复人身。故事最早未必与
佛教有关，但加上了佛教的内容，从佛教的角度讲，整
个故事也就圆满了。

三、飒秣建国

地理位置决定
了飒秣建国，也就
是今天的撒马尔罕
在历史上的地位。
玄奘所讲，完全符
合今天人们对撒马
尔罕城连接东西方
丝绸之路的认识。

飒秣建国[1]，周千六七百里，东西长，南北
狭。国大都城周二十余里，极险固，多居人。异
方宝货[2]，多聚此国。土地沃壤，稼穑备植，林
树蓊郁，花果滋茂，多出善马。机巧之技[3]，特

工诸国。气序和畅，风俗猛烈。凡诸胡国 [4]，此为其中，进止威仪，近远取则。其王豪勇 [5]，邻国承命。兵马强盛，多诸赭羯 [6]。赭羯之人，其性勇烈，视死如归，战无前敌。

[注释]

[1] 飒秣建：即今天乌兹别克斯坦的撒马尔罕。"飒秣建"与"撒马尔罕"发音相近，其实是同一名称在不同时代的不同翻译。原名因为历史上民族语言的替代关系，先后有一些细小的变化，译名因此也有所不同。撒马尔罕一名，出现在元代以后的中国文献中，明清沿用，一直通行到现在。撒马尔罕是中亚历史上最著名的古城之一。作为一个城市，撒马尔罕至少已经有两千多年甚至更长的历史。在中国的古籍中，撒马尔罕最早的名字，不是撒马尔罕，而是"康居"或者"康国"。《史记·大宛列传》讲，张骞出使西域，把西域诸国的消息带回中国，其中就提到康居。此后康居又被简称为康国。《史记》之后，中国正史中的《西域传》，很多也都提到康国。康居和康国这两个名称，在唐代使用得尤其多。 [2] "异方宝货"二句：飒秣建国地处中亚的交通要道，也就是后来所谓的丝绸之路上，东连中国，西邻波斯，南接印度，两千多年来一直是东西方贸易最重要的城市之一。商贾云集，四方的奇珍异宝，自然都汇聚于此。玄奘所讲，正是对这一历史事实的描述。 [3] "机巧之技"二句：意思是手工制造业特别发达。在古代，手工业发达，多数情况下与商业的发达密切相关。手工制造业发达的地方，商业也会很繁盛。 [4] "凡诸胡国"以下四句：这是说，在西域的这些"胡国"中间，飒秣建国处于中心位置，

飒秣建的举止风俗，是远近的这些胡国模仿的对象。古代的飒秣建，属于玄奘所说的"窣利"地区。"窣利"又称"粟特"，也就是这一时期罗马人称作的 Sogdiana。这里的居民因此也被称作粟特人。历史上的粟特人，以善于经商而著称。一千多年前的丝绸之路上，最活跃的就是粟特的商人。飒秣建是粟特地区的中心，举止风俗，自然影响到整个中亚地区。"异方宝货，多聚此国"，正是这些粟特人经商的结果。　[5]"其王豪勇"二句：飒秣建国兵强马壮，国王英武豪勇，邻国听命。　[6] 赭羯：依《新唐书》的解释，"赭羯"的意思是战士。国王的手下，就有很多这样的战士。原字不详。

［点评］

飒秣建国即今天乌兹别克斯坦的撒马尔罕城。这是古代中亚地区最有名的城市之一。

对于玄奘来说，飒秣建国只是他到印度求法，路途所经过的诸多国家之一。他在飒秣建国停留的时间并不长，但却经历了一些小小的曲折。玄奘的传记《大慈恩寺三藏法师传》卷一讲到他在飒秣建的经历："至飒秣建国（此言康国）。王及百姓不信佛法，以事火为道。有寺两所，迥无僧居。客僧投者，诸胡以火烧逐，不许停住。法师初至，王接犹慢。经宿之后，为说人天因果，赞佛功德，恭敬福利，王欢喜请受斋戒，遂致殷勤。"

这就是说，飒秣建国的国王和老百姓，都不信仰佛教，他们"事火为道"，信仰的是拜火教，也就是当时中国人称作的"祆教"。在当时的飒秣建城里，有两座佛寺，但却没有僧人。要是有佛教的僧人来到此地，老百姓也往往用火驱逐。玄奘到来，国王最初只是勉强接待。只是住了一夜之后，玄奘为国王介绍了佛教的情况，国王明白了一些，态度才变得客气起来。

但玄奘的两位小徒弟，遭遇却没有玄奘这么好："所从二小师，往寺礼拜。诸胡还以火烧逐沙弥。还以告王，王闻令捕烧者。得已，集百姓，令截其手。法师将欲劝善，不忍毁其支体，救之。王乃重笞之，逐出都外。自是上下肃然，咸求信事。遂设大会，度人居寺。其革变邪心，诱开蒙俗，所到如此。"（《大慈恩寺三藏法师传》卷二）这两位"小师"原本是玄奘从高昌带过来的。小师到佛寺礼拜，当地人仍然是用火驱逐。小师回来，报告了国王。国王让人把这些人抓了起来，又集合老百姓，要当众砍掉这些人的手。但玄奘作为一位佛教徒，心怀慈悲之念，不忍出现这样的情形，玄奘因此转而为这些人求情。国王于是把处罚改为鞭刑，最后还把这些人赶出了城。从此当地人规规矩矩，对佛教也有了虔敬之心。

这个故事，至少其中的前半段，应该是真实的。玄奘在飒秣建的经历有惊无险。故事生动地说明了飒秣建国当时宗教信仰的情况。

四、睹货逻国故地

出铁门[1]，至睹货逻国（旧曰吐火罗国，讹

玄奘讲"睹货逻国故地"，意思是这个地区此前曾经是睹货逻国的地域。

也）故地^[2]。南北千余里，东西三千余里，东阨葱岭^[3]，西接波剌斯^[4]，南大雪山^[5]，北据铁门，缚刍大河^[6]，中境西流。自数百年王族绝嗣，酋豪力竞，各擅君长，依川据险，分为二十七国。虽画野区分^[7]，总役属突厥。气序既温，疾疫亦众。冬末春初，霖雨相继。故此境已南，滥波已北^[8]，其国风土并多温疾。而诸僧徒以十二月十六日入安居^[9]，三月十五日解安居。斯乃据其多雨。亦是设教随时也。其俗则志性恇怯，容貌鄙陋。粗知信义，不甚欺诈。语言去就^[10]，稍异诸国。字源二十五言^[11]，转而相生^[12]，用之备物。书以横读^[13]，自左向右。文记渐多，逾广窣利。多衣氎，少服褐。货用金银等钱^[14]，模样异于诸国。

[注释]

[1] 铁门：玄奘从羯霜那国，即今天乌兹别克斯坦的沙赫里萨布兹（Shahri-i Sabz）南行所经过的一处关隘。一般认为在今沙赫里萨布兹连接特尔梅兹（Termiz）的公路往南约 90 公里处。公路两边有山，山体为黑色的岩石，古代此处设有关口。　[2] 睹货逻：古代中亚地区属于印欧人系统的一个民族的名字，通常又译为"吐火罗"，还有"兜佉勒""吐呼罗"等译名。一般认为，

吐火罗人最早居住与今天塔里木盆地一带，后来西迁，到达今天阿姆河一带，再南迁到今天阿富汗北部。也有人认为就是中国古代所说的月氏。玄奘到达这一地区时，吐火罗人已经没有自己独立的国家，但因为这里曾经主要由吐火罗人居住，所以玄奘把这里称作"睹货逻国故地"。依玄奘的说法，睹货逻国故地相当广大。　[3]葱岭：中国古代把今天的帕米尔高原称作葱岭。《大唐西域记》卷一有专条记载。　[4]波剌斯：即波斯，今天一般称伊朗。《大唐西域记》卷十一有专条记载。　[5]大雪山：指兴都库什山。　[6]"缚刍大河"二句：缚刍河即今天中亚地区最大的河流阿姆河，见前注。中国早期的史籍里又称妫水。缚刍河或者说阿姆河从帕米尔高原发源，自东往西，横穿"睹货逻国故地"，最后流入咸海。　[7]"虽画野区分"二句：玄奘的意思是说，睹货逻国故地当时一共有二十七个国家，都臣属于西突厥。　[8]滥波：印度古国，在北印度。《大唐西域记》卷二有专条记载。　[9]"而诸僧徒以十二月十六日入安居"二句：依照佛教的戒律，僧人们在雨季的三个月里，不得外出，留居在一处地方，多数是在室内，坐禅修行。这个活动开始，叫"入安居"，结束叫"解安居"。印度佛教僧人入安居在五月十六日或六月十六日，解安居在八月十五日或九月十五日。佛教传出印度后，其他地区季节不一样，因此各地入安居和解安居的时间也就不一样。睹货逻地区则是在十二月十六日入安居，三月十五日解安居。　[10]"语言去就"二句：意思是语言与周边地区稍有不同。　[11]字源二十五言：意思是当地的语言使用二十五个字母。　[12]"转而相生"二句：指拼音文字。　[13]"书以横读"二句：文字从左往右横写。　[14]"货用金银等钱"二句：缚喝国使用金银币，但金银币上铸造的图样与其他国家不一样。

[点评]

睹货逻或称吐火罗，有时指一个地区，有时指的是古代的一个民族。对于近代研究中亚历史的学者们而言，吐火罗似乎一直是一个是谜一样的问题。所谓吐火罗地区，究竟指的今天的什么地方，所谓吐火罗人，究竟是一个什么样的民族，他们从哪里来，最后去了哪里，期间的历史如何，讨论很多，说法不一，争议很多，至今没有定论。

玄奘当年去印度，途经这一带，对玄奘而言，是实地考察。因此，至少就公元六七世纪的情况而言，玄奘的记载应该可信。依照玄奘的说法，"睹货逻国故地"的范围，从铁门开始，东边是葱岭，西边连接波斯，南边是大雪山，也就是今天的兴都库什山，缚刍大河，也就是今天的阿姆河在中间，从东往西流过，整个地区南北长千余里，东西宽三千余里。具体讲来，大致包括今天乌兹别克南部，延伸到今天阿富汗的兴都库什山为止，

这里要注意的是，玄奘这里说的是"睹货逻故地"。所谓"故地"，意思曾经是"睹货逻国"的地域。

五、缚喝国

缚喝国[1]，东西八百余里，南北四百余里，北临缚刍河，国大都城周二十余里，人皆谓之小王舍城也[2]。其城虽固，居人甚少。土地所产，

物类尤多，水陆诸花，难以备举。伽蓝百有余所，僧徒三千余人，并皆习学小乘法教。

城外西南有纳缚（唐言新）僧伽蓝[3]，此国先王之所建也。大雪山北作论诸师，唯此伽蓝美业不替。其佛像则莹以名珍，堂宇乃饰之奇宝。故诸国君长利之以攻劫。此伽蓝素有毗沙门天像[4]，灵鉴可恃，冥加守卫。近突厥叶护可汗子肆叶护可汗[5]，倾其部落，率其戎旅，奄袭伽蓝，欲图珍宝。去此不远，屯军野次，其夜梦见毗沙门天曰："汝有何力，敢坏伽蓝？"因以长戟贯彻胸背。可汗惊悟，便苦心痛，遂告群属所梦咎征，驰请众僧，方申忏谢，未及返命，已从殒没。

历史上也许有过这样的事，但此处已经变成了神话传说。

[注释]

[1]缚喝国：古代大夏国（Bactria 巴克特里亚）的都城 Bactra，今称 Balkh，故址在今阿富汗北部城市马扎里沙里夫（Mazar-i-Sarif）以西 23 公里处，是阿富汗古代重要的考古遗址之一。义净《大唐西域求法高僧传》卷上称为"缚渴罗国"。　[2]小王舍城：王舍城是释迦牟尼时代印度摩揭陀国的首都，释迦牟尼在世时经常在此活动，很多与释迦牟尼相关的事件也发生在这里，因此被佛教徒看做是圣地。这里称缚喝国都城为

"小王舍城"，说明缚喝国佛教盛行，已经成为当时阿富汗佛教的一个中心。　[3]纳缚僧伽蓝：这座佛寺，在其他的文献里也有记载。义净《大唐西域求法高僧传》卷上称为"纳婆毗诃罗"。唐高宗时代的中国求法僧玄照和质多跋摩等也都到过这里。纳缚，梵语 nava 的音译，意译"新"。　[4]素：此处通"塑"字。毗沙门天：又称"多闻天"，佛教所谓的四天王之一，镇护北方。原是印度教的神祇，佛教也认可，成为佛教的护法大神。中国佛寺里多有陈列。毗沙门，梵语 Vaisravana 的音译。　[5]叶护可汗子肆叶护可汗：玄奘到达缚喝国之前，曾在碎叶见到西突厥的首领，也称作叶护可汗，此处又提到了叶护可汗的儿子肆叶护可汗。叶护可汗和肆叶护可汗在新旧《唐书》里都有相当详细的记载。玄奘讲的，仅仅只是一个宗教性的传说，是不是真实的故事很难说。

[点评]

　　这个故事虽然带有神异的色彩，但其中也可能存在一定的历史背景，那就是，突厥人历史上曾经入侵这里，后来又退走了。突厥叶护可汗的儿子肆叶护可汗死亡的时间，也的确在这前后。

　　缚喝国所在的地区，今天已经完全伊斯兰教化，佛教的遗迹很难追寻。但我们从玄奘的记载中可以知道。这里曾经佛教盛行，以至于成为当时阿富汗地区佛教的中心，因此当地流传有许多有关佛教的故事。近代以来在阿富汗地区发现了数量众多的佛教寺庙或者佛像的遗址，也充分证实了这一点。

六、梵衍那国

梵衍那国[1]，东西二千余里，南北三百余里，在雪山之中也。人依山谷，逐势邑居。国大都城据崖跨谷，长六七里，北背高岩。有宿麦，少花果，宜畜牧，多羊马。气序寒烈，风俗刚犷，多衣皮褐，亦其所宜。文字、风教，货币之用，同睹货逻国。语言少异，仪貌大同。淳信之心，特甚邻国。上自三宝，下至百神，莫不输诚，竭心宗敬。商估往来者，天神现征祥，示崇变，求福德。伽蓝数十所，僧徒数千人，宗学小乘说出世部[2]。

梵衍那国地处交通要道，是一处商业中心，各方商人聚集。

王城东北山阿[3]，有立佛石像，高百四五十尺，金色晃曜，宝饰焕烂。东有伽蓝，此国先王之所建也。伽蓝东有输石释迦佛立像[4]，高百余尺，分身别铸，总合成立。

此即后来世界有名的巴米扬的两座大佛。

城东二三里伽蓝中有佛入涅槃卧像[5]，长千余尺。其王每此设无遮大会[6]，上自妻子，下至国珍，府库既倾，复以身施，群官僚佐就僧酬赎，若此者以为所务矣。

［注释］

[1]梵衍那：今称巴米延，东距今天阿富汗首都喀布尔西约240公里。　[2]小乘说出世部：佛教的一个部派，从佛教的大众部分出。　[3]"王城东北山阿"以下五句：这座依山而开凿的佛像，就是今天阿富汗有名的两座巴米扬大佛中西边较高的一座。　[4]"伽蓝东有输（tōu）石释迦佛立像"以下四句：玄奘讲，这座高百余尺的佛像由输石分身铸造，这恐怕是看到这座佛像后的误解。这座佛像仍然是在山崖上开凿而成。估计当时佛身上贴有黄铜，以金色装饰，以致有此误解。这应该就是两座大佛中东边的一座。输石，黄铜。　[5]佛涅槃卧像：即一般所说的卧佛，表现的是释迦牟尼入涅槃时的形象。《大唐西域记》书中说这尊卧佛"长千余尺"，如此之大，这中间可能有些问题。2008年，考古学家们在立佛的附近，发现一处过去没有人知道的卧佛。卧佛大部分已经毁损，残存的部分有19米长。是否就是玄奘讲的"佛涅槃卧像"待考。　[6]无遮大会：佛教的大型斋会，一般五年举行一次。参考前《屈支国》一节"五年一大会"注。无遮大会中，除了诵经说法，很重要的还有国王、大臣以及富有的居士对僧人们的布施。其中一个戏剧性的情节是，国王信仰虔诚，布施给寺庙的不仅有珍宝与财物，还有妻子，最后再加上自己的身体，然后让大臣们用金钱把自己赎回。《大唐西域记》里不止一次地记载了这样的情形。中国南北朝时代的梁武帝，信仰佛教极为虔诚，也曾经有过同样的举动，不过这在中国招致了很多批评。

［点评］

梵衍那即今天阿富汗的巴米扬（Bamiyan）。玄奘西行，首先到达今天的乌兹别克斯坦和哈萨克斯坦境内的一些国家，然后经过"铁门"，进入"睹货逻国故地"，也就是今天阿富汗北部一带。他先到达缚喝国，位置在今天阿富汗的马扎里沙里夫（Mazar-i-Sharif）附近，然后南行，经过揭职国，折向东南，翻越大雪山，也就是今天的兴都库什山，就到达了地处兴都库什山山谷中的梵衍那国。梵衍那与巴米扬，是不同时代不同的译名，二者词源一样，只是古代和今天略有一点不同而已。

玄奘不是第一个讲到梵衍那的中国人。玄奘之前，梵衍那在中国的史书中已经有记载，不过名字往往不一样。《魏书》与《北史》称作"范阳"，《隋书》称作"帆延"。玄奘之后，《新唐书》称作"帆延"，也称作"望衍"，或者"梵衍那"。在古代，跨越兴都库什山，连接中亚和南亚地区的商路，也就是今天所说的丝绸之路上，梵衍那曾经是一处重要的节点。

玄奘到达梵衍那国时，梵衍那的佛教正盛，《大唐西域记》讲的，正是这样的情形。在玄奘的眼里，与邻近的国家相比，梵衍那国的人民对佛教的信仰最为虔诚。"商估"就是商贾。"商估往来"，说明在梵衍那国，贸易发达，来往的商人众多。商人远行经商，最希望神明保佑，作为群体，他们也最容易接受佛教。"伽蓝"是佛寺的另一个名称。"说出世部"则是指佛教的一个派别，梵语的原名是 Lokottaravāda。加上"小乘"二字，是说梵衍那国的这个佛教派别从大处讲属于小乘佛教。

梵衍那国的王城，位于今天的巴米扬谷地。能够说明梵衍那国佛教兴盛的历史的，还有这里的两处大佛。玄奘讲到的两处大佛，就在巴米扬谷地边缘的一处峭壁上，它们就是近代以来人们熟知、世界有名的巴米扬大佛。

两座大佛，一座在西边，一座在东边，相距大约400米。根据现代测量的结果，西边的一座大佛体高53米，东边的一座大佛高度低一些，但仍然高35米。他们分别站立在两个巨大的佛龛或者说石窟中。佛龛从岩壁上凿出，一处高58米，编号为620；一处高38米，编号为155。佛龛既是整个建筑的一部分，也起着保护佛像的作用。佛像的主体，由岩石凿成，一些地方，包括佛的面部和手以及衣饰，敷以混合草秸的泥灰，然后再涂以矿物颜料。大佛身披通肩袈裟，薄衣贴体，周身装饰各种宝物，神态庄重，气势雄浑。佛龛的侧壁，还绘有佛教的壁画。

两座大佛开凿于什么时候，没有记载，从佛教在阿富汗发展的历史以及考古的结果推断，大约在公元5到6世纪之间。玄奘到达梵衍那国时，正是大佛最辉煌的时候。"金色晃曜，宝饰焕烂"，显然给玄奘留下了很深的印象。

所谓"鍮石"，是古代对黄铜的一种称呼。玄奘说，第二座立佛"高百余尺"，低于第一座立佛，今天人们见到的确实如此，两座立佛，高度有所差别。同时玄奘还讲了，这第二座立佛，是由鍮石"分身别铸，总合成立"。这一点很特别，因为现在看到的残存的第二座立佛，只能见到在石崖上凿成的一个佛的形象的轮廓，已经看不到铜佛的痕迹。看来当玄奘见到这座立佛时，整个佛身的基础，虽然是在岩壁上依石开凿，但佛身面上的一层，则是用黄铜分件铸造，再"总合成立"，成为一座巨型的大佛。

《大唐西域记》里讲到的佛像很多，但通过这样工艺铸造而成的佛像，而且是一处巨型大佛，只有这一处。

除了两座大佛，巴米扬的峭壁上还曾经开凿有大大小小数百个佛龛和石窟，开凿的年代不一，形制大同小异，但大多早已风化和损毁，只能看到当年开凿的痕迹。从残存的形态判断，这些龛窟，当年有的用作安置佛像，作为崇拜之用，有的是当时僧人们坐禅的禅窟，也有的用作僧房和会堂。

两座立佛，高的一座，有人认为是毗卢遮那佛（Vairocana Buddha），也就是中国人说的大日如来，也有人认为是灯光佛（Dīpaṅkara Buddha）。稍低的一座，玄奘说得很清楚，是释迦牟尼佛。从雕凿的形态看，二者都属于后期犍陀罗佛教艺术的风格。犍陀罗佛教艺术公元前后起源于今天巴基斯坦西北部白沙瓦一带，也就是古代所称的犍陀罗（Gandhāra）地区，公元以后向北向东传至中亚地区，然后再传到今天中国的新疆和其他地区，影响所及，包括中国北方几乎所有的石窟和佛像建筑，这其中包括今天有名的新疆克孜尔石窟和吐鲁番石窟、甘肃炳灵寺石窟、大同云冈石窟以及洛阳龙门石窟。如果高的一座立佛可以认定为毗卢遮那佛，有趣的是，龙门石窟最大的一座佛，奉先寺大佛，也是毗卢遮那佛，只是前者是立佛，后者是坐佛，二者都是佛教造像艺术的精品。

玄奘在《大唐西域记》中对这两处大佛的描述，是世界上最早、一度也是最详细的记载。

　　不过，让人遗憾的是，两座大佛雄伟辉煌的风貌，并没有保持多久。玄奘到达梵衍那国，是在唐贞观二年（628）。三四十年后，伊斯兰教就进入了阿富汗，阿富汗地区渐渐被伊斯兰化，曾经在阿富汗存在千年以上的各个宗教都逐渐被伊斯兰教所取代。佛教是伊斯兰教徒认为的"异教"之一。到了9世纪末，佛教在阿富汗就基本上不存在了。大佛没有了信众，也就没人维护，随着自然的风化，大佛渐渐毁坏。不仅如此，历史上统治过阿富汗的信仰伊斯兰教的国王，曾经几次试图毁掉大佛。其中一位是17世纪后半期到18世纪初统治印度、同时也统治阿富汗部分地区的莫卧尔王朝的皇帝奥朗则布（Aurangzeb），就尝试破坏大佛。18世纪波斯的一位国王纳德尔·阿夫沙尔（Nader Afshar），曾经下令军队用火炮轰击大佛。到了20世纪末，一度无比辉煌的大佛，已经残破不堪。不过，两座大佛虽然残破，但仍屹立在巴米扬谷地的峭壁上，整体的形象依然雄奇伟岸，多年来依然是一处世界著名的佛教遗址。

　　但大佛多舛的命运到此还没有完全结束。尽管大佛已经被联合国教科文组织认定为世界文化遗产，2001年3月，当时统治阿富汗的塔利班政权，同样出于宗教的偏执，决心彻底摧毁两座大佛。破坏行动从3月2日开始，先后动用了大炮、火箭，还埋设了炸药，到了6日，两座大佛终于被炸成碎片，佛身不复存在，石壁上仅仅留下两个巨大的空洞。塔利班的举动，冒天下之大不韪，受到了全世界舆论的谴责，但事实已经造成，屹立于巴米扬一千多年的大佛，如今只有在照片中才能见到他们部分的面貌。宗教极端主义的疯狂行为，至今让人痛心和愤恨。

梵衍那佛教盛行，玄奘在梵衍那因此受到了特别的欢迎。《大慈恩寺三藏法师传》卷二讲，玄奘到达梵衍那国时，"梵衍王出迎，延过宫供养，累日方出"。梵衍那国当时有两位很有学问的僧人，一位名叫阿梨耶驮婆，另一位名叫阿梨耶斯那。他们见到玄奘，惊叹道："脂那远国有如是僧！""脂那"就是"支那"，是印度人对中国的称呼。遥远的中国来的僧人，让他们既感到诧异，又觉得钦佩。他们"殷勤不已"，领着玄奘到梵衍那国各处参观和礼拜。

除了这两处站立的大佛，玄奘说，在梵衍那都城东边二三里处的一座佛寺里，还有一尊巨大的卧佛。但玄奘讲到的这处卧佛，很多年来，没有人知道在哪儿。直到阿富汗的塔利班政权倒台，尚未重新上台之前，为了弄清已经被炸毁的大佛究竟毁坏到什么程度，考古工作者又来到了大佛所在的地方，做新的调查。2008年，考古学家们在炸毁的大佛附近，竟然有新的发现，他们发现一处过去没有人知道的卧佛。卧佛大部分已经毁损，残存的部分有19米长。这是不是就是玄奘提到的卧佛呢？很可能是。只是《大唐西域记》讲卧佛"长千余尺"，现在发现的卧佛，显然没有"千余尺"。但《大唐西域记》这一条记载，似乎也有些问题。"千余尺"即使是古尺，也是一个非常巨大的长度，折合成今天的公制，至少也有100多米。一般的佛寺内，很难想象会有如此巨大的卧佛。因此，玄奘书中的"千余尺"几个字，很可能有传抄中发生的讹误。

巴米扬的大佛，不仅是阿富汗历史上的奇迹，也是古代世界的奇迹之一。在人们的理解中，大佛是慈悲与和谐的象征，然而这个世界并不总是和平与安宁。古代的阿富汗已经经历过太多的沧桑，现在的阿富汗依然还没有得到应有的安宁。佛教说，世间万物，都会经历一个"生、住、坏、灭"的过程，大佛的命运似乎也是这样。

但不管怎样，在今天的希望和平的人们心中，大佛会永远存在。

七、迦毕试国

与其他的国家比较，迦毕试国是大国。玄奘因此讲得多一点，细一点。

迦毕试国[1]，周四千余里，北背雪山，三陲黑岭，国大都城周十余里。宜谷麦，多果木。出善马、郁金香。异方奇货[2]，多聚此国。气序风寒，人性暴犷，言辞鄙亵，婚姻杂乱。文字大同睹货逻国，习俗、语言、风教颇异。服用毛氎，衣兼皮褐。货用金钱、银钱及小铜钱，规矩模样异于诸国。王，刹利种也[3]，有智略，性勇烈，威慑邻境，统十余国。爱育百姓，敬崇三宝，岁造丈八尺银佛像，兼设无遮大会，周给贫窭，惠施鳏寡。伽蓝百余所，僧徒六千余人，并多习学大乘法教。窣堵波、僧伽蓝崇高弘敞[4]，广博严净。天祠数十所[5]，异道千余人[6]，或露形，或涂灰，连络髑髅，以为冠鬘。

大城东三四里，北山下有大伽蓝[7]，僧徒三百余人，并学小乘法教。闻诸耆旧曰：昔健驮逻国迦腻色迦王威被邻国[8]，化洽远方，治兵广地，至葱岭东，河西蕃维[9]，畏威送质[10]。迦腻色迦王既得质子，特加礼命，寒暑改馆，冬居印度诸国，夏还迦毕试国，春、秋止健驮逻国。故质子三时住处，各建伽蓝；今此伽蓝即夏居之所建也。故诸屋壁，图画质子，容貌服饰，颇同中夏。其后得还本国，心存故居，虽阻山川，不替供养。故今僧众，每至入安居、解安居，大兴法会，为诸质子祈福树善，相继不绝，以至于今。

伽蓝佛院东门南大神王像右足下，坎地藏宝，质子之所藏也，故其铭曰："伽蓝朽坏，取以修治。"近有边王，贪婪凶暴，闻此伽蓝多藏珍宝，驱逐僧徒。方事发掘，神王冠中鹦鹉鸟像乃奋羽惊鸣，地为震动，王及军人辟易僵仆，久

以健驮逻作为统治中心的迦腻色迦王是印度古代最著名的国王之一。

质子留下了宝藏，还留下了铭文。

而得起，谢咎以归。

伽蓝北岭上有数石室，质子习定之处也[11]。其中多藏杂宝，其侧有铭，药叉守卫[12]。有欲开发取中宝者，此药叉神变现异形，或作师子，或作蟒蛇、猛兽、毒虫，殊形震怒，以故无人敢得攻发。

石室西二三里大山岭上，有观自在菩萨像[13]，有人至诚愿见者，菩萨从其像中出妙色身，安慰行者。

[注释]

[1] 迦毕试国：迦毕试一名原文为 Kāpiśa，在中国的史书里，有时又翻译为迦臂施、迦毗试或者迦卑试。古代的迦毕试国，在今天的阿富汗境内。玄奘提到的迦毕试国大都城，依据《大唐西域记》以及其他历史文献的记载，再结合近代考古的发现，可以比定在今天阿富汗的贝格拉姆（Begrām）。故城位于阿富汗首都喀布尔的北边，距离喀布尔六十多公里。　[2] "异方奇货"二句：迦毕试国地处交通要道，因此也是贸易的要道。　[3] 窣利种：窣利即粟特，此处讲国王来自粟特族。　[4] 窣堵波：梵语 stupa 的音译，一般的翻译为塔。塔是早有的译名，玄奘翻译印度的词语，常常拟出一些新的译名，"窣堵波"是其中一例。　[5] 天祠：见前《屈支国》一节中注。　[6] "异道千余人"以下五句："异道"指婆罗门教的信仰者。他们中有很多人修苦行，裸身，身上涂灰，佩戴用髑髅连串成的项链。　[7] 伽蓝：见前《屈支国》

一节中注。　　[8] 健驮逻国迦腻色迦王：健驮逻是梵语 Gandhāra 的音译，以下《大唐西域记》卷二有专章记载。健驮逻国是印度历史上有名的古国，旧地在今天的巴基斯坦境内，大致以白沙瓦为中心，延伸到一个广大的地区。迦腻色迦王（King Kaniṣka）则是历史上印度贵霜王朝最著名的国王。贵霜王朝由贵霜人所建立。贵霜人属于大月氏人的一部分。大月氏人最早居住在今天中国的敦煌及祁连山一带，秦汉时代因为受到匈奴的压迫，从中国的西部迁徙到中亚，进而到达印度。大月氏人分为五个大的部落，其中一支称作贵霜。贵霜王朝由此得名。贵霜王朝在迦腻色迦王统治的时代，势力强大，以健驮逻城作为首都，地域不仅包括古代印度的西北部和中部部分地区，也包括今天的阿富汗，甚至包括今天中亚的乌兹别克斯坦、塔吉克斯坦的一部分，影响所及，更达到今天中国新疆地区的西部。这里讲迦腻色迦王"威被邻国，化洽远方"，应该说是历史的事实。但迦腻色迦王在位的年代，尽管有出土的钱币、碑铭，还有各种语言，其中主要是汉语的文献材料，多年来一直争论不已。只是到了 20 世纪的九十年代（1993 年），在阿富汗北部的一处叫做拉巴塔克（Rabatak）的地方发现了迦腻色迦王留下的石刻铭文，经过学者们的释读，发现其中提到贵霜王朝最重要的几位君主的世系排列，进一步的研究，推定迦腻色迦王在位的时间约在公元 127 至 150 年。这成为目前最有说服力的一种意见。也有一种意见认为，127 年是迦腻色迦王统一"印度"，开创元年的时间，他即位或在 125 年，去世于 149 年。　　[9] 蕃维：指藩属国。　　[10] 送质："质"是人质。古代国家与国家之间，为了表示诚信，有时也是一种外交手段，往往会把自己的王子或子弟派到对方国家去作为人质，这样的人称作质子。　　[11] 习定之处：即坐禅之处。　　[12] 药叉：梵语 yakṣa 的音译。药叉原本是印度神话传说中的一种半神半人的精灵，后来被佛教吸收，进入佛教的神殿，成为护法神。 药叉善于变化，这里便变作守护宝藏的狮子和蟒蛇等动物。 [13] 观自在菩萨：即中国人熟悉的观世音菩萨。观自在，梵语原文 Avalokiteśvara。此处玄奘依照梵语的原来意思，意译为"观自在"。《大唐西域记》卷三有一处地方也讲到观自在菩萨，音译为"阿缚卢枳低湿伐罗菩萨"。玄奘解释："唐言观自在，合字连声，梵语如上。分文散音，即阿缚卢枳多，译曰观；伊湿伐罗，译曰自在。旧译为光世音，或云观世音，或观世自在，皆讹谬也。"阿缚卢枳多，梵语 Avalokita 的音译，意译"观"。伊湿伐罗，梵语 iśvara 的音译，意译"自在"。两个词合在一起，前一个词的尾音与后一个词的首音相结合，发生音变，就成为"阿缚卢枳低湿伐罗"，即 Avalokiteśvara。菩萨，"菩提萨埵"的略称，梵语原文 Bodhisattva，意译"觉有情"。佛教对已经觉悟得道，但为了化度众生，依然留在世间的修行者的称呼。

[点评]

玄奘在这里讲的，虽然是故事，但有一定的历史背景。"河西蕃维，畏威送质"，意思是说，在"河西"地区的藩属国的国王，因为畏惧迦腻色迦王，把自己的子弟送到迦腻色迦王统治的健驮逻国作为人质，因为是王子，所以也称质子。

如果研究西域的历史，这显然是一件很有意思的事。首先，玄奘书中讲的"河西蕃维"，是指什么地方的什么国家呢？所谓"河西"，一般的理解，指的是中国黄河以西，大致指今天的甘肃、青海西边一带。不过，从《大唐西域记》的上下文看，玄奘在此处所讲的"河西"，地域很宽，葱岭以东，黄河以西，都是"河西"，这是古代西域的一部分，也就包括今天中国的新疆地区。这个地区历史上曾经有过许多不同的民族，建立过大小不一的一些国家。这些国家，与中原地区的王朝关系密切，同样也与更西边的中亚和南亚地区联系紧密。对这些国家，中国历代的史书中有详略不等的记载。玄奘讲的这件事，在中国的史书中有没有一点踪迹可寻呢？

　　20 世纪早些时候，日本学者羽溪了谛提出一种解释，他根据《后汉书·西域传》中疏勒国一节中的一段记载，说的是东汉安帝元初年间（114—120），疏勒国的国王名叫安国，安国的舅父，名叫臣磐。臣磐犯了罪，国王安国就把臣磐送到了月氏国。但月氏国王喜欢臣磐，对臣磐特别友好。后来疏勒国的国王安国去世，没有儿子，于是月氏王派兵把臣磐送回疏勒，疏勒国人从来就敬爱臣磐，又畏惧月氏国，于是臣磐就做了疏勒国的国王。羽溪了谛据此认为，臣磐就是玄奘在这里讲到的那位"河西蕃维"送到迦腻色迦王那儿去的质子。后来中国学者冯承钧也沿用此说，并做了更多的讨论（参考羽溪了谛：《西域の佛教》，法林馆，1914；冯承钧：《迦腻色迦时代的汉质子》，《西域南海史地考证论著汇辑》，中华书局，1957 年）。

　　如果做这样的解释，从汉文史料中疏勒国王安国遣送臣磐的时间，应该是在公元 114 到 120 年之间。但这个时间稍早于根据最新在阿富汗北部一处叫做拉巴塔克（Rabatak）的地方发现的迦腻色迦王留下的石刻铭文所得出的，认为迦腻色迦王在位时间约在公元 127 至 150

年的结论，虽然二者在时间上实在也很接近。

不过，羽溪了谛的推论一开始也没有被所有人接受。例如北京大学已故的教授向达先生就认为，臣磐是有罪而徙居月氏，身份不是质子。其他方面向达也有不同的意见。20 年前，中国社会科学院的余太山先生也讨论到这个问题，他不认为这里的质子就是疏勒国的臣磐，但当时西域的一些小国，往往不仅向汉朝称臣，也向贵霜王朝称臣，把质子送到迦腻色迦王那儿去，发生这样的事，不奇怪。余太山把这称为"两属现象"（参考《两汉魏晋南北朝时期西域南北道绿洲诸国的两属现象——兼说贵霜史的一个问题》，《中国边疆史地研究》，1997 年第 2 期）。余太山的意见也有一定的道理。

迦毕试国的这座质子伽蓝，因为专门为质子所造，其中还有质子的画像。玄奘本人，似乎亲眼见到了这幅画像。画像中这位质子"容貌服饰，颇同中夏"，跟中国人很相似。但"颇同"一语，似乎又说明质子只是相貌和衣着与"中夏"，也就是中原地区的汉族人有些相似，却未必一定是汉人。这与"河西蕃维，畏威送质"，送出的质子不是汉族人，而是西域人这一点是一致的。只是在玄奘看来，质子的相貌与衣着与"中夏"，也就是中原地区的汉族人有些相似。玄奘讲，这位质子后来回到了自己的国家，但他依然怀念旧居，虽然山川遥远，也不曾中断过对这座佛寺的供养。这座佛寺的僧人，每年进入坐夏和结束坐夏的时候，都要举行盛大的法会，法会的内容之一，就是纪念这位质子。到玄奘去的时候，都还是这样。玄奘还说到"诸质子"，似乎曾经有过的质子不只是一位，而是多位。

这座寺庙是一座小乘的寺庙，有一个具体的名字，叫"沙落迦"。玄奘到达迦毕试国时，就住在这座寺庙里。玄奘的传记《大慈恩寺三藏法师传》卷二讲：

> （玄奘）将至其都，王共诸僧并出城来迎。伽蓝百余所，诸僧相诤，各欲邀过所住。有一小乘寺名沙落迦，相传云是昔汉天子子质于此时作也。其寺僧言："我寺本汉天子儿作。今从彼来，先宜过我寺。"法师见其殷重，又同侣慧性法师是小乘僧，意复不欲居大乘寺，遂即就停。

看来玄奘在迦毕试国受到很好的接待，国王出城相迎，僧人们争相邀请玄奘到自己的寺庙去，最后是沙落迦寺的僧人把玄奘接了去，因为沙落迦寺是"汉天子子质于此时作也"。质子不仅来自"河西蕃维"，而且被说成是"汉天子"的儿子，难道这里说的"汉天子"是指中国中原地区汉族的"天子"吗？从"河西蕃维"而进一步变成为"汉天子"，这究竟是怎么回事呢？可能的解释是，当地的人，都知道"汉天子"之名，或者是这位来自"河西蕃维"的质子借"汉天子"之名而自重，质子来自东方，"汉天子"在东方，当地人因此就把质子与"汉天子"联系在一起。"沙落迦"一名，依照向达先生的意见，等同于传为唐代高僧义净编著的《梵语千字文》中的"娑啰诶"一名。在《梵语千字文》里，"娑啰诶"写作Sarag，汉译为"洛"，指的是洛阳。同样的名字，在明代西安出土的唐碑《大唐景教流行中国碑》中再次出现，也是指洛阳。如果"沙落迦"等同于"娑啰诶"的说法成立，洛阳是中国东汉王朝的首都，"沙落迦"一名与"汉"以及"汉天子"，看来倒真不是没有关系。

依《大唐西域记》所讲，与质子相关的，还有质子在这座佛寺和佛寺北边山岭上的石洞中留下的"宝藏"。因为这些宝藏，引来了边地的国王，试图掘宝，没有成功，其他人也没有成功。所有这些，看起来像是一个传说。有关的记载，《大唐西域记》讲得比较简单，《大慈恩寺三藏法师传》则讲得比较详细：这座寺庙里有塔，塔上的相轮被损毁了，僧人们希望取出宝藏，用作修理的资金，但是"地还震吼，无敢近者"。而当玄奘来到这座寺庙时，情况终于有了变化：

> 法师既至，众皆聚集，共请法师，陈说先事。法师共到神所，焚香告曰："质子原藏此宝，拟营功德。今开施用，诚是其时。愿鉴无妄之心，少戢威仪之德。如蒙许者，奘自观开，称知斤数，以付所司，如法修造，不令虚费。唯神之灵，愿垂体察。"

于是玄奘与大家一起祈请，果然有了作用：

> 言讫，命人掘之，夷然无患。深七八尺，得一大铜器。中有黄金数百斤、明珠数十颗。大众欢喜，无不嗟服。法师即于寺夏坐。

所谓"夏坐"，又称"坐夏"，是佛教戒律中僧人必须遵守的一种规矩，指在每年的夏天，有三个月的时间，僧人们不外出，只能留在寺院里，坐禅静修。规矩从印度来。印度的夏天，正是雨季，所以又称为"雨安居"。这就是说，玄奘为了"夏坐"，在这座寺院里足足停留了三个月。但迦毕试国的气候，跟印度不一样，夏坐的时因此也不一样，不是在夏天，而是在年末。玄奘在《大唐西域记》中讲，这个时间是从头一年的十二月十六日开始，到第二年的三月十五日结束。

这一段故事，牵涉到玄奘个人的经历，尤其是提到玄奘在此坐夏，基本的情节应该说还是可信的，但《大慈恩寺三藏法师传》的作者，也就是玄奘的弟子慧立和彦悰，在叙述时细节上是不是有所夸大乃至于神化玄奘的这段经历，恐怕也有一些。

玄奘讲到的这些传说和故事，来自他去印度求法，经过迦毕试国时的所见和所闻。我们可以这样认为，这些传说——尽管在当时就已经是传说——有一定历史依据。所有这些，不过是当时的中国也包括今天中国的新疆地区与印度及中亚古代的国家互相交往过程中发生的故事之一，其中有真实的历史，也有从历史演变出来的传说。

世事沧桑，岁月流逝，历史上的迦毕试国早已不存在，质子伽蓝也早已无处可寻。今天的阿富汗，不管是民族还是宗教，还有人文的环境，很多都发生了巨大的变化。但在阿富汗，一千多年来却一直流传"宝藏"和寻宝的传说。而在 20 世纪的 30 年代末，就在古代迦毕试国都城所在的贝格拉姆，考古学家确实发现了一处"宝藏"，不过不是质子的宝藏，而是将近两千年前贵霜人，也可能是稍早时候的印度帕提亚人留下的宝藏，人称"贝格拉姆宝藏"。出土的物品中包括大量精美的工艺品，有的来自印度，有的来自罗马，使人诧异的是，其中还有来自中国的漆器。从漆器的形制和纹饰判断，它们制作的年代，大致在西汉后期到东汉前期。由此看来，迦毕试国流传的"汉天子"的故事真不是凭空的虚构。

卷二

一、印度总述：名称

详夫天竺之称[1]，异议纠纷，旧云身毒，或曰贤豆，今从正音，宜云印度。印度之人[2]，随地称国。殊方异俗，遥举总名，语其所美，谓之印度。印度者[3]，唐言月。月有多名[4]，斯其一称。言诸群生轮回不息[5]，无明长夜，莫有司晨。其犹白日既隐，宵烛斯继，虽有星光之照，岂如朗月之明。苟缘斯致，因而譬月。良以其土圣贤继轨，导凡御物，如月照临。由是义故，谓之印度。印度种姓[6]，族类群分，而婆罗门特为清贵，从其雅称，传以成俗，无云经界之别，总谓婆罗门国焉[7]。

对于印度，中国历史上曾经有过好些不同的称呼，每一种称呼的后面其实都有一个故事。

［注释］

[1]"详夫天竺之称"以下六句：西汉武帝时代的张骞，出使西域，在西域的大月氏知道有印度这个国家，但张骞回来向汉武帝报告时，用的名称是"身毒"，身毒因此是汉语中对印度最早的称呼。张骞之后，还有"贤豆""天竺"等名。玄奘依他的理解，翻译印度的国名为"印度"，从此"印度"便成为通名。　[2]"印度之人"以下六句：意思是印度人自己并不称印度为"印度"。印度也不是一个国家，在印度有很多国家，印度人依不同地方的名称称呼不同的国家，只有外国人才把印度总称为"印度"。"印度"一名是个很好的名字。　[3]"印度者"二句：玄奘在这里解释"印度"一名的意思是月亮，但玄奘的说法其实是一种误解。　[4]"月有多名"二句：意思是印度人对月亮有许多称呼，"印度"只是其中之一。"印度"一词，还原为梵语，是 Indu。梵语里对于月亮，还有其他很多称呼，例如 candra，śaśin，śaśadhara，śaśabhṛt，śaśāṅka，soma，vidhu，niśākara 等词语。　[5]"言诸众生轮回不息"以下十四句：这是玄奘对"印度"一名意思所作的发挥。　[6]"印度种姓"以下三句：印度古代社会分为四个大的等级，称作种姓，婆罗门是其中最高的种姓，所以玄奘说"特为清贵"。详细解释见下。　[7]婆罗门国：梵语 Brāhmaṇaraṣṭra，在古代印度，婆罗门被认为是最高贵的种姓，因此印度往往也被称为婆罗门国。

［点评］

印度是《大唐西域记》书中记载的重点。有关印度的记载从卷二开始，玄奘首先对印度做了一个整体性的描述，涉及印度许多细节。其中第一段，是介绍印度的名称。

"旧云身毒"，是因为张骞出使西域，到达今天阿富汗境内的一个国家，当时称作"大夏"，张骞在那里听说，在大夏的东南，还有一个国家，称作"身毒"，这个国家，离中国的西南边境还不远。历史上这是一个很有名的故事，记载在司马迁《史记》的《大宛列传》以及《西南夷列传》中。因为这个原因，当年的汉武帝，还一度试图从西南方向打通到印度的通道。"身毒"因此成为中国人最早称呼印度的名称。

不过，"身毒"一名，仅仅是中国人知道印度的开始。佛教在西汉末年传到中国，从西域包括印度来到中国的人——其中主要是僧人——多了起来，中国方面知道印度的情况也就越来越多。对于印度，除了"身毒"，又出现另外的一些称呼。玄奘在这里提到了"天竺"，又提到"贤豆"。其中"天竺"一名，最早见于《后汉书·西域传》，在唐代以前，使用得最多，直到今天，也还偶尔使用。相似于"天竺"和"贤豆"，而玄奘没有提到的还有一些，例如"天笃""天督"以及"哂度"。

但是，玄奘从印度回来，有了新的看法，在玄奘看来，过去的这些名字，用来称呼印度，都不合适，因为他们不是"正音"。玄奘认为，正确的名称应该是"印度"。玄奘在这里说，印度的意思就是月亮。他还说：月亮有很多名字，这是其中之一。但这个解释其实是玄奘的一个误解。

玄奘的误解，至于他把印度的原名，还原为梵语Indu。但这个 Indu，与指月亮的梵语词 Indu 不是一回事，因为二者的词源不一样。

玄奘讲到的"印度"，如果要讲词源，是从梵语

Sindhu 变化而来的 Indu，而不是指月亮的 Indu。梵语 Sindhu 一词，最初的意思就是河流，后来又专用来指今天的印度河。印度西边的居民，是讲伊朗语的波斯人。波斯人进入印度，首先遇到的大河是印度河，于是便以 Sindhu 作为这一片地方的名称，进而以此称呼整个南亚次大陆。梵语和古代伊朗语都属于印欧语系的印度伊朗语支，读音中 s 与 h 可以互换，古伊朗语中又没有 dh 一类的送气浊辅音，于是梵语的 Sindhu 在伊朗语中就变成为 Hindu。Hindu 一词中，h 进一步被弱化，就成为 Indu。中亚和西亚地区古代的居民，使用的语言很多属于伊朗语支或者至少是与伊朗语支相近的印欧语，于是 Hindu 或 Indu 这两个词也就成为对印度的一个普遍的称呼。

中国人最早知道印度，从张骞开始。张骞知道"身毒"这个名字的地方，是在"大夏"，也就是今天阿富汗的北部。"身毒"一名，显然翻译自中亚的一种语言。具体是什么语言，学者们做过讨论，可能是古代的"大夏语"，只是这样的推断一时还没有成为定论。至于"贤豆""天竺""天笃""天督""呬度"等译名，大致也都同样是在中亚语言影响下出现的词语。玄奘在《大唐西域记》里提出的新的译名"印度"，虽然有玄奘的解释，但追本溯源，仍然还是来自 Sindhu 一词。

古代的希腊人，最初是跟波斯人打交道。通过波斯人，希腊人知道了印度。希腊语中没有 h 音，希腊人就称印度河为 Indus，印度人为 Indoi。今天英语中的 India，德语和法语中的 Indien，以及其他印欧语言中的"印度"

一词，都由此变化而来。

在"印度"的意思是月亮这个问题上，玄奘虽然说得不完全准确，但他却很正确地指出了一点，那就是"印度之人，随地称国"。意思是对于印度人而言，不称印度为印度。古代的印度，由许许多多大小不一的国家组成，每个国家有自己的名字，印度人在什么地方，更多的只是称呼自己所在的国家的名字。只有印度以外的人，才往往把印度看作是一个整体，他们才把印度称为印度。玄奘说的"殊方异俗，遥举总名，语其所美，谓之印度"，也就是这个意思。

南亚次大陆上这么大的一个地区，印度人自己称作什么呢？最早的时候，印度人，例如在古代阿育王的石刻铭文中，曾经用"赡部洲"一名来指印度。但"赡部洲"的意思，或者代表了整个世界，或者作为"四大部洲"之一，至少代表了世界的相当大的一部分。只是那时的印度人似乎也认为，印度的土地，也基本上就代表了普天之下的土地。这一点，跟古代的中国人其实是一样。稍晚一些时候，印度人对印度的范围有了更准确的了解，有了一个新的名称，称印度为"婆罗多国"，梵文的原文是Bharatavarṣa。"婆罗多"是印度古老传说中的一位国王的名字，"婆罗多国"意思就是这位"婆罗多王"统治的国家。到了今天，在印度的语言里，印度人提到印度，仍然是用这个名称。

印度在中国的西边，对于中国人，尤其是信仰佛教的中国人，印度也可以称作"西方"或者"西天"。"西方"或者"西天"这两个名字，由于佛教信仰的渲染和《西游记》一类故事的流传，往往也成为中国人熟知的印度的代名词。但不管是旧的译名，还是常用的代名词，一个事实是，从玄奘开始，中国人就称印度为"印度"，这个称呼一直使用到今天。

从"印度"的意思是"月亮"这一点出发，玄奘还有更多的解释，这些解释也很有趣："言诸群生轮回不息，无明长夜，莫有司晨。其犹白日既隐，宵月斯继。虽有星光之照，岂如朗月之明。苟缘斯致，因而譬月。良以其土圣贤继轨，导凡御物，如月照临。由是义故，谓之印度。"

这一段话，虽然只是玄奘的发挥，但是把印度大大地称赞了一通。从玄奘信仰佛教、热爱印度的角度讲，可以理解。

对于玄奘的说法，就是在唐代，也不是没有不同的意见。在玄奘赴印求法四十年之后，唐高宗时代的义净法师，也到了印度。义净也写过一部很有名的书，书名是《南海寄归内法传》。义净在书中讲："或有传云，印度译之为月。虽有斯理，未是通称。且如西国名大周为支那者，直是其名，更无别义。""支那"就是中国。这里的"大周"，就是"大唐"，因为义净写书的时候，是武则天做皇帝。义净也在印度学习和生活了多年，他的说法，显然是正确的。

玄奘还说，印度也可以称作"婆罗门国"。这个名称，义净在《南海寄归内法传》里也提到了。义净讲的话跟玄奘几乎完全一样："五天之地，皆曰婆罗门国。""婆罗门国"一名，梵文原文是 Brāhmaṇarāṣṭra。

印度的古代社会，曾经有过种姓制度，所有的人，被区分为四大种姓。这四大种姓是：婆罗门、刹帝利、吠舍、首陀罗，其中最高的是婆罗门种姓。外国人到了印度，看到印度人分为各种种姓，都有很深刻的印象。婆罗门代表印度古代思想中最高的理念"梵"，把印度称作"婆罗门国"，也隐含有这样的意思。

但无论如何，自从玄奘把印度称为"印度"，"印度"这个名称就被中国人广泛接受。中国古代，对于印度，虽然曾经有各种不同的称呼，但现在正式使用的，就是"印度"一名。

二、印度总述：疆域

若其封疆之域，可得而言。五印度之境，周九万余里。三垂大海[1]，北背雪山，北广南狭，形如半月。画野区分，七十余国，时特暑热，地多泉湿。北乃山阜隐轸[2]，丘陵舄卤。东则川野沃润，畴垄膏腴。南方草木荣茂，西方土地硗确。斯大概也，可略言焉。

[注释]

[1]"三垂大海"以下四句：这可以说是对印度半岛或者说南亚次大陆地理形势相当准确的一个描述。　[2]"北乃山阜隐轸"

以下六句：如果把印度分为东西南北四个部分，各个部分的自然地理状况的确如此。

[点评]

如果用今天的印度地形图或气象分布图做对照，我们可以看到，印度所在的南亚次大陆，确实是"三垂大海，北背雪山，北广南狭，形如半月"；印度的北边，是巨大的喜马拉雅山脉，山峦延伸，丘陵起伏；东边地势平坦，农业发达；南边有山，森林茂密。西边土地干燥，有大的沙漠。玄奘的这些描述，再准确不过了。对南亚次大陆这么大的一个地区，对它的地理大势，在一千三百多年前，能有这样清楚的认识，其实很不容易。显然，玄奘有关的知识，固然一部分是印度人已经知道的，但另一方面也是因为他自己有过遍游五印度的经历。

三、印度总述：语言文字

详其文字[1]，梵天所制，原始垂则，四十七言，寓物合成，随事转用。流演枝派[2]，其源浸广。因地随人，微有改变，语其大较，未异本源。而中印度特为详正，辞调和雅，与天同音，气韵清亮，为人轨则。邻境异国[3]，习谬成训，竞趋浇俗，莫守淳风。

[注释]

[1]"详其文字"以下六句：印度传说，印度的文字，具体讲是印度历史上使用最多的婆罗谜字，是由大神梵天所创造。婆罗谜字的字母一共四十七个，互相拼合，构成一个完整的文字体系。　　[2]"流演枝派"以下十一句：印度地域广大，不同的地方流行不同的语言，方言的差别大小不等。玄奘以中印度的语音作为标准，认为中印度的语音最好。　　[3]"邻境异国"以下四句：意思是除了中印度，其他地方的语音都不纯正。

[点评]

玄奘在这里讲的，是印度最基本的语言和文字的情况。中国人在他那个时代，对于语言和文字，经常合在一起讨论，没有做严格的区分。玄奘此处讲的"梵天所制"的文字，因此实际上包括文字代表的梵语的语音。所以他说"四十七言，寓物合成，随事转用"，指的是梵语语音的拼合。他称赞的"中印度特为详正，辞调和雅，与天同音，气韵清亮，为人轨则"，就完全是讲语音。

四、印度总述：教育

而开蒙诱进，先导十二章[1]。七岁之后，渐授五明大论[2]。一曰声明[3]，释诂训字，诠目疏别。二工巧明[4]，伎术机关，阴阳历数。三医方明[5]，

"五明"作为一种学科分类法，后来被藏传佛教完全接受。

禁咒闲邪，药石针艾。四谓因明[6]，考定正邪，研核真伪。五曰内明[7]，究畅五乘，因果妙理。

其婆罗门，学四《吠陀论》（旧曰《毗陀》，讹也）[8]：一曰寿，谓养生缮性；二曰祠，谓享祭祈祷；三曰平，谓礼仪、占卜、兵法、军阵；四曰术，谓异能、伎数、禁咒、医方。

师必博究精微，贯穷玄奥，示之大义，导以微言，提撕善诱，雕朽励薄。若乃识量通敏，志怀逦逸，则拘絷反关[9]，业成后已。年方三十，志立学成，既居禄位，先酬师德。其有博古好雅，肥遁居贞、沈浮物外，逍遥事表，宠辱不惊，声问以远，君王雅尚，莫能屈迹。然而国重聪叡，俗贵高明，褒赞既隆，礼命亦重。故能强志笃学，忘疲游艺，访道依仁，不远千里。家虽豪富，志均羁旅，口腹之资，巡丐以济，有贵知道，无耻匮财。娱游惰业，偷食靡衣，既无令德，又非时习，耻辱俱至，丑声载扬。

[注释]

[1]十二章：指梵文的"悉昙章"，古代印度儿童学习梵文起步时的教材。通过学习悉昙章，可以学会字母的拼写和连声，悉

昙章或分十二章，或分十八章。　[2] 五明：即五种学问，古代印度把学术知识大分为五类。明，梵语 vidyā 翻译，意思是知识，也就是学问。　[3] 声明：梵语 śabda-vidyā，研究语音、语法、修辞的学问。　[4] 工巧明：梵语 śilpakarmasthāna-vidyā，工艺、数学、天文。　[5] 医方明：梵语 cikitsā-vidyā，医学、药学。　[6] 因明：梵语 hetu-vidyā，逻辑学。　[7] 内明：梵语 adhyātma-vidyā，有关宗教的理论学说。佛教徒则专指佛教的学问。　[8] 四《吠陀论》：指四种《吠陀》。《吠陀》是印度古老的文献，也是印度文化最重要的思想基础。依照印度一般的传统，四种《吠陀》包括一、《梨俱吠陀》(Ṛgveda)，又称"赞诵明论"；二、《耶柔吠陀》(Yajurveda)，又称"祭祀明论"；三、《娑摩吠陀》(Sāmaveda)，又称"歌咏明论"；四、《阿达婆吠陀》(Atharvaveda)，又称"禳灾明论"。但玄奘这里对四种《吠陀》的解释与一般的说法不一样。玄奘解释的四《吠陀》为什么会不一样？对此北京大学已故的季羡林先生在《大唐西域记校注》中此条下作了很长的一节说明，具体参考原书。　[9] 拘縶反关：把门反关起来。

[点评]

　　印度自古以来重视宗教精神文化的传承，因此也重视教育。玄奘所讲，只是大概。玄奘此处讲到的婆罗门要学习的"四吠陀论"，即寿、祠、平、术，与印度一般的说法不一样。其中具体的原因不清楚。玄奘的话的最后一段，也写得比较生动。"年方三十，志立学成"，有点像是化用了中国"三十而立"的说法。

五、印度总述：族姓

　　若夫族姓殊者，有四流焉：一曰婆罗门[1]，净行也，守道居贞，洁白其操；二曰刹帝利[2]，王种也（旧曰刹利，略也），奕世君临，仁恕为志；三曰吠奢（旧曰毗舍，讹也）[3]，商贾也，贸迁有无，逐利远近；四曰戍陀罗（旧曰首陀，讹也）[4]，农人也，肆力畴垄，勤身稼穑。凡兹四姓[5]，清浊殊流，婚娶通亲，飞伏异路，内外宗枝，姻媾不杂。妇人一嫁，终无再醮。自余杂姓[6]，实繁种族，各随类聚，难以详载。

［注释］

　　[1] 婆罗门：梵语 brāhmaṇa 的音译。知识阶层，传承宗教和文化经典。理论上讲，地位最高。　　[2] 刹帝利：梵语 kṣatriya 的音译。武士阶层，保卫国家，打仗。国王大多出于这个种姓。　　[3] 吠奢：梵语 vaiśya 的音译。最早从事农耕，也从事商贸。玄奘讲"商贾也"，是因为到了玄奘的时代，吠舍种姓大多富裕，多以商贸为业。　　[4] 戍陀罗：梵语 śūdra 的音译。首陀罗地位最低，玄奘讲"肆力畴垄，勤身稼穑"。　　[5] "凡兹四姓"以下六句：在古代印度，四个种姓之间不可以通婚。　　[6] "自余杂姓"以下四句：意思是上面讲的四个种姓，

只是就大的分类而言。四个大的种姓之下，后来逐步发展，往往又分为许多小的种姓，难以详细记载。

[点评]

印度古代社会结构中与其他文化传统最突出的差异之一，就是印度持续了两三千年的种姓制度。古代中国人到印度去，印象最深的，也包括这件事。印度的种姓制度，主要来源于早期印度雅利安族群的社会分工以及战争中被征服的社会群体，而后在"吠陀"文化中得到神学性质的解释。玄奘此处讲的四种种姓，比较简单。在玄奘讲到的四种从高到低的种姓之外，后来还出现地位更低一些的种姓，称为"不可接触者"。近代以来，印度的种姓制度受到了各方面包括印度自己的寻求社会进步和改革的人士激烈的批评。英印政府从法律上废止了种姓制度，独立后的印度也从法律层面和社会管理制度方面彻底废止了种姓制度。但几千年的文化传统使得种姓从制度上虽然不存在，但在实际社会生活，尤其是农村地区，其影响仍然难以完全消除。

六、那揭罗曷国：佛影窟

那揭罗曷国[1]，东西六百余里，南北二百五六十里。山周四境，悬隔危险。国大都城，周二十余里。无大君长主令，役属迦毕试国。丰谷稼，多花果。气序温暑，风俗淳质。猛锐骁雄，轻财好学。崇敬佛法，少信异道。伽蓝虽多，僧徒寡少，诸窣堵波荒芜圮坏。天祠五所，异道百余人。

城东二里有窣堵波，高三百余尺，无忧王之所建也[2]。编石特起，刻雕奇制，释迦菩萨值燃灯佛敷鹿皮衣布发掩泥得受记处[3]。时经劫坏，斯迹无泯。或有斋日，天雨众花。群黎心竞，式修供养。其西伽蓝，少有僧徒。次南小窣堵波，是昔掩泥之地。无忧王避大路，遂辟建焉。

城内有大窣堵波故基，闻诸先志曰：昔有佛齿，高广严丽。今既无齿，唯余故基。其侧有窣堵波，高三十余尺。彼俗相传，不知源起。云从空下，峙基于此。既非人工，寔多灵瑞。

城西南十余里有窣堵波。是如来自中印度凌虚游化，降迹于此，国人感慕，建此灵基。其东不远有窣堵波，是释迦菩萨昔值然灯佛，于此买华。

城西南二十余里至小石岭，有伽蓝，高堂重

阁，积石所成。庭宇寂寥，绝无僧侣。中有窣堵波，高二百余尺，无忧王之所建也。

伽蓝西南，深涧陷绝，瀑布飞流，悬崖壁立。东崖石壁有大洞穴，瞿波罗龙之所居也[4]。门径狭小，窟穴冥暗，崖石津滴，磎径余流。昔有佛影，焕若真容，相好具足，俨然如在。近代已来，人不遍睹，纵有所见，仿佛而已。至诚祈请，有冥感者，乃暂明视，尚不能久。昔如来在世之时，此龙为牧牛之士，供王奶酪，进奉失宜；既获谴责，心怀恚恨，即以金钱买花，供养受记窣堵波，愿为恶龙，破国害王。即趣石壁，投身而死；遂居此窟，为大龙王，便欲出穴，成本恶愿。适起此心，如来已鉴，悯此国人为龙所害，运神通力，自中印度至。龙见如来，毒心遂止，受不杀戒，愿护正法。因请如来："常居此窟，诸圣弟子，恒受我供。"如来告曰："吾将寂灭，为汝留影，遣五罗汉常受汝供。正法隐没，其事无替。汝若毒心奋怒，当观吾留影，以慈善故，毒心当止。此贤劫中[5]，当来世尊，亦悲悯汝，皆留影像。"

洞中冥暗，石壁滴水，光影映照在石壁上，拜佛人往往能在石壁上看到佛的影像，这是因为有信仰，再加上想象。

影窟门外有二方石，其一石上有如来足蹈之迹，轮相微现，光明时烛。影窟左右多诸石室，皆是如来诸圣弟子入定之处。影窟西北隅有窣堵波，是如来经行之处。其侧窣堵波，有如来发、爪。邻此不远有窣堵波，是如来显畅真宗说蕴界处之所也。影窟西有大盘石，如来尝于其上濯浣袈裟，文影微现。

[注释]

[1] 那揭罗曷国：那揭罗曷国的旧地，在今阿富汗东部的贾拉拉巴德（Jelālābād）地区。都城的旧址，就在今天的贾拉拉巴德城附近。那揭罗曷，梵语 Nagarahāra 的音译。　[2] 无忧王：梵语 Aśoka 的意译，一般又音译为阿育王。阿育王是印度古代摩揭陀国孔雀王朝最著名的国王，公元前 273 至前 232 年在位。阿育王支持佛教，因此佛教后来有很多与他有关的传说。《大唐西域记》书中讲到阿育王的地方也特别多。　[3] 释迦菩萨值燃灯佛敷鹿皮衣布发掩埿得受记处：玄奘在这里讲的是佛教一个有名的故事。故事讲释迦牟尼未成佛前，还是个孩子，一次路遇燃灯佛，他为了表示尊敬，把自己的鹿皮衣铺在地上，又用自己的头发覆盖泥土，请燃灯佛通过。于是燃灯佛预言，这个孩子将来会成佛。燃灯佛，佛教传说中的三世佛中的过去佛。作为佛，时代更在释迦牟尼佛之前，地位很高。又传说燃灯佛出生时，身边一切光明如灯，因此称作燃灯佛，又名定光如来、锭光佛、普光佛、灯光佛，或加古字作燃灯古佛等。燃灯，梵文 Dīpaṃkara 的意译。

受记，即预言。　　[4]瞿波罗：梵语Gopāla的音译，意思是"牛的保护者"或者"牧牛人"。这个名字在印度很常见，这里则是龙王的名字。　　[5]贤劫：梵语bhadrakalpa的意译，又称现在劫，意思就是现在这个时代。现在劫与过去庄严劫、未来星宿劫相对应。包括释迦佛在内的千佛就出现在现在劫。

[点评]

　　玄奘在此处讲到的这个山洞，就是佛教传说中有名的"佛影窟"。玄奘之前，东晋时代的法显，到印度求法时，也到过这里。法显把那揭罗曷国称作"那竭城"。"那竭"一名，更为流行。《法显传》讲：

　　　　那竭城南半由延，有石室，博山西南向，佛留影此中。去十余步观之，如佛真形。金色相好，光明炳著。转近转微，仿佛如有。诸方国王遣工画师摹写，莫能及。彼国人传云：千佛尽，当于此留影。

　　北魏时代的敦煌人宋云和僧人惠生，奉胡太后之命，在神龟元年（518）到印度访求佛经，也到过这个地方。《洛阳伽蓝记》卷五因此也提到这处佛影窟：

　　　　那竭城中有佛牙、佛发，并作宝函盛之，朝夕供养。至瞿波罗窟，见佛影。

　　玄奘在此处的经历，《大慈恩寺三藏法师传》卷二有很详细的描述：

又闻灯光城西南二十余里，有瞿波罗龙王所住之窟，如来昔日降伏此龙，因留影在中。法师欲往礼拜，承其道路荒阻，又多盗贼，二三年已来人往多不得见，以故去者稀疏。法师欲往礼拜，时迦毕试国所送使人贪其速还，不愿淹留，劝不令去。法师报曰："如来真身之影，亿劫难逢，宁有至此不往礼拜？汝等且渐进，奘暂到即来。"

"灯光城"是那揭罗曷国都城的另一个名字。从那揭罗曷国都城到佛影窟，道路并不通顺，少有人去。玄奘从迦毕试国过来，迦毕试国国王派了人护送玄奘，护送的人也不愿意去佛影窟。但玄奘的决心没有动摇，决定独自前往：

于是独去。至灯光城，入一伽蓝，问访途路，觅人相引，无一肯者。后见一小儿，云："寺庄近彼，今送师到庄。"即与同去，到庄宿。得一老人，知其处所，相引而发。行数里，有五贼人拔刀而至，法师即去帽，现其法服。贼云："师欲何去？"答："欲礼拜佛影。"贼云："师不闻此有贼耶？"答云："贼者，人也，今为礼佛，虽猛兽盈衢，奘犹不惧，况檀越之辈是人乎！"贼遂发心，随往礼拜。

玄奘先到达一处村庄，住了一宿，在村里找到一位老人做向导。第二天，两人前行，不意遇到贼人。不过，贼人受到玄奘的感化，不仅没有伤害玄奘，还随玄奘一同前往佛影窟。然而，当他们到了佛影窟后，却并没有见到佛影：

> 既至窟所，窟在石涧东壁，门向西开，窥之窈冥，一无所睹。老人云："师直入，触东壁讫，却行五十步许，正东而观，影在其处。"法师入，信足而前，可五十步，果触东壁，依言却立，至诚而礼，百余拜，一无所见。

这时的玄奘，十分伤心，他觉得他只能自责。玄奘一边诵念佛经，一边不停地礼拜，发誓不见到佛影，就不离开：

> 自责障累，悲号懊恼，更至心礼诵《胜鬘》等诸经、赞佛偈颂，随赞随礼，复百余拜，见东壁现如钵许大光，倏而还灭。悲喜更礼，复有槃许大光现，现已还灭。益增感慕，自誓若不见世尊影，终不移此地。

于是洞窟里的景象渐渐有了变化。玄奘礼拜了二百多次后，"佛影"终于出现：

> 如是更二百余拜，遂一窟大明，见如来影皎然在壁，如开云雾，忽睹金山，妙相熙融，神姿晃昱，瞻仰庆跃，不知所譬。佛身及袈裟并赤黄色，自膝已上相好极明，华座已下，稍似微昧，左右及背后

菩萨、圣僧等影亦皆具有。

或许是这时光线照进洞窟，窟中有了光亮，石壁上映射出了佛的影像。不管怎样说，到了这个时候，玄奘终于见到了佛影，而且佛影很清楚。玄奘激动不已：

> 见已，遥命门外六人将火入烧香。比火至，欻然佛影还隐。急令绝火，更请方乃重现。六人中五人得见，一人竟无所睹。如是可半食顷，了了明见，得申礼赞。供散华香讫，光灭尔，乃辞出。所送婆罗门欢喜，叹未曾有，云："非师至诚愿力之厚，无致此也。"窟门外更有众多圣迹。相与归还，彼五贼皆毁刀杖，受戒而别。

跟随玄奘一起前往佛影窟的六个人——一位是为玄奘带路的老人，还有五个路上所遇的贼人——也并不都见到了佛影，贼人中有一人，终究还是没见到。佛影出现，前后不过半顿饭的功夫。大家赶紧香花供养。供养完毕，光线渐渐消失，所有人退出洞窟。那位老人，是一位婆罗门，见到了从来没见到的佛影，尤其欢喜。五个贼人，也因此受到感动，放弃了刀杖。

《大慈恩寺三藏法师传》讲到的故事显得有点神奇，但与宗教相关的故事，大多都是这样。这番讲述，在一些细节方面或许有所增饰，但很难说完全就是编造。故事的基本情节，大致可信。

玄奘的《大唐西域记》，把"那揭罗曷国"划属于北印度。在玄奘到来之前，佛影窟和"佛影"的传说，已经在中国流传了很久。不仅早期的求法僧，例如法显，把佛影窟的消息带回到中国，汉地流传的一些佛经，例如《观佛三昧海经》，经文中也提到了"佛影"的故事。

东晋时代，佛教在中国获得了突破性的发展。对于这个时期佛教的发展，历史上做出最大贡献的有两位僧人，一位是北方的道安，一位是南方的慧远。慧远是道安的学生，隐居庐山，在庐山建立东林寺，东林寺因此成为南方佛教的中心之一。慧远把当时一位有名的印度僧人佛陀跋陀罗从长安迎请到庐山，讲学并译经。提到佛影和佛影窟的《观佛三昧海经》，就是由佛陀跋陀罗翻译出来的。

慧远真正了解"佛影窟"，大概就是在这个时候。义熙八年（412）五月一日，慧远让人在庐山筑起一座石台，台上镌刻"佛影"。第二年的九月三日，他又撰写了一篇《佛影铭》，并镌刻在石台之上。

慧远留下的著作不少，《佛影铭》是其中的一篇。在《佛影铭》里，慧远先讲"佛影今在西那伽诃罗国南山古仙石室中。度流沙，从径道，去此一万五千八百五十里"，然后从佛影讲起：

> 如来或晦先迹以崇基，或显生途而定体，或独发于莫寻之境，或相待于既有之场。独发类乎形，相待类乎影。推夫冥寄，为有待耶？为无待耶？自我而观，则有间于无间矣。求之法身，原无二统。形影之分，孰际之哉！而今之闻道者，咸摹圣体于

旷代之外，不悟灵应之在兹。徒知圆化之非形，而动止方其迹，岂不诬哉！

慧远通过"佛影"这个话题，表达了他对佛教，对人生，对道与物、形与影、形与神的理解和看法，最后发出一番感叹：

廓矣大象，理玄无名。体神入化，落影离形。回晖层岩，凝映虚亭。在阴不昧，处暗愈明。婉步蝉蜕，朝宗百灵。应不同方，迹绝而冥。（其一）

铭之图之，曷营曷求。神之听之，鉴尔所修。庶兹尘轨，映彼玄流。漱情灵沼，饮和至柔。照虚应简，智落乃周。深怀冥托，宵想神游。毕命一对，长谢百忧。（其五）

"体神入化，落影离形"，"神之听之，鉴尔所修"几句话，更是突出了慧远对"形""影""神"问题的思考。

在写作《佛影铭》之前，东晋元兴三年（404），慧远还写过一篇很有名的文章，题目是《形尽神不灭论》。两篇文章，主题都涉及到形与神、形与影等问题，在东晋时代的文化和宗教氛围下，有很大的影响。当时追随慧远的，有许多文人学士，其中包括有名的谢灵运。慧远让弟子道秉到建康，让谢灵运也写了一篇《佛影铭》，后来大概也刻于庐山的佛影石上。谢灵运的《佛影铭》，除了"具说佛影，偏为灵奇。幽岩嵌壁，若有存形。容仪端庄，相好具足。莫知始终，常自湛然"这些词句外，也说到"因声成韵，即色开颜。望影知易，寻响非难。形声之外，复有可观"这一类的话。

总结起来讲，东晋南北朝时代，佛教徒、士大夫、文人学士之间关于形、影、神的讨论，显然都是在一种大的文化背景下的行为。佛教传入中国，佛教的信仰和思想，为中国思想加入了新的元素和新的话题。佛影只是众多的事例之一。

七、健驮逻国

健驮逻国[1]，东西千余里，南北八百余里，东临信度河[2]。国大都城号布路沙布逻[3]，周四十余里。王族绝嗣，役属迦毕试国。邑里空荒，居人稀少，宫城一隅有千余户。谷稼殷盛，花果繁茂，多甘蔗，出石蜜。气序温暑，略无霜雪。人性恇怯，好习典艺，多敬异道，少信正法。自古已来，印度之境作论诸师，则有那罗延天、无著菩萨、世亲菩萨、法救、如意、胁尊者等本生处也[4]。僧伽蓝千余所，摧残荒废，芜漫萧条，诸窣堵波颇多颓圮。天祠百数，异道杂居。

　　王城内东北有一故基，昔佛钵之宝台也。如来涅槃之后，钵流此国，经数百年，式遵供养，流转诸国，在波剌斯[5]。

[注释]

[1] 健驮逻国：印度历史上的古国，在释迦牟尼时代之前就已经存在，而且在文化和政治上曾经有过很大的影响。健驮逻国位于古代印度的西北部，包括今天巴基斯坦以白沙瓦为中心周边的一片地区。健驮逻，梵语 Gandhāra 的音译。　[2] 信度河：即印度河。见前卷一，《序论》一节中注。　[3] 布路沙布逻：梵语 Puruṣapura 的音译，《法显传》中翻译为弗楼沙。今巴基斯坦的白沙瓦。　[4] 那罗延天：梵语 Nārāyaṇadeva，古代佛教学者。那罗延，梵语 Nārāyaṇa 的音译。无著：梵语 Asaṅga 的意译，佛教大乘瑜伽行派理论体系最主要的创始人，后代影响很大，因此后来的佛教徒，包括玄奘称他为菩萨。世亲：梵语 Vasubandhu 的意译，无著的弟弟，开始时信仰小乘的学说，后来在无著的影响下，接受了佛教大乘瑜伽行派的学说，也成为了瑜伽行派的重要理论家，也被称为菩萨。法救：梵语 Dharmatrāta 的意译，佛教说一切有部的学者。如意：梵语 Manoratha 的意译，佛教说一切有部的学者。以下玄奘提到如意著《毗婆沙论》的故事。胁尊者：梵语 Pārśva 的意译。佛教说一切有部的学者，据说他曾劝说健驮逻国迦腻色迦王在克什米尔召集佛教的结集。受人尊敬，因此称为尊者。本生处：即出生地。　[5] 波剌斯：梵语 Pārsa 的音译。即波斯，今称伊朗。《大唐西域记》卷十一有《波剌斯》专条。

八、健驮逻国：迦腻色迦王大塔

城外东南八九里，有卑钵罗树[1]，高百余尺，枝叶扶疏，荫影蒙密。过去四佛已坐其下[2]，今犹现有四佛坐像。贤劫之中，九百九十六佛皆当坐焉[3]。冥祇警卫，灵鉴潜被。释迦如来于此树下南面而坐，告阿难曰："我去世后，当四百年，有王命世，号迦腻色迦，此南不远起窣堵波，吾身所有骨肉舍利[4]，多集此中。"

卑钵罗树南有窣堵波[5]，迦腻色迦王之所建也。迦腻色迦王以如来涅槃之后第四百年，君临膺运，统赡部洲，不信罪福，轻毁佛法。畋游草泽，遇见白兔，王亲奔逐，至此忽灭。见有牧牛小竖于林树间作小窣堵波，其高三尺。王曰："汝何所为？"牧竖对曰："昔释迦佛圣智悬记[6]：'当有国王于此胜地建窣堵波，吾身舍利多聚其内。'大王圣德宿殖，名符昔记，神功胜福，允属斯辰，故我今者先相警发。"说此语已，忽然不现。

王闻是说，喜庆增怀，自负其名，大圣先记，

迦腻色迦王确实支持和信仰佛教，但这个故事大概是后来发展出来的。故事增加了大塔的神圣性。

同样的神异故事。

因发正信，深敬佛法。周小窣堵波，更建石窣堵波，欲以功力弥覆其上。随其数量 [7]，恒出三尺，若是增高，逾四百尺，基趾所峙，周一里半，层基五级，高一百五十尺，方乃得覆小窣堵波。王因喜庆，复于其上更起二十五层金铜相轮 [8]，即以如来舍利一斛而置其中，式修供养。营建才讫，见小窣堵波在大基东南隅下傍出其半。王心不平，便即掷弃，遂住窣堵波第二级下石基中半现，复于本处更出小窣堵波。王乃退而叹曰："嗟夫，人事易迷，神功难掩，灵圣所扶，愤怒何及！"惭惧既已，谢咎而归。其二窣堵波今犹现在，有婴疾病欲祈康愈者，涂香散华，至诚归命，多蒙瘳差。

大窣堵波东面石陛南镂作二窣堵波，一高三尺，一高五尺，规摹形状如大窣堵波。又作两躯佛像，一高四尺，一高六尺，拟菩提树下加趺坐像，日光照烛，金色晃曜，阴影渐移，石文青绀 [9]。闻诸耆旧曰：数百年前，石基之隙有金色蚁，大者如指，小者如麦，同类相从，啮其石壁，文若雕镂，厕以金沙，作为此像，今犹现在。

大窣堵波石陛南面有画佛像，高一丈六尺，自胸已上，分现两身，从胸已下，合为一体。闻诸先志曰：初有贫士，佣力自济，得一金钱，愿造佛像。至窣堵波所，谓画工曰："我今欲图如来妙相，有一金钱，酬功尚少，宿心忧负，迫于贫乏。"时彼画工鉴其至诚，无云价直，许为成功。复有一人，事同前迹，持一金钱，求画佛像。画工是时受二人钱，求妙丹青，共画一像。二人同日俱来礼敬，画工乃同指一像，示彼二人，而谓之曰："此是汝所作之佛像也。"二人相视，若有所怀。画工心知其疑也，谓二人曰："何思虑之久乎？凡所受物，毫厘不亏。斯言不谬，像必神变。"言声未静，像现灵异，分身交影，光相照著。二人悦服，心信欢喜。

大窣堵波西南百余步，有白石佛像，高一丈八尺，北面而立，多有灵相，数放光明。时有人见像出夜行，旋绕大窣堵波。近有群贼欲入行盗，像出迎贼，贼党怖退，像归本处，住立如故。群盗因此改过自新，游行邑里，具告远近。

这个故事颇有意思。求画佛像，只要有心，有钱者与无钱者都能得到。

大窣堵波左右，小窣堵波鱼鳞百数。佛像庄严，务穷工思，殊香异音，时有闻听，灵仙圣贤，或见旋绕。此窣堵波者，如来悬记，七烧七立，佛法方尽。先贤记曰：成坏已三。初至此国，适遭大火，当见营构，尚未成功。

大窣堵波西有故伽蓝，迦腻色迦王之所建也。重阁累榭，层台洞户，旌召高僧，式昭景福。虽则圮毁，尚曰奇工。僧徒减少，并学小乘。自建伽蓝，异人间出。诸作论师及证圣果，清风尚扇，至德无泯。

第三重阁有波栗湿缚（唐言胁）尊者室[10]，久已倾顿，尚立旌表。初，尊者之为梵志师也[11]，年垂八十，舍家染衣。城中少年便诮之曰："愚夫朽老，一何浅智！夫出家者，有二业焉，一则习定，二乃诵经。而今衰耄，无所进取，滥迹清流，徒知饱食。"时胁尊者闻诸讥议，因谢时人而自誓曰："我若不通三藏理，不断三界欲[12]，得六神通[13]，具八解脱[14]，终不以胁而至于席！"自尔之后，唯日不足，经行宴坐，住立思惟，昼则研习理教，夜乃静虑凝神，绵历三岁，学通三藏，断三界欲，得三明智[15]，时人敬仰，因号胁尊者焉。

胁尊者室东有故房，世亲菩萨于此制《阿毗达磨俱舍论》[16]，人而敬之，封以记焉。

世亲室南五十余步，第二重阁，末笈曷剌他（唐言如意）论师于此制《毗婆沙论》[17]。论师以佛涅槃之后一千年中利见也[18]。少好学，有才辩，声问遐被，法俗归心。时室罗伐悉底国毗讫罗摩阿迭多王（唐言超日）[19]，威风远洽，臣诸印度，日以五亿金钱周给贫窭孤独[20]。主藏臣惧国用乏匮也，乃讽谏曰："大王威被殊俗，泽及昆虫，请增五亿金钱，以赈四方匮乏。府库既空，更税有土，重敛不已，怨声载扬，则君上有周给之恩，臣下被不恭之责。"王曰："聚有余，给不足，非苟为身侈靡国用。"遂加五亿，惠诸贫乏。

其后畋游，逐豕失踪，有寻知迹者，赏一亿金钱。如意论师一使人剃发，辄赐一亿金钱，其国史臣依即书记。王耻见高，心常怏怏，欲众辱如意论师。乃招集异学德业高深者百人，而下令曰："欲收视听，游诸真境，异道纷杂，归心靡措，今考优劣，专精遵奉。"泊乎集论，重下令曰："外道论师并英俊也，沙门法众宜善宗义，胜则崇敬佛法，负则诛戮僧徒。"

于是如意诘诸外道，九十九人已退飞矣[21]。下席一人，视之蔑如也，因而剧谈，论及火烟[22]，王与外道咸喧言曰："如意论师辞义有失！夫先烟而后及火，此事理之常也。"如意虽欲释难，无听览者，耻见众辱，齚断其舌[23]，乃书诚告门人世亲曰："党援之众，无竞大义；群迷之中，无辩正论。"言毕而死。

居未久，超日王失国，兴王膺运，表式英贤。世亲菩萨欲雪前耻，来白王曰："大王以圣德君临，为含识主命。先师如意学穷玄奥，前王宿憾，众挫高名，我承导诱，欲复先怨。"其王知如意哲人也，美世亲雅操焉，乃召诸外道与如意论者。世亲重述先旨，外道谢屈而退。

印度人论辩的故事中，常常见到失败者羞愧而至死。这实际上有些印度式的夸张。

［注释］

[1]卑钵罗树：卑钵罗为梵语 pippala 音译，印度的树名。传说释迦牟尼在此树下成佛，因此又被称为菩提树。　[2]过去四

佛：佛教传说，在释迦牟尼佛之前，有过去四位佛。另一种说法是释迦牟尼佛之前不止四位佛，有七位佛。　[3]九百九十六佛：此处举大数而已。　[4]骨肉舍利：佛涅槃后，遗体火化，留下的遗骨，称作"舍利"，即身骨的意思。　[5]"卑钵罗树南有窣堵波"二句：玄奘提到的这座佛塔，至今尚存，即今天巴基斯坦白沙瓦附近著名的迦腻色迦大塔。大塔虽然早已废毁，但塔基和主体的一部分尚有保留，只是其余附属的建筑基本不存。遗址面积广大，从塔基的大小看，当年大塔极其高大，应该非常宏伟精致。中国从晋到唐的很多求法者，如法显和宋云，当然也包括玄奘，都专门到此朝拜，也都留下了详略不等的记载。迦腻色迦王，见前注。[6]悬记：即预言，也称"授记"。　[7]"随其数量"以下九句：近代对大塔做过考古发掘，大塔早已倾圮，但存部分基石。发掘后测量，大塔方形台基与四边台阶平面呈十字形交叉，最宽处约 84 米。塔身石结构，依此估计，当年高约 70 米。上部结构有 13 层，回廊平台周边约 190 米。1908年还在大塔遗址中心部位发现了刻有迦腻色伽铭文的青铜舍利容器。　[8]相轮：佛塔顶上的装饰，形状如轮。　[9]青绀（gàn）：黑里透红。　[10]波栗湿缚：梵语 Pārśva 的音译，意译"胁"。即前面提到的胁尊者。　[11]梵志：婆罗门青年。　[12]三界欲：佛教认为，应该滞留于三界的一切欲望。三界，佛教的说法，世界分为欲界、色界、无色界。　[13]六神通：六种神奇的本领，具体包括"神足通""天眼通""天耳通""他心通""宿命通"以及"漏尽通"。　[14]八解脱：八种解脱。佛经中对此具体的解释不一。依照玄奘译《瑜伽师地论》卷十一所列举的是："一、有色观诸色解脱。二、内无色想观外诸色解脱。三、净解脱身作证具足住解脱。四、空无边处解脱。五、识无边处解脱。六、无所有处解脱。七、非想非非想处解脱。八、想受灭身作证具足住解脱。"[15]三明智：指"六神通"中的"天眼通""天耳通"以及"漏尽通"。[16]《阿毗达磨俱舍论》：佛教说一切有部的论书，传为世亲著。传入中国后，有陈真谛和唐玄奘两种译本。玄奘很重视《阿毗达磨俱舍论》一书，他从印度回国后做了新的翻译，共三十卷。[17]末笯曷剌他：梵语 Manoratha 的音译，意译"如意"，即前面提到的如意论师。如意论师的《毗婆沙论》与五百阿罗汉所著《毗婆沙论》是不同的著作。[18]利见：出世，即诞生。[19]室罗伐悉底国：在中印度，《大唐西域记》卷六有详细记载。毗讫罗摩阿迭多王：即超日王，印度历史上有数位超日王，此处所说的超日王可能指印度笈多王朝的第二位国王，在位时期约在公元四世纪后期至五世纪初年。中国的法显正是在这个时候访问印度。毗讫罗摩阿迭多，梵语 Vikramāditya 音译，意译"超日"。[20]五亿金钱：古代以十万为一亿。不过此处所谓的"亿"，也只是印度故事中的一种夸张修辞。[21]退飞：失败而退出。[22]火烟：即烟火之辩，印度古代因明学辩论中一个经常被提出来的论题，即山上有火，先见到的是烟还是先见火。[23]齰(zé)断：咬断。

[点评]

健驮逻是印度的古国，地域大致包括今天巴基斯坦的白沙瓦及周边地区。在释迦牟尼的时代之前，健驮逻曾经是印度文化的中心地区之一。在释迦牟尼时代，也是古印度的十六大国之一，依然是印度西北的一个重要的文化中心。不过这个时候佛教的影响大致还局限于佛教的诞生地，中印度的摩揭陀及摩揭陀周围的一些国家和地区。佛教真正传到健驮逻地区，是在公元 3 世纪前期，这与印度中部的摩揭陀国孔雀王朝的阿育王直接有关。阿育王势力最大的时候，统治的地域，达到了健驮逻，甚至还包括今天阿富汗南部和东部。阿育王支持佛教，鼓励僧人把佛教向周边地区传播，佛教由此传到了健驮逻地区。佛教传到了健驮逻地区后，很快就得到了很大的发展。公元 1 世纪前后，健驮逻成为佛教在印度中心地区以外的一个新的中心。在这前后，先后统治过这一地区的一些希腊国王和贵霜国王，其中尤其是贵霜的迦腻色迦王，都积极地支持佛教。

健驮逻佛教盛行，佛像以及所谓的健驮逻佛教艺术也就出现在这个时候。佛教中在这时出现的一些新的理论和思想，后来被称为大乘佛教，也都与健驮逻佛教有关。玄奘在这里提到的数位佛教历史上的大师或者说学者，他们都来自健驮逻，其中有的坚持传统佛教的理论，更多的是发展佛教的新理论，成为新兴的大乘佛教的倡导者。

公元 1 至 2 世纪期间的贵霜帝国，统治的地域极其广大，既包括健驮逻，也包括今天的阿富汗和中亚的部分地区，健驮逻的佛教更具有外延的意义。

与中国直接有关的，是在两汉之交传入中国的佛教，很大程度上也与健驮逻，或者说与贵霜的佛教有关。中国佛教无论是经典的翻译，佛像的引入，宗教的实践，从一开始，就受到大乘佛教的影响，其中很多地方，都与健驮逻佛教和健驮逻文化有所关联。健驮逻佛教艺术影响所及，首先是中亚，其次是整个东亚地区。中国新疆的石窟和造塔形式、西部地区的敦煌，山西的云冈、洛阳的龙门，无不能见到辉煌的健驮逻佛教艺术的痕迹。研究中国佛教的历史，中国的石窟以及石窟艺术，这都是首先需要注意到的。

卷三

一、呾叉始罗国

呾叉始罗国[1]，周二千余里，国大都城周十余里。酋豪力竞，王族绝嗣，往者役属迦毕试国[2]，近又附庸迦湿弥罗国。地称沃壤，稼穑殷盛，泉流多，花草茂。气序和畅，风俗轻勇，崇敬三宝。伽蓝虽多，荒芜已甚，僧徒寡少，并学大乘。

大城西北七十余里有医罗钵呾罗龙王池[3]，周百余步。其水澄清，杂色莲花同荣异彩。此龙者，即昔迦叶波佛时坏医罗钵呾罗树苾刍者也。故今彼土请雨祈晴，必与沙门共至池所，弹指慰问，随愿必果。

龙池东南行三十余里，入两山间，有窣堵波，无忧王之所建也[4]，高百余尺。是释迦如来悬记当来慈氏世尊出兴之时[5]，自然有四大宝藏[6]，即斯胜地，当其一所。闻诸先志曰：或时地震，诸山皆动，周藏百步，无所倾摇。诸有愚夫妄加发掘，地为震动，人皆蹎仆。傍有伽蓝，圮损已甚，久绝僧徒。

城北十二三里有窣堵波，无忧王之建也。或至斋日，时放光明，神花天乐，颇有见闻。闻诸先志曰：近有妇人，身婴恶癞，窃至窣堵波，责躬礼忏，见其庭宇有诸粪秽，掬除洒扫，涂香散华，更采青莲，重布其地。恶疾除愈，形貌增妍，身出名香，青莲同馥。斯胜地也，是如来在昔修菩萨行，为大国王，号战达罗钵剌婆（唐言月光）[7]，志求菩提，断头惠施。若此之舍，凡历千生。

舍头窣堵波侧有僧伽蓝，庭宇荒凉，僧徒减少。昔经部拘摩罗逻多（唐言童受）论师于此制述诸论[8]。

[注释]

[1] 呾叉始罗国：印度古代有名的国家，也曾是健陀罗国的首都。旧地在今巴基斯坦境内伊斯兰堡西南今拉瓦尔品第

（Rawalpindi）附近一带，依据考古发现的结果，旧城遗址在印度河与杰鲁姆河之间，距今拉瓦尔品第新城西北约 30 公里。呾叉始罗，梵文 Takṣaśilā 的音译。 [2]"往者役属迦毕试国"二句：玄奘的这段记载，提供了一个重要的信息。依照玄奘的说法，在玄奘到达呾叉始罗国之前和到达时，呾叉始罗国所依附的分别是迦毕试国和迦湿弥罗国。这方面的情况在印度方面没有记载。玄奘根据的，应该是当时所见和所闻。迦毕试国，见前第一卷。迦湿弥罗国，见前第三卷。 [3]"大城西北七十余里有医罗钵呾罗龙王池"以下六句：玄奘这里讲的是佛教的一个传说，过去迦叶波佛时，有一位僧人因为摘毁医罗钵呾罗树，同时还有其他违反戒律的事，受罚而转生为龙，生有七头，头上生医罗钵呾罗树，常流脓血，因此被称为医罗钵呾罗龙王。所住水池即称医罗钵呾罗龙王池。医罗钵呾罗龙王后得遇佛，受佛教化，佛预言他在弥勒佛出世时就会免除龙身，免除惩罚。医罗钵呾罗，梵文 Elāpattra 的音译，印度的一种树名，树有臭味，可入药。下文中称为这僧人为坏医罗钵呾罗树苾刍。苾刍，梵文 bhikṣu 的音译，一般又译为比丘，即佛教的僧人。 [4]无忧王：见前卷一《那揭罗曷国》一节中注。 [5]释迦如来悬记：即释迦牟尼佛的预言。慈氏世尊：即弥勒佛，梵文 Maitreya Buddha。Maitreya 意译慈，作为人名或佛名，就称为"慈氏"。"世尊"也是一种尊号。慈氏世尊在佛教的菩萨和佛中地位很高。佛教认为他不仅是菩萨，也是佛，是未来的佛，一定时候会降临世间，在龙华树下三度说法，最后救度一切大众。这称作"龙华三会"。 [6]"自然有四大宝藏"以下三句：佛教传说，天下有四处宝藏，此为其一。 [7]战达罗钵刺婆：梵文 Candraprabha 的音译，意思是"月光"。佛教的本生故事，讲北印度曾经有一位名叫月光的国王，乐善好施。有恶眼婆罗门，要求他布施他的头，虽然大臣们劝阻不已，但月光王最后也答应了，于是截下头颅，给了婆罗门。汉译《佛说月光菩萨经》讲的就是这个故事。　[8]经部：印度佛教说一切有部发展出来的一个学派，只承认经律论三藏中的经藏为佛说，因此有这个名字。拘摩罗逻多：梵文 Kumāralāta 的音译，意译"童受"。经部著名的学者，据说著作很多，擅长论述，因此被称作"论师"。

二、呾叉始罗国：拘浪拏太子故事

城外东南，南山之阴有窣堵波，高百余尺，是无忧王太子拘浪拏为继母所诬抉目之处[1]，无忧王所建也。盲人祈请，多有复明。

此太子正后生也，仪貌妍雅，慈仁夙著。正后终没，继室恃淫，纵其惛愚，私逼太子。太子沥泣引责，退身谢罪。继母见违，弥增愤怒，候王闲隙，从容言曰："夫呾叉始罗，国之要领，非亲子弟，其可寄乎？今者，太子仁孝著闻，亲贤之故，物议斯在。"王或闻说，雅悦奸谋，即命太子而诚之曰："吾承余绪，垂统继业，唯恐失坠，忝负先王。呾叉始罗国之襟带，吾今命尔作镇彼国。国事殷重，人情诡杂，无妄去就，有亏基绪。凡有召命，验吾齿印。印在吾口，其有

太子继母荒淫且诡计多端。

谬乎？"

于是太子衔命来镇。岁月虽淹，继室弥怒，诈发制书，紫泥封记，候王眠睡，窃齿为印，驰使而往，赐以责书。辅臣跪读，相顾失图。太子问曰："何所悲乎？"曰："大王有命，书责太子，抉去两目，逐弃山谷，任其夫妻，随时生死。虽有此命，尚未可依。今宜重请，面缚待罪。"太子曰："父而赐死，其可辞乎？齿印为封，诚无谬矣。"命旃荼罗抉去其眼[2]。

眼既失明，乞贷自济，流离展转，至父都城。其妻告曰："此是王城。嗟乎，饥寒良苦！昔为王子，今作乞人！愿得闻知，重申先责。"于是谋计，入王内厩，于夜后分，泣对清风，长啸悲吟，筌篌鼓和[3]。王在高楼，闻其雅唱，辞甚怨悲，怪而问曰："筌篌歌声，似是吾子，今以何故而来此乎？"即问内厩："谁为歌啸？"遂将盲人，而来对旨。

王见太子，衔悲问曰："谁害汝身，遭此祸衅？爱子丧明，犹自不觉，凡百黎元，如何究察？天乎，天乎，何德之衰！"太子悲泣，谢而

太子继母更施毒计。

国王至此方才醒悟。

对曰："诚以不孝，负责于天，某年日月，忽奉慈旨，无由致辞，不敢逃责。"其王心知继室为不轨也，无所究察，便加刑辟。

时菩提树伽蓝有瞿沙（唐言妙音）大阿罗汉者[4]，四辩无碍[5]，三明具足[6]。王将盲子，陈告其事，唯愿慈悲，令得复明。时彼罗汉受王请已，即于是日宣令国人："吾于后日，欲说妙理，人持一器，来此听法，以盛泣泪也。"于是远近相趋，士女云集。是时阿罗汉说十二因缘[7]，凡厥闻法，莫不悲耿，以所持器，盛其沥泣。说法既已，总收众泪，置之金盘，而自誓曰："凡吾所说，诸佛至理。理若不真，说有纰缪，斯则已矣；如其不尔，愿以众泪，洗彼盲眼，眼得复明，眼视如昔。"发是语讫，持泪洗眼，眼遂复明。王乃责彼辅臣[8]，诘诸僚佐，或黜或放，或迁或死。诸豪世俗移居雪山东北沙碛之中。

故事最初未必与佛教有关，但此处加入了佛教的背景。最后奇迹出现，这位名叫瞿沙的大阿罗汉出现，故事才有了一个圆满的结局。

[注释]

[1]拘浪挐：梵文原文 Kunāla，传说中阿育王的长子。从梵文的读音看，"拘浪挐"一名应该作"拘挐浪"，传写致误。　[2]旃荼罗：梵文 caṇḍāla 的音译。印度四种姓中最低的一个种姓，一般

从事屠宰、渔猎职业，被认为不可接触。　[3]箜篌：古乐器，形制有些类似竖琴，汉至唐在中国特别流行，后渐渐失传。　[4]瞿沙：梵文 Ghoṣa 音译，意译"妙音"。瞿沙大阿罗汉是佛教说一切有部的著名僧人，称他为"大阿罗汉"是表示对他的尊敬。　[5]四辩无碍：佛教形容辩论无敌，无所障碍，有四种无碍：一、法无碍；二、义无碍；三、辞无碍；四、乐说无碍。　[6]三明具足："明"的意思是知道，或者知识，或者智慧。佛教的说法，大阿罗汉经过修行，可以获得三种"明"：一、宿命明：知道自己及他人过去宿世的因缘以及生死果报；二、天眼明：知道自己及他人的未来因缘以及生死果报；三、漏尽明：知道现在之苦相，可以断除一切有漏烦恼的智慧。　[7]十二因缘：佛教最基本的理论或者说教义，又称十二缘起。佛教认为，世间一切事物，都互相关联，总结起来，一共十二个环节，即：无明、行、识、名色、六入、触、受、爱、取、有、生、老死。从"无明"到"老死"，因果相随，三世相续而无间断，人流转于生死轮回大海，不能得以出离。一世的因果还可以扩展至过去、现在、将来三世因果，唯有信仰佛教，努力修行，才能脱离生死大海，得到解脱。　[8]"王乃责彼辅臣"以下五句：《大唐西域记》卷十二《瞿萨旦那国》一节讲，辅助拘浪拏太子的这些大臣和豪族受到惩罚后，迁徙到雪山之北，到达了瞿萨旦那国的西界，曾推举他们的首领为王。这个故事的这一点未必真实，但可以说明历史上西北印度与今天中国新疆的西部地区有过密切的交往。

［点评］

在玄奘撰写《大唐西域记》之前，拘浪拏太子的故事在中国已经有所流传。玄奘去了印度，到了故事发生的地方，于是把这个故事再叙述了一遍。故事发生在印度古代的宫廷中，有正直而温顺的太子，还有太子忠实的妻子，有被情欲左右，诡谲狡诈的王后，同时有被蒙蔽的国王，最后因为佛教的一位大阿罗汉的出现，失明的太子重获光明。故事是一场典型的悲喜剧，所有情节都很有意思。几十年前印度就有以这个故事作为题材拍的电影，说明今天的印度人仍然喜欢这样的悲喜剧。

整个故事与希腊神话中 Hippolytus 与 Phaedra 的故事颇有类似之处，不过在这里仅仅只是类似而已，没有证据可以说明二者有直接的联系。

三、迦湿弥罗国

迦湿弥罗国 [1]，周七千余里。四境负山，山极陟峻，虽有门径，而复隘狭，自古邻敌无能攻伐。国大都城西临大河，南北十二三里，东西四五里。宜稼穑，多花果。出龙种马及郁金香、火珠、药草。气序寒劲，多雪少风。服毛褐，衣白氎。土俗轻僄 [2]，人多怯懦。国为龙护，遂雄邻境。容貌妍美，情性诡诈。好学多闻，邪正兼信。伽蓝百余所，僧徒五千余人。有四窣堵波，并无忧王建也，各有如来舍利升余。

《国志》曰：国地本龙池也。昔佛世尊自乌
仗那国降恶神已[3]，欲还中国[4]，乘空当此国
上，告阿难曰："我涅槃之后[5]，有末田底迦阿
罗汉[6]，当于此地建国安人，弘扬佛法。"

如来寂灭之后第五十年，阿难弟子末田底迦
罗汉者，得六神通[7]，具八解脱[8]，闻佛悬记，
心自庆悦，便来至此，于大山岭，宴坐林中，现
大神变。龙见深信，请资所欲。阿罗汉曰："愿
于池内，惠以容膝。"龙王于是缩水奉施。罗汉
神通广身，龙王纵力缩水，池空水尽，龙翻请地。
阿罗汉于此西北为留一池，周百余里；自余枝
属，别居小池。龙王曰："池地总施，愿恒受供。"
末田底迦曰："我今不久无余涅槃[9]，虽欲受请，
其可得乎？"龙王重请："五百罗汉常受我供，
乃至法尽，法尽之后，还取此国以为居池。"末
田底迦从其所请。时阿罗汉既得其地，运大神通
力，立五百伽蓝，于诸异国买鬻贱人，以充役使，
以供僧众。末田底迦入寂灭后，彼诸贱人自立君
长，邻境诸国鄙其贱种，莫与交亲，谓之讫利多
（唐言买得）[10]。今时泉水已多流滥。

这是佛教一个比较有名的故事。以"大天"为名的佛教僧人，是一位还是两位还是几位，都有不同说法。玄奘在这里只是记载他听到的一个传闻。

　　摩揭陀国无忧王以如来涅槃之后第一百年^[11]，命世君临，威被殊俗，深信三宝，爱育四生。时有五百罗汉僧、五百凡夫僧，王所敬仰，供养无差。有凡夫僧摩诃提婆（唐言大天）^[12]，阔达多智，幽求名实，潭思作论，理违圣教，凡有闻知，群从异议。无忧王不识凡圣，因情所好，党援所亲，召集僧徒赴殑伽河^[13]，欲沈深流，总从诛戮。时诸罗汉既逼命难，咸运神通，凌虚履空，来至此国，山栖谷隐。时无忧王闻而悔惧，躬来谢过，请还本国。彼诸罗汉确不从命，无忧王为罗汉建五百僧伽蓝，总以此国持施众僧。

［注释］

　　[1]迦湿弥罗：梵文 Kāśmīra 的音译，今译克什米尔。　[2]轻僄（piào）：轻薄。　[3]乌仗那国：《大唐西域记》卷三记载的第一个国家，地域在今天巴基斯坦的斯瓦特地区。　[4]中国：此处讲的"中国"，不是今天中国的"中国"，而是印度的"中国"。印度古代把印度的中心地区，即中印度最中心的一部分，称作 Madhyadeśa，汉译佛经里翻译为"中国"。　[5]涅槃：梵文 nirvāna，通常又译为"圆寂""寂灭"。佛教把释迦牟尼的去世称为"涅槃"。对于佛教徒而言，"涅槃"是佛教历史上的一件大事，有特别的意义。　[6]末田底迦：梵文 Madhyāntika 的音译。传说中佛教的大师，对佛教在印度西北的传播贡献最大。印度佛教的

说一切有部把末田底迦列为前期的重要祖师之一。　　[7] 六神通：见前卷二《健驮逻国迦腻色迦王大塔》一节中注。　　[8] 八解脱：同上见前卷二《健驮逻国迦腻色迦王大塔》一节中注。　　[9] 无余涅槃：佛教的一种理论，认为涅槃可以分为两种：一种是有余涅槃，另一种是无余涅槃。有余涅槃不是最高的涅槃，无余涅槃断绝一切生死之果，是最高的涅槃。　　[10] 讫利多：梵文 Krīta 的音译，意思是"买来的"。　　[11] 摩揭陀国：梵文 Magadha 的音译，印度古国名称，地域大致相当于今天印度的比哈尔邦。无忧王即阿育王，也就是摩揭陀国的国王。摩揭陀国在古代曾长期是印度最重要的政治文化的中心。释迦牟尼在世时，大部分时间就居住在摩揭陀国。佛教历史上的许多历史遗址，都在古代摩揭陀国的境内。玄奘到印度时，摩揭陀国仍然很重要。《大唐西域记》卷八、卷九因此以两卷的篇幅专门讲摩揭陀国。　　[12] 摩诃提婆：梵文 Mahādeva 的音译，意译"大天"，佛教僧人。佛教历史上有好几位叫做"大天"的僧人，此为其一。　　[13] 殑伽河：即恒河，玄奘依梵文的读音翻译为殑伽河。殑伽，梵文 Gaṅgā 的音译。

[点评]

玄奘讲的迦湿弥罗国开国的传说，虽然只是传说，但佛教在阿育王时代传到了迦湿弥罗，是可信的。传说中提到的佛教的几位祖师，也大致可以被认为实有其人，只是故事有些夸张。迦湿弥罗或者说克什米尔虽然不在印度的中心地区，佛教传来后，却一直很兴盛，即使公元 13 世纪以后佛教在印度的中心地区已经不再存在，但在克什米尔还一直有一定的影响。而且历史上克什米尔地区的佛教对今天中国新疆地区的西部和西藏地区也有很大的影响。汉代以后到中国汉地传教的印度僧人和一些重要的经典，很多也来自这个地区。

四、迦湿弥罗国：迦腻色迦王与佛教结集

健驮逻国迦腻色迦王[1]，以如来涅槃之后第四百年，应期抚运，王风远被，殊俗内附。机务余暇，每习佛经，日请一僧入宫说法，而诸异议部执不同[2]。王用深疑，无以去惑。时胁尊者曰[3]："如来去世，岁月逾邈，弟子部执，师资异论，各据闻见，共为矛楯。"

时王闻已，甚用感伤，悲叹良久，谓尊者曰："猥以余福，聿遵前绪，去圣虽远，犹为有幸，敢忘庸鄙，绍隆法教，随其部执，具释三藏。"胁尊者曰："大王宿殖善本，多资福祐，留情佛法，是所愿也。"王乃宣令远近，召集圣哲。于是四方辐凑，万里星驰，英贤毕萃，叡圣咸集。七日之中，四事供养[4]。既欲法议，恐其喧杂。王乃具怀，白诸僧曰："证圣果者住，

具结缚者还[5]。"

如此尚众。又重宣令："无学人住[6]，有学人还[7]。"犹复繁多。又更下令："具三明、备六通者住，自余各还。"然尚繁多。又更下令："其有内穷三藏、外达五明者住，自余各还。"于是得四百九十九人。王欲于本国，苦其暑湿，又欲就王舍城大迦叶波结集石室[8]。胁尊者等议曰："不可。彼多外道，异论纠纷，酬对不暇，何功作论？众会之心，属意此国。此国四周山固，药叉守卫，土地膏腴，物产丰盛，贤圣之所集往，灵仙之所游止。"众议斯在，佥曰："允谐。"其王是时与诸罗汉自彼而至，建立伽蓝，结集三藏，欲作《毗婆沙论》[9]。

是时尊者世友[10]，户外纳衣。诸阿罗汉谓世友曰："结使未除，净议乖谬，尔宜远迹，勿居此也。"世友曰："诸贤于法无疑，代佛施化，方集大义，欲制正论。我虽不敏，粗达微言，三藏玄文、五明至理，颇亦沈研，得其趣矣。"诸罗汉曰："言不可以若是。汝宜屏居，疾证无学，已而会此，时未晚也。"世友曰："我顾无学，其犹涕唾，志求佛果，不趋小径。掷此缕丸，未坠于地，必当证得无学圣果。"时诸罗汉重诃之曰："增上慢人[11]，斯之谓也。无学果者，诸佛所赞，宜可速证，以决众疑。"

玄奘这里讲到的故事，包括了一些神异的传说，但结集一事，应该说发生过，只是相关的故事后来加进了神话的成分。

于是世友即掷缕丸空中，诸天接缕丸而请曰："方证佛果，次补慈氏[12]，三界特尊，四生攸赖，如何于此欲证小果？"时诸罗汉见是事已，谢咎推德，请为上座，凡有疑议，咸取决焉。是五百贤圣，先造十万颂《邬波第铄论》（旧曰《优波提舍论》，讹也）[13]，释《素呾缆藏》（旧曰《修多罗藏》，讹也）[14]。次造十万颂《毗奈耶毗婆沙论》[15]，释《毗奈耶藏》（旧曰《毗那耶藏》[16]，讹也）。后造十万颂《阿毗达磨毗婆沙论》[17]，释《阿毗达磨藏》（或曰《阿毗昙藏》，略也）[18]。凡三十万颂，九百六十万言，备释三藏，悬诸千古，莫不穷其枝叶，究其浅深，大义重明，微言再显，广宣流布，后进赖焉。迦腻色迦王遂以赤铜为鍱，镂写论文，石函缄封，建窣堵波，藏于其中。命药叉神周卫其国，不令异学持此论出，欲求习学，就中受业。于是功既成毕，还军本都。

出此国西门之外，东面而跪，复以此国总施僧徒。

[**注释**]

[1]健驮逻国迦腻色迦王：见前卷一《迦毕试国》一节中注。 [2]诸异议部执不同：意思是佛教有不同的派别，所持的意见不一。 [3]胁尊者：见前卷二《健驮逻国迦腻色迦王大塔》一节中注。这里讲到的劝请迦腻色伽王支持和召集佛教结集，是胁尊者一生中最著名的事迹之一。 [4]四事供养：供养僧人包括四个方面的内容：饮食、衣服、卧具、汤药。 [5]具结缚者：佛教认为被烦恼所束缚，未得解脱之人。 [6]无学人：佛教所谓已证得"四果"之人。 [7]有学人：佛教所谓"四果"中证得前三果之人，以其尚有可以修学之道，谓之"有学"。 [8]王舍城大迦叶波结集石室：佛教传说，释迦牟尼涅槃后，弟子们在佛的大弟子大迦叶，也就是这里说的大迦叶波的主持下，举行了佛教历史上的第一次结集，结集的地点在摩揭陀国的首都王舍城的一处石室中。 [9]《毗婆沙》：梵文 Vibhāṣa 的音译，又作毗婆沙、毗婆娑、鞞婆沙、鞞颇沙、鼻婆沙，或者略作"婆沙"，佛经中的一种文体，大多是佛教学者们解释或发挥佛经的论述。 [10]世友：梵文 Vasumitra 的意译，佛教说一切有部著名的僧人。 [11]增上慢人：指自负傲慢之人。增上，自负。慢，轻视，傲慢。 [12]慈氏：指慈氏菩萨，即弥勒佛。 [13]《邬波第铄》：梵文 Upadeśa 的音译，旧译"优波提舍"。 [14]《素呾缆藏》：梵文 Sūtrapiṭaka，即佛教的经藏。素呾缆，梵文 Sūtra 的音译，旧译"修多罗"。 [15]《毗奈耶毗婆沙论》：梵文 Vinayavibhāṣa 的音译，解释佛教戒律的著作。Vinaya 即佛教的律。 [16]《毗奈耶藏》：梵文 Vinayapiṭaka，即佛教的律藏。毗奈耶，梵文 Vinaya 的音译。 [17]《阿毗达磨毗婆沙论》：解释佛教阿毗达磨，即

论书的著作。阿毗达磨，梵文 Abhidharma 的音译，又译“阿毗昙”。　[18]《阿毗达磨藏》: 梵文 Abhidharmapiṭaka，一般又称为《论藏》。

［点评］

佛教结集是佛教历史上的重要事件。玄奘讲到的迦湿弥罗结集，是唯一的记载。基本可信，但其中显然包括了后来增加的一些被神化了的传说。

五、迦湿弥罗国: 雪山下王讨罪故事

迦腻色迦王既死之后，讫利多种复自称王，斥逐僧徒，毁坏佛法。睹货逻国呬摩呾罗王（唐言雪山下）[1]，其先释种也[2]。以如来涅槃之后第六百年，光有疆土，嗣膺王业，树心佛地，流情法海。闻讫利多毁灭佛法，招集国中敢勇之士，得三千人，诈为商旅，多赍宝货，挟隐军器，来入此国。此国之君，特加宾礼。商旅之中，又更选募，得五百人，猛烈多谋，各袖利刃，俱持重宝，躬赍所奉，持以献上。时雪山下王去其帽，即其座，讫利多王惊慑无措，遂斩其首，令群下曰："我是睹货逻国雪山下王也，怒此贱种公行虐政，故于今者诛其有罪。凡百众庶，非尔之辜。"然其国辅宰臣，迁于异域。既平此国，召集僧徒，式建伽蓝，安堵如故。复于此国西门之外，东面而跪，持施众僧。

其讫利多种屡以僧徒覆宗灭祀，世积其怨，嫉恶佛法。岁月既远，复自称王。故今此国不甚崇信，外道天祠，特留意焉。

这只是一个故事，但可能有历史传说作为来源。

[注释]

[1] 呬摩呾罗王：呬摩呾罗为梵文 Himatala 的音译，意译"雪山下"。《大唐西域记》卷十二记载有呬摩呾罗国，地在睹货逻国故地的范围内，具体位置在今属阿富汗的帕米尔地区。　[2] 其先释种：这里的意思是他们的祖先来自释迦族。释种，指释迦族。

六、迦湿弥罗国：佛牙伽蓝的传说

新城东南十余里，故城北大山阳，有僧伽蓝，僧徒三百余人。其窣堵波中有佛牙，长可寸半，其色黄白，或至斋日，时放光明。昔讫利多种之灭佛法也，僧徒解散，各随利居。有一沙门，游诸印度，观礼圣迹，申其至诚。后闻本国平定，即事归途，遇诸群象，横行草泽，奔驰震吼。沙门见已，升树以避。是时群象相趋奔赴，竞吸池水，浸渍树根，互共排掘，树遂蹎仆。既得沙门，负载而行，至大林中，有病象疮痛而卧，引此僧手，至所苦处，乃枯竹所刺也。沙门于是拔竹傅药，裂其裳，裹其足。别有大象，持金函授与病象，象既得已，转授沙门，沙门开函，乃佛牙也。诸象围绕，僧出无由。明日斋时，各持异果，以为中馔[1]。食已，载僧出林，数百里外，方乃下之，各跪拜而去。

大象互相救助。僧人帮助象，象回报僧人。

沙门至国西界，渡一驶河，济乎中流，船将覆没。同舟之人互相谓曰："今此船覆，祸是沙门；必有如来舍利，诸龙利之。"船主检验，果得佛牙。时沙门举佛牙俯谓龙曰："吾今寄汝，不久来取。"遂不渡河，回船而去，顾河叹曰："吾无禁术，龙畜所欺！"重往印度，学禁龙法[2]。三岁之后，复还本国，至河之滨，方设坛场，其龙于是捧佛牙函以授沙门。沙门持归，于此伽蓝，而修供养。

[**注释**]

[1]中馔：中饭。　　[2]禁龙法：传说中驯服和控制龙的方法。

[**点评**]

佛舍利对于佛教徒而言，是宝物。玄奘到印度，正是舍利崇拜很盛的时候。这个故事虽然平常，但僧人与象之间，有互助的情谊。僧人与龙之间，龙夺得舍利，倚靠的是强力。僧人学得法术，龙只得交还舍利，邪终不能压正。由此故事也就有了一定的意义。

卷四

一、至那仆底国

至那仆底国[1]，周二千余里，国大都城周十四五里。稼穑滋茂，果木稀疏。编户安业，国用丰赡。气序温暑，风俗怯弱。学综真俗，信兼邪正。伽蓝十所，天祠八所。

昔迦腻色迦王之御宇也，声振邻国，威被殊俗。河西蕃维[2]，畏威送质。迦腻色迦王既得质子，赏遇隆厚。三时易馆，四兵警卫，此国则冬所居也，故曰至那仆底（唐言汉封）[3]。质子所居，因为国号。此境已往洎诸印度，土无梨、桃，质子所植，因谓桃曰"至那你"（唐言汉持来）[4]，梨曰"至那罗阇弗呾逻"（唐言汉王子）[5]。故此国人深敬东土[6]，更相指语：

"是我先王本国人也。"

[注释]

[1] 至那仆底国: 至那仆底为梵语 Cīnabhukti 的音译。这个词由两部分组成, 前一部分 "至那", 梵语 Cīna, "至那" 是印度人从古至今对中国的称呼。汉译佛经中, "至那" 常常又翻译为 "脂那" 或者 "支那"。后一部分 "仆底", 梵语 bhukti, 可以翻译为 "封地"。下面玄奘对此有更多的解释。玄奘讲的至那仆底国, 在什么地方, 不是很清楚。根据《大唐西域记》和《大慈恩寺三藏法师传》中记载的玄奘的行程做推断, 应该在今天印度旁遮普邦的境内。　[2] "河西蕃维" 二句: 见前卷一《迦毕试国》一节中谈到的 "质子"。玄奘此处讲到的, 与《迦毕试国》一节中讲到的是一件事, 两处的内容互相呼应。　[3] 唐言汉封: 用唐代的话, 即中国话讲就是 "中国封地"。　[4] 至那你: 还原成梵语, 是 cīnanī。这个词由两部分组成: 前一部分 cīna 是中国, 后一部分 nī, 音译 "你", 意思是 "持来" "拿来", 合起来的意思就是 "从中国拿来的"。　[5] 至那罗阇弗呾逻: 还原成梵语, 是 cīnarājaputra。前一部分仍然是 cīna; 后一部分中的 rāja, 音译为 "罗阇", 意译为 "王"; 最后一部分的 putra, 音译 "弗呾逻", 意思是 "儿子", 整个词合起来的意思是 "中国王子", 玄奘此处翻译为 "汉王子"。　[6] 东土: 指中国。

[点评]

至那仆底国在北印度。与至那仆底国的名字相关, 玄奘讲的故事非常有意思。在那个时候的印度, 一个国家, 虽然不大, 国名中怎么会出现 "至那", 也就是 "中国"这个词呢？这让人觉得奇怪。

玄奘对此做了解释，玄奘说，是因为贵霜王朝的迦腻色迦王"声振邻国，威被殊俗。河西蕃维，畏威送质"。质子到了迦腻色迦王那儿，迦腻色迦王对质子不错，非常优待，赏赐十分丰厚，并且随季节的变化，安排质子住在不同的地方。至那仆底国就是质子冬天住的地方。也就是因为是质子住的地方，这个国家"质子所居，因为国号"，就被称为"至那仆底"，意思是"中国的封地"。

这个故事，玄奘在《大唐西域记》卷一的《迦毕试国》一节里，其实已经讲到了，那里讲的是"迦腻色迦王既得质子，特加礼命，寒暑改馆，冬居印度诸国，夏还迦毕试国，春、秋止健驮逻国"。质子"冬居印度"，就住在至那仆底国。

在前面卷一《迦毕试国》一节里，我们说了，质子的身份，虽然不大可能是汉族，但有汉之名，这中间其实隐含着更多的故事。在质子方面，以"汉"或"汉天子"作为名义，最主要的原因，是要借当时"汉"之威名。对当地人而言，当时也未必十分清楚东方这些国家的情况。玄奘在这里提到的"汉封"或者"至那仆底"的国名，与"质子"有关，也与"汉"有关，原因和性质，都可以做这样的理解。

但玄奘讲的，不仅是至那仆底国的国名，还有桃和梨两种果树，名字也与中国相关。桃在这里被称为"至那你"，意思是"从中国带来的"。梨则称为"至那罗阇弗呾逻"，意思是"汉王子"。两种果树就是"质子"从中国带来的。

今天研究果树种植史的学者一般都认为，桃树和梨树的原生地，的确是在中国。不管"质子所植"的故事是不是完全可靠，但桃和梨作为果树，最早从中国传入印度，在印度栽培，这一点，应该可信。提到这件事的，历史上只有玄奘。玄奘无论如何没有必要凭空臆造出这样一个故事。

其实，在印度，类似的事不仅有这一件。印度被冠以"至那"之名的物品，也不仅是桃和梨。这方面还有其他的例子，其中最早引起人注意的，是丝绸。

养蚕和制作丝绸是古代中国人很早、也很伟大的一个发明。古代中国以外的地区和国家，也很早就知道中国出产丝绸。在古罗马，丝绸几乎被看成是中国的代名词。同样的情形也发生在印度。梵语中有一个词 cīnapaṭṭa，指的就是中国来的丝绸。印度古代有一部有名的书，名叫《政事论》（*Arthaśāstra*）。《政事论》里讲到一段话："憍奢耶和产于至那国的成捆的丝（kauśeyaṃ cīnapaṭṭaś ca cīnabhumijāḥ）。"kauśeya 通常译为"憍奢耶"，玄奘在《大唐西域记》卷二《印度总述》一节中解释："憍奢耶者，野蚕丝也。"至于与"憍奢耶"并列的 cīnapaṭṭa，显然与"憍奢耶"不一样。什么地方不一样？不一样的就是后者是家蚕丝。而且，书中说得很清楚，这种家蚕丝来自中国，产于中国（cīnabhumijā）。

《政事论》成书的年代，有一些争议，但不管怎样，年代很早，却是所有人都同意的。主流的看法，认为是成书于公元前四世纪。如果这样，那就相当于中国的战国时代。这说明，古代中国的丝绸传到印度，很可能比传到古罗马还要早。"成捆的丝"这个词语还可以表明，这种丝绸，到达印度，是通过贸易而来。

梵语中因此还有一个词，cīnasicaya，指的是绸衣。

再有一个例子是钢，梵语中钢有多名，其中一个是cīnajā，不仅是钢，而且往往指好钢。cīnajā 最基本的意思是"中国产的"，它可以指多种物品，其中包括钢。古代印度为什么会把钢称作 cīnajā 呢？难道曾经输入过中国生产的钢，或者中国古代炼钢的技术曾经传到过印度吗？从这个名字看，不是没有这样的可能，至少有第一种可能。

除了桃和梨，梵语词汇中还有一个词 cīnakaṭikā，据说是一种葫芦瓜，直接的翻译是"中国瓜"。瓜的名字与中国相关，很可能最早也是从中国传入到印度，所以会有这样的名字。再有樟脑和樟树，梵语中称作cīnakarpūra，可能也与中国有关。这些名字，就像汉语中的胡萝卜、番茄、番石榴等一样，从名字上就可以知道最早不是中国本土所有的物产。

再有一种物品是铅丹，梵语词是 cīnapiṣṭa，有时是cīnavaṅga。铅丹是一种矿物，又称红铅，中国古代很早就以此入药，尤其是外科，很常用。这样的物品，名字怎么会跟中国联系在一起，它是怎样引进印度的，情况不清楚。有的学者认为，这可能与道教的炼丹有关。但道教是不是真的在印度有过影响，是一个有争议的问题。相关的证据很少，但铅丹的梵语名字中包含了 cīna 一词却是事实。

　　所有这些梵语名词，打头的一部分都是 cīna，也就是说，或多或少都与中国有些关系。

　　以上这些，是梵语中的词汇。梵语是印度的古语言，今天的印度人，使用的语言不是梵语，而是各种地区性的方言，方言中仍然保留了很多梵语词汇。印度现今使用人口最多的方言是印地语，也有孟加拉语。在印地语和孟加拉语中，也有与中国相关的词汇。最突出的例子，是 cīnī。就词源而言，cīnī 就等同于梵语的 cīna，两个词，词尾稍有不同，意思一样，都是指中国。但印地语和孟加拉语的 cīnī，还有一个常用的意思，指白糖。指中国不奇怪，但要是说指白糖，就让人奇怪了。白糖或者说白砂糖，最早的生产地就是印度。种植甘蔗，用甘蔗熬制砂糖，这项技术，是印度古代的发明。世界上其他国家制糖的技术，如果追本溯源，其实都是从印度而来。这一点，从世界上各种语言中糖的名称就可以知道。梵语中糖称作 śarkarā。从 śarkarā 这个词，有了英语的 sugar，法语的 sucre，德语的 zucker，西班牙语的 azúcar，意大利语的 zucchero，俄语的 caxap。中国古代，也知道 śarkarā，汉语翻译为"煞割令"。

　　中国在唐代以前，虽然有从甘蔗制糖的事例，但那样制成的糖，是通过曝晒，而不是熬制。中国方面知道熬制砂糖，是在唐代初年。《新唐书·西域传》"摩揭陀国"一节讲：

　　　　贞观二十一年，始遣使者自通于天子，献波罗树，树类白杨。太宗遣使取熬糖法，即诏扬州上诸蔗，拃沉如其剂，色味愈西域远甚。

这就是说，唐太宗派人到印度的摩揭陀国，专门学习熬制砂糖的技术。派去的人回到中国，用扬州出产的甘蔗，熬制出来的糖，品质比印度的还要好。中国从此有了砂糖。

这件事显然与玄奘有关。与玄奘同时代的僧人道宣在他撰写的《续高僧传》卷四的《玄奘传》中讲，"奘在印度，声畅五天，称述支那人物为盛。戒日大王并菩提寺僧，思闻此国，为日久矣，但无信使，未可依凭"。戒日大王是玄奘访印时印度最有势力的国王，也曾自称为"摩揭陀王"。玄奘见到戒日王后，"戒日及僧各遣中使赍诸经宝，远献东夏。是则天竺信命，自奘而通"。戒日王的使节到达长安，最早一次，是在贞观十五年（641），这在《新唐书》《旧唐书》以及《册府元龟》中有明确的记载。使节回国，唐太宗也随之派人出使印度，然后戒日王再次派出使节到中国，其后中印之间外交使节相互往来，不绝于路。于是也就有了道宣接下来讲的情况：

使既西返，又敕王玄策等二十余人，随往大夏，并赠绫帛千有余段，王及僧等数各有差。并就菩提寺僧召石蜜匠，乃遣匠二人、僧八人，俱到东夏。寻敕往越州，就甘蔗造之，皆得成就。

菩提寺建在释迦牟尼成道之处，这里自古以来就是佛教的圣地，正是在古代印度摩揭陀国的境内。王玄策是唐初出使印度最有名的一位使节，从太宗到高宗时代，先后数次到过印度。道宣讲的，与《新唐书》讲的，大致是一回事。不过这里说得更多。依照这一段记载，印度方面还派了专门熬糖的工匠到中国来，工匠和僧人到了越州（唐代在今浙江绍兴及周边一带），用越州的甘蔗，也熬制出了很好的砂糖。

所有这些记载都说明，中国熬糖的技术最早来自印度，这一点不需要怀疑。但是，在最早出现熬糖技术的印度，怎么反而会把糖称作 Cīnī，把糖与中国联系在一起呢？这又是一个既有趣、但并不容易回答的问题。这个问题，很早就引起了北京大学季羡林先生的注意。季先生经过长时间的研究，得出一个结论："印度的白砂糖，至少是在某一个地区和某一个时代，是从中国输入的，产品和炼制术可能都包括在内。"因此，在中世纪以后的印度，人们就用 Cīnī 这个词来称呼白砂糖。不仅如此，从讨论 Cīnī 这个词出发，季羡林先生前后花了二十多年的功夫，从古今中外大量的文献中搜寻了无数的资料，爬罗剔抉，考证分析，最后撰写成一部书，书名就称作《糖史》，其后再版，为了表达更准确，改称为《蔗糖史》。季先生的研究，从考察甘蔗的种植开始，详细地讨论了熬制砂糖的技术怎么从印度开始，又怎么传到印度以外的国家，其中包括中国，技术流传一千多年，这个过程中制糖的技术在中国和埃及怎样进一步得到提高。书中内容，涉及与糖相关的许多问题，也涉及世界上很多地区和国家。印度的白砂糖为什么会叫作 Cīnī，是问题的起点，但最后只是季先生研究成果的一部分。全书约八十万字，几乎可以说是一部完整的关于糖的文化交流史，也可以说包括半部制糖的技术史。这中间的细节很多，如果要做全面的了解，可以读季先生的书。

卷五

一、羯若鞠阇国：大树仙人与曲女城的传说

羯若鞠阇国[1]，周四千余里。国大都城西临殑伽河，其长二十余里，广四五里。城隍坚峻，台阁相望，花林池沼，光鲜澄镜。异方奇货，多聚于此。居人丰乐，家室富饶。华果具繁，稼穑时播。气序和洽，风俗淳质。容貌妍雅，服饰鲜绮。笃学游艺，谈论清远。邪正二道，信者相半。伽蓝百余所，僧徒万余人，大小二乘，兼功习学。天祠二百余所，异道数千余人。

羯若鞠阇国人长寿时[2]，其旧王城号拘苏磨补罗（唐言花宫）[3]。王号梵授[4]，福智宿资，文武允备，威慑赡部，声震邻国。具足千子，智勇弘毅。复有百女，仪貌妍雅。时有仙人[5]，居

这是特别漂亮的一座城市。

殑伽河侧，栖神入定，经数万岁，形如枯木。游禽栖集，遗尼拘律果于仙人肩上[6]，暑往寒来，垂荫合拱。多历年所，从定而起[7]，欲去其树，恐覆鸟巢，时人美其德，号大树仙人。仙人寓目河滨，游观林薮，见王诸女相从嬉戏，欲界爱起[8]，染著心生，便诣花宫[9]，欲事礼请。

王闻仙至，躬迎慰曰："大仙栖情物外，何能轻举？"仙人曰："我栖林薮，弥积岁时，出定游览，见王诸女，染爱心生，自远来请。"王闻其辞，计无所出，谓仙人曰："今还所止，请俟嘉辰。"仙人闻命，遂还林薮。王乃历问诸女，无肯应娉。王惧仙威，忧愁毁悴。其幼稚女候王事隙，从容问曰："父王千子具足，万国慕化，何故忧愁，如有所惧？"王曰："大树仙人幸顾求婚，而汝曹辈莫肯从命。仙有威力，能作灾祥，悦不遂心，必起瞋怒，毁国灭祀，辱及先王。深惟此祸，诚有所惧。"稚女谢曰："遗此深忧，我曹罪也。愿以微躯，得延国祚[10]。"王闻喜悦，命驾送归。既至仙庐，谢仙人曰："大仙俯方外之情，垂世间之顾，敢奉稚女，以供洒扫。"仙

"欲界爱起"四个字，就让仙人"染著心生"，虽经多年修行，竟然毫无抵御的能力。

人见而不悦，乃谓王曰："轻吾老叟，配此不妍。"王曰："历问诸女，无肯从命。唯此幼稚，愿充给使。"仙人怀怒，便恶咒曰："九十九女，一时腰曲，形既毁弊，毕世无婚。"王使往验，果已背伛。从是之后，便名曲女城焉。

[注释]

[1] 羯若鞠阇国：羯若鞠阇为梵语 Kanyākubja 的音译，意译"曲女"，意思是"弯曲的女子"，所以以"羯若鞠阇"的都城又称"曲女城"，即今天印度北方邦的卡瑙季（Kanauj）。Kanauj 一名即来自 Kanyākubja，也可以说是 Kanyākubja 的现代读音。　[2] 人长寿时：这里说的"长寿"，不是一般人理解的长寿，在佛教的说法中，有特别的意思。佛经中讲，世界初创的时候，人的寿命曾经"无量"，但随着时间推移，人心败坏，人的寿命也就逐渐减少，从"无量"到千年，再到数百年，再到百年，最后不过几十年。因此，这里讲的"长寿时"，意思只是说在很久很久以前，那时人的寿命，至少还有数百年。　[3] 拘苏磨补罗：梵语 Kusumapura 的音译，意译"花宫城"。　[4] 梵授：国王的名字，梵语 Brahmadatta 的意译。"梵授"一名是印度常见的一个人名。　[5] 仙人：梵语 ṛṣi。印度神话或者传说中的一类特殊的人物，一般住在森林里，开始时基本还算是凡人，但通过苦行或者其他的修行，往往获得了巨大的"法力"。他们富有知识，古老的一些经典和诗歌，往往也通过他们而传承下来。因此普通人对于仙人一般都必须表示尊敬。　[6] 尼拘律果：尼拘律梵语原文 nyagrodha，即榕树。尼拘律果就是榕树籽。榕树在印度几乎随处

可见，其中一些巨大无比。 [7]从定而起：从禅定中起来。 [8]欲界：佛教所谓三界之一，即一般人所居的世界，存在爱欲。 [9]花宫：指拘苏磨补罗城。 [10]国祚：统治国家的权力的传承。

[点评]

　　玄奘讲的故事，情节其实很简单，但颇有意思。大树仙人虽然经过多年修行，可是一旦"从定而起"，望见河边洗浴的年轻女子，便"欲界爱起，染著心生"，足见爱欲之念，即便是"仙人"，也难以彻底消除。大树仙人请求梵授王把女儿嫁给他。梵授王有一百个女儿，却都不愿意，足见大树仙人并不可爱。大树仙人威胁国王，国王无奈之际，只有小女儿站出来，表示愿意牺牲自己。但当国王带上这个女儿，亲自送到大树仙人那里时，大树仙人勃然大怒，发出恶咒，瞬间便让梵授王所有的女儿全部成为驼背。王城由此改名为"曲女城"，故事也就结束。仙人霸道，仗"法力"而欺人。故事虽然只是一个出于想象的神话，但情景生动，一定程度上也表现了世间常见的人情世态。

　　与玄奘讲这个故事的同时或稍早，印度古代的一部书，叫作《薄伽梵往事书》，书中也讲到了同样的一个故事。故事还出现在古代印度的最著名两部史诗之一的《罗摩衍那》中，只是故事的一些细节和国王以及大神的名字不一样，说明这是一个广泛流传的故事，只是在流传中依不同情景而有所变化，而且故事的大背景也与佛教无关，而与婆罗门教或者说印度教有更多的联系。

二、羯若鞠阇国：戒日王

今王本吠奢种也[1]，字曷利沙伐弹那（唐言喜增）[2]。君临有土，二世三王。父字波罗羯罗伐弹那（唐言光增）[3]，兄字曷逻阇伐弹那（唐言王增）[4]。王增以长嗣位，以德治政。时东印度羯罗拏苏伐剌那国（唐言金耳）设赏迦王（唐言月）[5]，每谓臣曰："邻有贤主，国之祸也。"于是诱请，会而害之。人既失君，国亦荒乱。时大臣婆尼（唐言辩了）[6]，职望隆重，谓僚庶曰："国之大计，定于今日。先王之子，亡君之弟，仁慈天性，孝敬因心，亲贤允属，欲以袭位。于事何如？各言尔志。"众咸仰德，尝无异谋。

于是辅臣执事咸劝进曰："王子垂听，先王积功累德，光有国祚。嗣及王增，谓终寿考；辅佐无良，弃身仇手，为国大耻，下臣罪也。物议时谣，允归明德。光临土宇，克复亲仇，雪国之耻，光父之业，功孰大焉？幸无辞矣！"王子曰："国嗣之重，今古为难，君人之位，兴立宜审。我诚寡德，父兄遐弃，推袭大位，其能济乎？物

玄奘是佛教徒，推崇大乘，特别崇拜观自在即观音菩萨。这里不例外。

议为宜，敢忘虚薄？今者殑伽河岸，有观自在菩萨像[7]，既多灵鉴，愿往请辞。"

即至菩萨像前，断食祈请。菩萨感其诚心，现形问曰："尔何所求，若此勤恳？"王子曰："我惟积祸，慈父云亡；重兹酷罚，仁兄见害。自顾寡德，国人推尊，令袭大位，光父之业。愚昧无知，敢希圣旨！"菩萨告曰："汝于先身，在此林中为练若苾刍，而精勤不懈。承兹福力，为此王子。金耳国王既毁佛法，尔绍王位，宜重兴隆，慈悲为志，伤悯居怀，不久当王五印度境。欲延国祚，当从我诲，冥加景福，邻无强敌。勿升师子之座，勿称大王之号。"

玄奘对戒日王称赞不已。玄奘在印度，交往最多、最密切的，就是戒日王。

于是受教而退，即袭王位，自称曰王子，号尸罗阿迭多（唐言戒日）[8]。于是命诸臣曰："兄仇未报，邻国不宾，终无右手进食之期。凡尔庶僚，同心勠力。"遂总率国兵，讲习战士，象军五千，马军二万，步军五万，自西徂东，征伐不臣。象不解鞍，人不释甲，于六年中，臣五印度。既广其地，更增甲兵，象军六万，马军十万。垂三十年，兵戈不起，政教和平，务修节俭，营福树善，忘寝与食。令五印度不得噉肉，若断生命，有诛无赦。于殑伽河侧建立数千窣堵波，各高百余尺。于五印度城邑、乡聚、达巷、交衢，建立精庐，储饮食，止医药，施诸羁贫，周给不殆。圣迹之所，并建伽蓝。五岁一设无遮大会[9]，倾竭府库，惠施群有。唯留兵器，不充檀舍。岁一集会诸国沙门，于三七日中，以四事供养，庄严法座，广饰义筵，令相推论，校其优劣，褒贬淑慝[10]，黜陟幽明。若戒行贞固，道德淳邃，推升师子之座[11]，王亲受法。戒虽清净，学无稽古，但加敬礼，示有尊崇。律仪无纪，秽德已彰，驱出国境，不愿闻见。邻国小王，辅佐大臣，殖福无殆，求善忘劳，即携手同座，谓之善友；其异于此，面不对辞，事有闻议，通使往复。而巡方省俗，不常其居，随所至止，结庐而舍。唯雨三月，多雨不行。每于行宫日修珍馔，饭诸异学，僧众一千，婆罗门五百。每以一日分作三时，一时理务治政，二时营福修善，孜孜不倦，竭日不足矣。

[注释]

[1]吠奢种：四种姓的吠奢种姓。见前卷二《印度总述》一节中注。　[2]曷利沙伐弹那：梵语 Harṣavardhana 的音译，意译"喜增"。此即印度古代著名的国王戒日王。公元606至647年在位。　[3]波罗羯罗伐弹那：梵语 Prabhākaravardhana 的音译，意译"光增"，曷利沙伐弹那的父亲。　[4]曷逻阇伐弹那：梵语 Rājyavardhana 的音译，意译"王增"，曷利沙伐弹那的哥哥。曷利沙伐弹那继承的是曷逻阇伐弹那王位。他们父兄，原本是统治中印度萨他泥湿伐罗国的普西亚布蒂王朝（Puṣyabhūti Dynasty）家族，曷利沙伐弹那作了国王后，地域扩大，周边的一些国家包括羯若鞠阇国被并吞了进来，就把原来的羯若鞠阇国的曲女城作为新的国家的首都。　[5]羯罗拏苏伐剌那国：在东印度，玄奘《大唐西域记》卷十有专门一节记载。羯罗拏苏伐剌那，梵语 Karnasuvarṇa 的音译，意译"金耳"。设赏迦王：羯罗拏苏伐剌那国的国王。设赏迦，梵语 Śaśāṅka 的音译，意译"月"。　[6]婆尼：关于此名的还原有不同的意见。理由相对比较充分的是认为梵语的原文应该是 Bhaṇḍi，意译"辩了"。《大慈恩寺三藏法师传》翻译为"明了"。　[7]观自在菩萨：即观音菩萨。见前卷一《迦毕试国》一节中注。　[8]尸罗阿迭多：梵语 Śilāditya 的音译，意译"戒日"或"戒日王"，即曷利沙伐弹那王。玄奘出于尊敬，在《大唐西域记》里大多数地方以此称呼戒日王。　[9]无遮大会：见前卷一《屈支国》一节中注。　[10]慝（tè）：意为隐藏，把心隐藏起来。此指表面尚好，心存邪念之人。　[11]师子之座：印度古代，认为国王英勇如狮，其所坐之座椅也就被称作"师子座"。师，与"狮"字通。

［点评］

玄奘此处讲的有关喜增王即戒日王以及他的父亲和哥哥的故事，在细节上虽然有些与印度方面的记载接近，但也有一部分与印度方面的记载不一样。概括地讲，公元六世纪后期到七世纪初，曾经在北印度盛极一时的笈多王朝衰落，各个小国互相争斗，北印度在政治上呈现一种混乱的状态。戒日王的家族，实际上最早来自中印度的萨他泥湿伐罗国，他的父亲和哥哥，此前是萨他泥湿伐罗国的国王，传承的是普西亚布蒂王朝（Puṣyabhūti Dynasty）的王统。戒日王继承王位后，通过征战和计谋，大大地扩大了自己的领地，其中包括羯若鞠阇国，同时还成为这个时期北印度、西北印度和东印度部分地区的各个小国的霸主或者说"共主"。只是这里说的戒日王"臣五印度"，则只能看作是一种夸张的说法。戒日王把羯若鞠阇国的都城曲女城作为自己的新的大帝国的首都，因此玄奘在这里也把戒日王称作羯若鞠阇国的国王。玄奘此处所描述的，大体就是这件事。

三、羯若鞠阇国：曲女城大会

初，受拘摩罗王请[1]，自摩揭陀国往迦摩缕波国[2]。时戒日王巡方在羯朱嗢祇罗国[3]，命拘摩罗王曰："宜与那烂陀远客沙门速来赴会[4]。"

于是遂与拘摩罗王往会见焉。戒日王劳苦已[5]，曰："自何国来，将何所欲？"对曰："从大唐国来，请求佛法。"王曰："大唐国在何方？经途所亘，去斯远近？"对曰："当此东北数万余里，印度所谓摩诃至那国是也[6]。"王曰："尝闻摩诃至那国有秦王天子[7]，少而灵鉴，长而神武。昔先代丧乱，率土分崩，兵戈竞起，群生荼毒，而秦王天子早怀远略，兴大慈悲，拯济含识，平定海内，风教遐被，德泽远洽，殊方异域，慕化称臣。民庶荷其亭育，咸歌《秦王破阵乐》[8]。闻其雅颂，于兹久矣。盛德之誉，诚有之乎？大唐国者，岂此是耶？"对曰："然。至那者，前王之国号；大唐者，我君之国称。昔未袭位，谓之秦王；今已承统，称曰天子。前代运终，群生无主，兵戈乱起，残害生灵。秦王天纵含弘，心发慈悯，威风鼓扇，群凶殄灭，八方静谧，万国朝贡。爱育四生，敬崇三宝，薄赋敛，省刑罚，而国用有余，氓俗无宄，风猷大化，难以备举。"戒日王曰："盛哉！彼土群生，福感圣主。"

[注释]

[1]拘摩罗王：东印度迦摩缕波国的国王。《大唐西域记》卷
十有《迦摩缕波国》一节，其中也提到鸠摩罗王邀请玄奘访问迦
摩缕波国一事。拘摩罗，又译鸠摩罗，梵语 Kumāra 的音译，意
译"童子"。　[2]迦摩缕波国：在东印度，参见《大唐西域记》
卷十中的记载。迦摩缕波，梵语 Kāmrūpa 的音译。　[3]羯朱嗢
祇罗国：在中印度，玄奘《大唐西域记》卷十有一节专门的记载。
羯朱嗢祇罗，梵语 kajangala。　[4]那烂陀远客沙门：指玄奘本人。
那烂陀是玄奘留学的寺庙，也是当时印度最大的佛教寺庙和佛教
教育中心，地点在中印度摩揭陀国。见后面卷八《摩揭陀国》一
节。　[5]劳苦：问候辛苦。　[6]摩诃至那：梵语 Mahācīna 的音译，
意译"伟大的中国"。　[7]秦王天子：指唐太宗李世民。李世民
未作皇帝之前，封为秦王。　[8]《秦王破阵乐》：又名《秦王破
阵舞》或《七德舞》，据说是唐代著名的歌舞大曲，最初为军歌，
唐武德三年（620），李世民率军打败刘武周，大获胜利，将士们
遂以旧曲填入新词，称赞李世民："受律辞元首，相将讨叛臣。咸
歌《破阵乐》，共赏太平人。"

[点评]

这里讲的玄奘与戒日王初次相见的情形，在玄奘弟
子慧立与彦悰为玄奘写的传记《大慈恩寺三藏法师传》
卷五中，有更详细的描述。

玄奘在摩揭陀国的那烂陀寺，正要打算回国，这个
时候，东印度迦摩缕波国拘摩罗王写信给那烂陀寺的主
持戒贤法师，希望邀请玄奘到迦摩缕波国一见。戒贤有
些犹豫，但拘摩罗王坚持，戒贤也就只好同意。于是玄

奘从摩揭陀国到了迦摩缕波国。拘摩罗王对玄奘非常热情，"王见甚喜，率群臣迎拜赞叹。延入宫，日陈音乐，饮食华香，尽诸供养，请受斋戒。如是经月余"。

也是在这个时候，北印度的霸主戒日王刚结束了讨伐一个叫做"恭御陀"的国家，停留在羯朱嗢祇罗国。戒日王听说玄奘在鸠摩罗王那里，很惊奇，说："我先频请不来，今何因在彼？"于是立即派使人告诉鸠摩罗王："急送支那僧来！"可是鸠摩罗王敬重法师，爱恋无已，不能舍离，就对使人说："我头可得，法师未可即来。"使人回去报告，戒日王大怒，说道："鸠摩罗王轻我也，如何为一僧发是粗语！"再派出使人告诉鸠摩罗王："汝言头可得者，即宜付使将来！"

鸠摩罗王这时明白，话说过了头，心里害怕起来，于是带领自己的军队，也带上玄奘，沿恒河溯流而上，到达了戒日王在羯朱嗢祇罗国驻扎的地方。鸠摩罗王的"行宫"，设在恒河的北岸，戒日王的"行宫"，则在恒河的南岸。到达的当天，鸠摩罗王安顿好玄奘后，就到南岸参见戒日王。戒日王问："那位中国僧人在哪里？"鸠摩罗王回答："就在我的行宫。"戒日王又问："为什么不带来呢？"鸠摩罗王回答："大王钦贤爱道，岂可遣师就此参王？"戒日王说："善。且去，某明日自来。"

鸠摩罗王回到自己的行宫，对玄奘说："王虽言明日来，恐今夜即至，仍须候待。若来，师不须动。"玄奘说："我懂佛法，这有道理。"夜里一更稍过，戒日王果然来了。戒日王到后，先是依照印度的规矩，"顶礼法师足，散华瞻仰，以无量颂赞叹讫"。对玄奘说："弟子先时请师，何为不来？"玄奘回答："玄奘远寻佛法，为闻《瑜伽师地论》。当奉命时，听论未了，以是不遂参王。"很好、很得体地做了答复。于是就有这里对话的一段情节，其中最主要的是，当玄奘说他从"大唐国"来，"大唐国"就是印度所说的"摩诃至那国"，戒日王又说，"摩诃至那"有一位"秦王天子"，还有一种乐舞，叫作《秦王破阵乐》。玄奘解释，"至那"是以前的国王的国号，现在改朝换代了，称作"大唐"，新的国君没做国君前，称作"秦王"，现在做了国君，则称作"天子"。

　　对《大唐西域记》和《大慈恩寺三藏法师传》中的这段记载，有人提出过疑问：这是不是真有其事？怀疑者认为，戒日王不可能知道有关中国的这些情况，尤其不可能知道《秦王破阵乐》这样的中国乐舞，这只是玄奘为了讨好唐太宗而杜撰出来的故事。但如果仔细想一想，中印之间，在玄奘之前，印度对中国，不会完全不了解，戒日王知道一些中国的情况，也不是不可能。《大唐西域记》和《大慈恩寺三藏法师传》对两人这次会见的描述，其中在表达上或许有几分夸张和渲染，但基本的情节应该说还是可信的。叙述中有这样的夸张，在玄奘那个时代其实并不少见。

　　　时戒日王将还曲女城设法会也，从数十万众，在殑伽河南岸[1]。拘摩罗王从数万之众，居北岸。分河中流，水陆并进。二王导引，四兵严

戒日王邀请的，不仅有佛教的"沙门"，也有婆罗门，说明戒日王对各种宗教，其实持开放的态度。印度历史上，大多数国王都是如此。

卫，或泛舟，或乘象，击鼓鸣螺，拊弦奏管。经九十日，至曲女城，在殑伽河西大花林中。是时诸国二十余王，先奉告命，各与其国髦俊沙门及婆罗门、群官、兵士，来集大会。王先于河西建大伽蓝；伽蓝东起宝台，高百余尺，中有金佛像，量等王身；台南起宝坛，为浴佛像之处。从此东北十四五里，别筑行宫。

是时仲春月也，从初一日，以珍味馔诸沙门、婆罗门，至二十一日。自行宫属伽蓝，夹道为阁，穷诸莹饰，乐人不移，雅声递奏。王于行宫出一金像，虚中隐起，高余三尺，载以大象，张以宝幰[2]。戒日王为帝释之服，执宝盖以左侍，拘摩罗王作梵王之仪，执白拂而右侍。各五百象军，被铠周卫，佛像前后各百大象，乐人以乘，鼓奏音乐。戒日王以真珠杂宝及金银诸花，随步四散，供养三宝。先就宝坛，香水浴像，王躬负荷，送上西台，以诸珍宝、憍奢耶衣数十百千[3]，而为供养。是时唯有沙门二十余人预从，诸国王为侍卫。馔食已讫，集诸异学，商榷微言，抑扬至理。日将曛暮，回驾行宫。

如是日送金像，导从如初，以至散日。其大台忽然火起，伽蓝门楼烟焰方炽。王曰："罄舍国珍，奉为先王，建此伽蓝，式昭胜业，寡德无祐，有斯灾异，咎征若此，何用生为！"乃焚香礼请而自誓曰："幸以宿善，王诸印度，愿我福力，禳灭火灾，若无所感，从此丧命！"寻即奋身，跳履门阃，若有扑灭，火尽烟消。诸王睹异，重增祗惧。已而颜色不动，辞语如故，问诸王曰："忽此灾变，焚烬成功，心之所怀，意将何谓？"诸王俯伏悲泣，对曰："成功胜迹，冀传来叶，一旦灰烬，何可为怀？况诸外道，快心相贺！"王曰："以此观之，如来所说诚也。外道异学，守执常见，唯我大师，无常是诲。然我檀舍已周，心愿谐遂，属斯变灭，重知如来诚谛之说，斯为大善，无可深悲。"

于是从诸王东上大窣堵波，登临观览。方下阶陛，忽有异人持刃逆王，王时窘迫，却行进级，俯执此人，以付群官。是时群官惶遽，不知进救。诸王咸请诛戮此人，戒日王殊无忿色，止令不杀。王亲问曰："我何负汝，为此暴恶？"对曰："大

大法会中有人想行刺戒日王，这个情节有点让人诧异。

王德泽无私，中外荷负。然我狂愚，不谋大计，受诸外道一言之感，辄为刺客，首图逆害。"王曰："外道何故兴此恶心？"对曰："大王集诸国，倾府库，供养沙门，镕铸佛像，而诸外道自远召集，不蒙省问，心诚愧耻。乃令狂愚，敢行凶诈。"

于是究问外道徒属。有五百婆罗门，并诸高才，应命召集，嫉诸沙门蒙王礼重，乃射火箭，焚烧宝台，冀因救火，众人溃乱，欲以此时杀害大王，既无缘隙，遂雇此人趋隘行刺。是时诸王大臣请诛外道，王乃罚其首恶，余党不罪，迁五百婆罗门出印度之境。于是乃还都也。

行刺者据说是"外道"，戒日王很宽容，原谅了行刺者。

［注释］

[1] 殑伽河：恒河。见前卷一《序论》中注。　[2] 宝幰(xiǎn)：装饰宝物的帷幔。　[3] 憍奢耶衣：《大唐西域记》卷二《印度总述》一节："憍奢耶者，野蚕丝也。"憍奢耶，梵语 kauśeya 的音译。

［点评］

玄奘在这里讲的，主要是戒日王在曲女城举行大会中发生的部分事件，但省略了与他自己有关的一些细节。玄奘在曲女城大会的经历，对于了解玄奘，实际上也很重要，那是玄奘一生中很重要的一段。

依照《大慈恩寺三藏法师传》卷五的记载，戒日王在初次见到玄奘后，第二天又再次见面。这一次戒日王问到玄奘在那烂陀写成的论文《制恶见论》。玄奘当即出示给戒日王。戒日王读过后，大为赞叹，说："师论大好，弟子及此诸师普皆信伏，但恐余小乘外道尚守愚迷，望于曲女城为师作一会，命五印度沙门、婆罗门、外道等，示大乘微妙之理，绝其毁谤之心，显师盛德之高，摧其我慢之意。"随即通告"诸国及义解之徒，集曲女城，观支那国法师之论焉"。

于是玄奘就与戒日王、拘摩罗王自冬初继续逆恒河行进，腊月到达会场。这时五印度中已经有十八位国王、大小乘佛教僧三千余人，还有婆罗门教及耆那教徒二千余人都到了。从那烂陀寺也来了一千多僧人。"是等诸贤并博蕴文义，富赡辩才，思听法音，皆来会所。兼有侍从，或象或舆，或幢或幡，各自围绕，峨峨炭炭，若云兴雾涌，充塞数十里间。"

戒日王事先下令在会场修建了两座"草殿"，至此刚好建成。"其殿峻广，各堪坐千余人。"戒日王的行宫在会场西五里。每天在宫中铸金像一躯，装饰一头大象，上施宝帐，中间安置佛像。戒日王扮作帝释天的形象，手执白拂，站在右边。拘摩罗王扮作梵王的形象，执宝盖，站在左边。两人都戴天冠花鬘，垂璎佩玉。同时还装饰两头大象，上载宝花，跟随在佛像后面，随行随散。玄奘及其他一些法师也各自乘坐象，跟随在戒日王后面。还有三百头大象，其他的国王、大臣、大德乘坐其上，排列在道路两侧，称赞而行。

这样，大家早上开始准备，从戒日王的行宫行到会所，到至院门，各自从大象下来，捧着佛像，进入大殿，把佛像放置在宝座之上。戒日王与玄奘先后供养。然后是十八位国王，然后是各国僧人中名声最高的僧人，然后是有名声的婆罗门、外道五百余人，然后是各国大臣二百余人，大家依此而入。戒日王又设饮食。食后作布施，以各种金器供养佛，对法师及各种僧人也都有各自不同的布施。

布施结束，另外安置宝床，请玄奘坐上去，请玄奘担任"论主"。同时由那烂陀寺的一位名叫明贤的法师当众宣读玄奘的论文。再另外书写一份，悬挂在会场门外，同时声称，如果有人认为有错误，而且能够驳斥成功，那就"断首相谢"。据说，从早到晚，也没有人提出反对的意见。这样的结果，让戒日王十分高兴。

第二天，同样的日程，迎接佛像，宣读论文，再次举行。十八天过去，没有人提出异论。最后结束的一天的傍晚，玄奘再次"称扬大乘，赞佛功德"，很多人都认可了玄奘的说法，接受了大乘佛教。戒日王对玄奘更加尊重，布施给玄奘金钱一万、银钱三万、上氎衣一百领。十八位国王也分别布施珍宝。但玄奘都一一谢绝，没有接受。

这时戒日王还命令侍臣准备好大象，大象背上安置伞幢，请玄奘乘坐，"贵臣陪卫，巡众告唱，表立义无屈"。据说依照印度的规矩，大会上立论，得胜者都是这样。玄奘推辞。戒日王说："古来法尔，事不可违。"于是令人举着玄奘穿的袈裟，一边游行，一边高声宣示："支那国法师立大乘义，破诸异见，自十八日来无敢论者，普宜知之。"大家欢喜踊跃，争着为玄奘法师树立美名。佛教大乘的僧人给玄奘加的美名是"大乘天"。小乘的僧人给玄奘加的美名是"解脱天"。最后大家才"烧香散华，礼敬而去，自是德音弥远矣"。

"天"在梵语中本来的意思是"神"，用来称呼人，表示极其尊敬和崇仰。玄奘在印度的名声，至此到达顶点。

这次大会，在曲女城举行，因此称作曲女城大会。"曲女城"这个名字，于是更多地跟玄奘联系在了一起。

玄奘留学印度前后十年，留学的地方在那烂陀，但名声却不限于那烂陀。他在印度，对他最为欣赏，与他交往最多，同时支持也最大的，就是戒日王。

戒日王见到玄奘，是在唐贞观十五年（641）。就在这一年，戒日王派使者出使中国，国书中自称为摩揭陀国国王，应该是因为戒日王当时统治的地域，也包括中印度的摩揭陀国。中国的《旧唐书》和《新唐书》，都记载了这件事，同时又把戒日王称作"中印度王"。戒日王的使节到达长安后，唐太宗立即也派出使节回访戒日王，其后中印之间的外交使节频繁往来，不绝于路，中印的友好关系，一时达到一个高潮。这样的情形，一直持续到唐高宗时期。

戒日王能够派出使节出使中国，当时有关中国的最新的知识，很可能就是玄奘告诉戒日王的。中印之间在这个时候建立了直接的外交关系，对此玄奘显然有重要的贡献。

　　玄奘的《大唐西域记》卷五的《羯若鞠阇国》一节，告诉了我们一个有关羯若鞠阇国的有趣的传说。我们由此知道了曲女城。而与曲女城有很多关系的戒日王，则不仅是古代印度最著名的国王之一，在中印文化交流的历史上，他显然也有着重要的地位。

卷六

一、劫比罗伐窣堵国: 释迦牟尼佛
诞生处的传说

劫比罗伐窣堵国[1], 周四千余里。空城十数, 荒芜已甚。王城颓圮, 周量不详。其内宫城周十四五里, 垒砖而成, 基迹峻固。空荒久远, 人里稀旷。无大君长, 城各立主。土地良沃, 稼穑时播。气序无愆, 风俗和畅。伽蓝故基千有余所, 而宫城之侧有一伽蓝, 僧徒三十余人, 习学小乘正量部教[2]。天祠两所, 异道杂居。

宫城内有故基, 净饭王正殿也[3]。上建精舍, 中作王像。其侧不远有故基, 摩诃摩耶(唐言大术)夫人寝殿也[4]。上建精舍, 中作夫人之像。其侧精舍, 是释迦菩萨降神母胎处, 中

释迦牟尼诞生时, 有种种异兆。这里只是其中几种。

作菩萨降神之像。上座部菩萨以嗢呾罗頞沙荼月三十日夜降神母胎[5]，当此五月十五日；诸部则以此月二十三日夜降神母胎[6]，当此五月八日。菩萨降神东北有窣堵波，阿私多仙相太子处[7]。菩萨诞灵之日，嘉祥辐凑。时净饭王召诸相师而告之曰："此子生也，善恶何若？宜悉乃心，明言以对。"曰："依先圣之记，考吉祥之应，在家作转轮圣王，舍家当成等正觉。"是时阿私多仙自远而至，叩门请见。王甚庆悦，躬迎礼敬，请就宝座，曰："不意大仙今日降顾。"仙曰："我在天宫，安居宴坐，忽见诸天群从蹈舞，我时问言：何悦豫之甚也？曰：大仙当知，赡部洲中释种净饭王第一夫人，今产太子，当证三菩提，圆明一切智。我闻是语，故来瞻仰。所悲朽耄，不遭圣化。"

城南门有窣堵波，是太子与诸释角力掷象之处[8]。太子伎艺多能，独拔伦匹。净饭大王怀庆将返，仆夫驭象，方欲出城。提婆达多素负强力[9]，自外而入，问驭者曰："严驾此象[10]，其谁欲乘？"曰："太子将还，故往奉驭。"提婆达

这个故事称为"四门出游"。据说这就是年轻的释迦牟尼决心出家的最初的原因。

多发愤引象，批其颡，蹴其臆，僵仆塞路，杜绝行途，无能转移，人众填塞。难陀后至而问之曰："谁死此象？"曰："提婆达多。"即曳之避路。太子至，又问曰："谁为不善，害此象耶？"曰："提婆达多害以杜门，难陀引之开径。"太子乃举象高掷，越度城堑，其象堕地，为大深坑，土俗相传为象堕坑也。其侧精舍中作太子像。其侧又有精舍，太子妃寝宫也，中作耶输陀罗[11]，并有罗怙罗像[12]。宫侧精舍作受业之像，太子学堂故基也。

城东南隅有一精舍，中作太子乘白马凌虚之像，是逾城处也。城四门外各有精舍，中作老、病、死人、沙门之像。是太子游观，睹相增怀，深厌尘俗，于此感悟，命仆回驾。

城南行五十余里，至故城，有窣堵波，是贤劫中人寿六万岁时迦罗迦村驮佛本生城也[13]。城南不远有窣堵波，成正觉已见父之处。城东南窣堵波，有彼如来遗身舍利。前建石柱，高三十余尺，上刻师子之像，傍记寂灭之事，无忧王建焉。

迦罗迦村驮佛城东北行三十余里，至故大城，中有窣堵波，是贤劫中人寿四万岁时，迦诺迦牟尼佛本生城也[14]。东北不远有窣堵波，成正觉已度父之处。次北窣堵波，有彼如来遗身舍利。前建石柱[15]，高二十余尺，上刻师子之像，傍记寂灭之事，无忧王建也。

城东北四十余里，有窣堵波，是太子坐树阴，观耕田，于此习定而得离欲。净饭王见太子坐树阴入寂定，日光回照，树影不移，心知灵圣，更深珍敬。

[注释]

[1] 劫比罗伐窣堵国：古代汉译更多地译为"迦毗罗卫"。古代释迦族的国家，释迦牟尼就诞生在劫比罗伐窣堵国。地域大致在今天印度北方邦北部与尼泊尔西北部。都城的位置一般认为在今印度北方邦巴斯底县（Basti）的比普拉瓦（Piprāwā）。此处 20 世纪 70 年代出土有刻有劫比罗伐窣堵一名的封泥和陶罐。劫比罗伐窣堵，梵语 Kapilavastu 的音译。　[2] 小乘正量部教：意即劫比罗伐窣堵国的佛经正量部信仰的是小乘佛教的理论。小乘正量部，佛教的一个部派。　[3] 净饭王：释迦牟尼的父亲，也是劫比罗伐窣堵国的国王。净饭，Śuddhodana 的意译。　[4] 摩诃摩耶：梵语 Mahāmāya 的音译，通常还意译为"大幻"，玄奘此处意译为"大术"，意思都一样。释迦牟尼母亲的名字，劫比罗伐

窣堵国净饭王的妻子。佛经中往往称为"摩耶夫人"。　[5]"上座部菩萨以嗢呾罗频沙荼月三十日夜降神母胎"二句：玄奘解释，频沙荼月在印度是"夏三月"的第一个月，相当于中国的四月十六至五月十五日。因此嗢呾罗频沙荼月的三十日相当于中国的五月十五日。上座部，佛教最主要的部派之一。今天斯里兰卡和东南亚的佛教就属于这一部派。嗢呾罗频沙荼，梵语 Uttarāṣadha 的音译，印度月份的名字，即玄奘在《大唐西域记》卷二《印度总述》一节中讲到的频沙荼月。　[6]诸部则以此月二十三日夜降神母胎：诸部指佛教的各个部派，佛教历史上曾经分为多个部派。各个部派在教义上有所不同，对释迦牟尼的诞生日期，包括年代、月、日的说法都不一样。玄奘这里说的还只是释迦菩萨降神母胎的时间，不同部派有关诞生的日期的不同说法后面将会谈到。　[7]阿私多仙：意即阿私多的身份是一位仙人。仙人在印度是指专门修行，已经获得成就，有一定"法力"的修行者。阿私多，梵语 Asita 的音译。　[8]诸释：指释迦族的族人和子弟们。　[9]提婆达多：梵语 Devadatta 的音译，意译"天授"。释迦牟尼的堂弟，起初追随释迦牟尼出家，后来反对释迦牟尼，分裂僧团，成为释迦牟尼的敌人。佛教的故事中大多把他描绘得很邪恶。　[10]严驾：驾上大象。　[11]耶输陀罗：梵语 Yaśodharā 的音译，释迦牟尼出家之前的妻子。　[12]罗怙罗：梵语 Rāhula 的音译。释迦牟尼出家前生的儿子，长大后也跟随释迦牟尼出家，成为释迦牟尼的弟子。　[13]贤劫：见前卷二《那揭罗曷国》一节中注。迦罗迦村驮佛：佛教的说法，在释迦牟尼佛之前，还有七位佛，迦罗迦村驮佛是其中之一。迦罗迦村驮，梵语 Krakucchanda 的音译。本生城：出生的城市。　[14]迦诺迦牟尼佛：佛教所谓的过去七佛之一。迦诺迦牟尼，Kanakamuni 的音译。　[15]"前建石柱"以下五句：1895 年，在蓝毗尼西北 13 英里的一处地方发现一根已经断裂的石柱，石柱上刻有阿育王的铭文，其中提到迦诺迦牟尼佛的名字，应该就是玄奘在这里讲到的石柱。石柱柱头不存，因此玄奘所说的"师子之像"也就见不到了。

［点评］

劫比罗伐窣堵是释迦牟尼的本生之地，玄奘有关劫比罗伐窣堵国的介绍，基本都是在讲释迦牟尼诞生以及青年时代的故事。这些故事，在很多佛经中也能见到，例如释迦牟尼诞生时的异兆、"四门出游"、释迦牟尼作太子时堂兄弟提婆达多与之争强等事。这些故事，大多是佛教发展起来后，释迦牟尼作为教主，个人形象逐渐被神化的过程中出现的。当然，对于佛教和佛教徒而言，这些故事具有特别的意义。通过这些故事，佛教徒大大增加了对释迦牟尼的崇拜。世界上所有的宗教都是如此，这不奇怪。但玄奘在这里讲到的他在劫比罗伐窣堵国看到的有关释迦牟尼的遗迹，例如藏有如来遗身舍利的塔和刻有铭文的石柱，这样的记载无论在印度还是中国，都是唯一的。近代考古在当地发现的石柱可以对应，证明玄奘所说并非臆造，玄奘记载的意义因此就不仅限于佛教以及佛教的崇拜了。

二、劫比罗伐窣堵国：释种诛死处的传说

大城西北有数百千窣堵波，释种诛死处

也。毗卢释迦王既克诸释[1]，虏其族类，得九千九百九十万人[2]，并从杀戮，积尸如莽，流血成池。天警人心，收骸瘗葬[3]。

诛释西南有四小窣堵波，四释种拒军处。初，胜军王嗣位也[4]，求婚释种。释种鄙其非类，谬以家人之女，重礼娉焉。胜军王立为正后，其产子男，是为毗卢释迦王。毗卢释迦欲就舅氏请益受业，至此城南，见新讲堂，即中憩驾。诸释闻之，逐而詈曰："卑贱婢子，敢居此室！此室诸释建也，拟佛居焉。"毗卢释迦嗣位之后，追复先辱，便兴甲兵，至此屯军。释种四人躬耕畎亩，便即抗拒，兵寇退散，已而入城。族人以为承轮王之祚胤，为法王之宗子，敢行凶暴，安忍杀害，污辱宗门，绝亲远放。四人被逐，北趣雪山，一为乌仗那国王[5]，一为梵衍那国王[6]，一为呬摩呾罗国王[7]，一为商弥国王[8]，奕世传业，苗裔不绝。

[注释]

[1]毗卢释迦王：中印度㤭萨罗国，即《大唐西域记》卷六记载的室罗伐悉底国的国王。佛经里讲，他是室罗伐悉底国

胜军王的儿子。胜军王向释迦族求婚，释迦族把一位婢女说成是有身份的女子嫁给他。女子成为王妃后生下儿子即后来的毗卢释迦王。毗卢释迦作王子时曾经回到劫比罗伐窣堵国探亲，因为母亲出身低贱被释迦族的人看不起，生出怨恨。他做了国王后决心报复，杀死了几乎所有的释迦族的族人。以下玄奘讲述的就是这个故事。毗卢释迦，梵语 Viruḍhaka 的音译，玄奘之前也音译为"毗琉璃"。　[2] 九千九百九十万人：这当然是夸张。印度人自古以来好夸张，印度的传说故事尤甚。　[3] 瘗（yì）葬：埋葬。　[4] 胜军王：中印度侨萨罗国，即室罗伐悉底国的国王，毗卢释迦王的父亲。他与释迦牟尼同时，是释迦牟尼最积极的支持者。胜军，梵语 Prasenajit 的意译，玄奘之前的佛经大多译为"波斯匿王"。　[5] 乌仗那国：古印度西北的国家，《大唐西域记》卷三有专门一节记载。　[6] 梵衍那国：地在今阿富汗，《大唐西域记》卷一有专门一节记载。　[7] 呬摩呾罗国：地在今阿富汗，《大唐西域记》卷十二有专门一节记载。　[8] 商弥国：地在今阿富汗，《大唐西域记》卷十二有专门一节记载。

［点评］

依照这个故事，释迦族几乎被灭族。不过释迦族中有四位族人，被逐出劫比罗伐窣堵国后，到了西北印度和今天的阿富汗境内，分别成为四个国家的国王。故事的真实性有多少很难说，但故事也许从某一个角度体现了一个事实，佛教后来传到了这一地区，因此生出了这样的故事。

三、劫比罗伐窣堵国：释迦牟尼 归见父王处

城南三四里尼拘律树林[1]，有窣堵波，无忧王建也[2]，释迦如来成正觉已还国见父王为说法处。净饭王知如来降魔军已，游行化导，情怀渴仰，思得礼敬。乃命使请如来曰："昔期成佛，当还本生。斯言在耳，时来降趾。"使至佛所，具宣王意。如来告曰："却后七日，当还本生。"

使臣还以白王，净饭王乃告命臣庶洒扫衢路，储积花香，与诸群臣四十里外仁驾奉迎。是时如来与大众俱，八金刚周卫，四天王前导，帝释与欲界天侍左，梵王与色界天侍右，诸苾刍僧列在其后。维佛在众，如月映星，威神动三界，光明逾七曜，步虚空，至本生国。王与从臣礼敬已毕，俱共还国，止尼拘卢陀僧伽蓝[3]。其侧不远有窣堵波，是如来于大树下东面而坐受姨母金缕袈裟。次此窣堵波，是如来于此度八王子及五百释种处。

城东门内路左，有窣堵波，昔一切义成太子于此习诸技艺[4]。门外有自在天祠，祠中石天像，危然起势，是太子在襁褓中所入祠也。净饭王自腊伐尼园迎太子还也[5]，途次天祠。王曰："此天祠多灵鉴，诸释童稚求祐必效，宜将太子至彼修敬。"是时傅母抱而入祠，其石天像起迎太子。太子已出，天像复坐。

城南门外路左，有窣堵波，是太子与诸释角艺，射铁鼓。从此东南三十余里，有小窣堵波，其侧有泉，泉流澄镜，是太子与诸释引强校能，弦矢既分，穿鼓过表，至池没羽，因涌清流，时俗相传，谓之箭泉。夫有疾病，饮沐多愈。远方之人，持泥以归，随其所苦，渍以涂额，灵神冥卫，多蒙痊愈。

这里的"天祠"，指婆罗门教的神庙。"天像"指婆罗门教的神像。婆罗门教的神像见到释迦太子，起身迎接。说明佛教高于婆罗门教。

[注释]

[1]尼拘律树：见前卷五《羯若鞠阇国》一节中注。　[2]无忧王：即阿育王，见前卷二《那揭罗曷国》一节中注。　[3]尼拘卢陀：与"尼拘律"同，榕树的梵语名。僧伽蓝：寺庙。　[4]一切义成：梵语 Sarvārthasiddha 的意译，意思是"一切目的都实现者"。这是释迦牟尼在家时的名字，所以玄奘在这里用"一切义成太子"这个名字讲释迦牟尼年轻时的事。　[5]腊伐尼园：也称

为腊伐尼林，释迦牟尼诞生于此树林中。地点在今尼泊尔境内，名字还叫 Lumbinī，今天多翻译为"蓝毗尼"，是佛教最重要的圣地之一。腊伐尼，梵语 Lumbinī 的音译。

四、劫比罗伐窣堵国：腊伐尼林及
释迦牟尼诞生传说

　　箭泉东北行八九十里，至腊伐尼林，有释种浴池，澄清皎镜，杂花弥漫。其北二十四五步，有无忧花树，今已枯悴，菩萨诞灵之处。菩萨以吠舍佉月后半八日[1]，当此三月八日；上座部则曰以吠舍佉月后半十五日，当此三月十五日。次东窣堵波，无忧王所建，二龙浴太子处也。菩萨生已[2]，不扶而行，于四方各七步，而自言曰："天上天下，唯我独尊。今兹而往，生分已尽。"随足所蹈，出大莲花。二龙踊出，住虚空中而各吐水，一冷一暖，以浴太子。

　　浴太子窣堵波东，有二清泉，傍建二窣堵波，是二龙从地踊出之处。菩萨生已，支属宗亲莫不奔驰，求水盥浴。夫人之前，二泉涌出，一冷一

释迦牟尼出生之后，即可行走，足下莲花，并发誓言的形象，今天在佛教寺庙举行浴佛节时仍然可以看到。

暖，遂以浴洗。其南窣堵波，是天帝释捧接菩萨处^[3]。菩萨初出胎也，天帝释以妙天衣跪接菩萨。次有四窣堵波，是四天王抱持菩萨处也。菩萨从右胁生已，四大天王以金色氎衣捧菩萨，置金机上，至母前曰："夫人诞斯福子，诚可欢庆。诸天尚喜，况世人乎！"

四天王捧太子窣堵波侧不远，有大石柱，上作马像，无忧王之所建也。后为恶龙霹雳，其柱中折仆地。傍有小河，东南流，土俗号曰油河。是摩耶夫人产孕已，天化此池，光润澄净，欲令夫人取以沐浴，除去风虚。今变为水，其流尚腻。

[注释]

[1]"菩萨以吠舍佉月后半八日"以下四句：关于佛诞的日期，玄奘记载的是他认为合理的一种说法。不过，中国自南北朝开始，大多依照一些有影响的汉译佛经中的说法，定在农历的四月八日。玄奘接下来也说了，佛诞的日期，各个部派的说法不一。玄奘举了上座部为例，上座部的说法是三月十五日。吠舍佉月，玄奘在《大唐西域记》卷二《印度总述》一节中解释，吠舍佉月在印度是"春三月"的第二个月，相当于中国的二月十六至三月十五日。因此吠舍佉月后半八日相当于中国的三月八日。吠舍佉，梵语 Vaiśākha 的音译。　[2]"菩萨生已"以下七句：佛教浴佛节的传统，根据的就是这个故事。浴佛节举行的一些仪式，也基本上

是根据这个故事所设计。　[3] 天帝释：即印度神话中的因陀罗。是印度最古老的大神之一，在佛教出现以前就有了。因陀罗本来不属于佛教，佛教后来把他拉进了自己的神殿，成为释迦牟尼的一位护法神，称作天帝释。

[**点评**]

在佛教徒的心目中，释迦牟尼的诞生地劫比罗伐窣堵国是最重要的圣地之一。到印度求法的中国僧人，没有一个不到这个地方来的。但记载这个地方最详细的，是玄奘。玄奘大致以他的行程为先后，结合佛经中有关释迦牟尼的传说，做具体的叙述。有关释迦牟尼的传说，一部分有历史的依据，也有一部分是后来逐渐形成的。玄奘的叙述，则包括了他当时的所见所闻。二者往往需要做一点区分。

这里有关释迦牟尼的传说，在后来受到佛教极大影响的国家和地区，包括中国的汉地和藏区，更包括东南亚国家，演变成社会生活中的仪式和节日，例如浴佛节。这些仪式和节日的来历，也是我们今天应该知道的。

五、蓝摩国

蓝摩国[1]，空荒岁久，疆埸无纪，城邑丘墟，居人稀旷。故城东南有砖窣堵波，高减百尺。昔者如来入寂灭已，此国先王分得舍利，持归本国，式遵崇建，灵异间起，神光时烛。

窣堵波侧有一清池，龙每出游，变形蛇服，右旋宛转，绕窣堵波。野象群行，采花以散，冥力警察，初无间替。昔无忧王之分建窣堵波也，七国所建，咸已开发，至于此国，方欲兴功，而此池龙恐见陵夺，乃变作婆罗门，前叩象曰："大王情流佛法，广树福田，敢请纡驾，降临我宅。"王曰："尔家安在，为近远乎？"婆罗门曰："我，此池之龙王也。承大王欲建胜福，敢来请谒。"王受其请，遂入龙宫。坐久之，龙进曰："我惟恶业，受此龙身，供养舍利，冀消罪咎，愿王躬往，观而礼敬。"无忧王见已，惧然谓曰："凡诸供养之具，非人间所有也。"龙曰："若然者，愿无废毁。"无忧王自度力非其畴，遂不开发。出池之所，今有封记。

窣堵波侧不远，有一伽蓝，僧众鲜矣，清肃皎然，而以沙弥总任众务。远方僧至，礼遇弥隆，必留三日，供养四事[2]。闻诸先志曰：昔有苾刍，同志相召，自远而至，礼窣堵波。见诸群象，相趋往来，或以牙芟草，或以鼻洒水，各持异花，共为供养。时众见已，悲叹感怀。有一苾刍，便舍具戒^[3]，愿留供养，与众辞曰："我惟多福，滥迹僧中，岁月亟淹，行业无纪。此窣堵波有佛舍利，圣德冥通，群象践洒。遗身此地，甘与同群，得毕余龄，诚为幸矣。"众告之曰："斯盛事也。吾等垢重，智不谋此。随时自爱，无亏胜业。"亦既离群，重申诚愿，欢然独居，有终焉之志。于是葺茅为宇，引流成池，采掇时花，洒扫莹域。绵历岁序，心事无斁。邻国诸王闻而雅尚，竞舍财宝，共建伽蓝，因而劝请，屈知僧务。自尔相踵，不泯元功，而以沙弥总知僧事。

沙弥伽蓝东，大林中行百余里，至大窣堵波，无忧王之所建也，是太子逾城至此解宝衣去缨络命仆还处。太子夜半逾城，迟明至此，既允宿心，乃形言曰："是我出笼樊，去羁锁，最后释驾之处也。"于天冠中解末尼宝^[4]，命仆夫曰："汝持此宝，还白父王，今兹远遁，非苟违离，欲断无常，绝诸有漏。"阐铎迦（旧曰车匿，讹也）曰^[5]："讵有何心，空驾而返？"太子善言慰喻，感悟而还。回驾窣堵波东，有赡部树^[6]，枝叶虽凋，枯株尚在。

其傍复有小窣堵波，太子以余宝衣易鹿皮衣处。太子既断发易裳，虽去璎珞，尚有天衣。曰："斯服太侈，如何改易？"时净居天化作猎人[7]，服鹿皮衣，持弓负羽。太子举其衣而谓曰："欲相贸易，愿见允从。"猎人曰："善。"太子解其上服，授与猎人。猎人得已，还复天身，持所得衣，凌虚而去。

太子易衣侧不远，有窣堵波，无忧王之所建也，是太子剃发处。太子从阐铎迦取刀，自断其发，天帝释接上天宫，以为供养。时净居天子化作剃发人，执持铦刀，徐步而至。太子谓曰："能剃发乎？幸为我净之。"化人受命，遂为剃发。逾城出家时亦不定，或云菩萨年十九，或曰二十九，以吠舍佉月后半八日逾城出家，当此三月八日，或云以吠舍佉月后半十五日，当此三月十五日。

太子剃发窣堵波东南，旷野中行百八九十里，至尼拘卢陀林，有窣堵波，高三十余尺。昔如来寂灭，舍利已分，诸婆罗门无所得获，于涅叠般那（唐言焚烧。旧云阇维，讹也）地收余灰炭[8]，持至本国，建此灵基，而修供养。自兹已降，奇迹相仍，疾病之人，祈请多愈。

灰炭窣堵波侧故伽蓝中，有过去四佛座及经行遗迹之所。

故伽蓝左右，数百窣堵波。其一大者，无忧王所建也，崇基虽陷，高余百尺。

自此东北，大林中行，其路艰险，经途危阻，山牛、野象、群盗、猎师，伺求行旅，为害不绝。出此林已，至拘尸那揭罗国（中印度境）[9]。

[注释]

[1] 蓝摩国：《法显传》里翻译为"蓝莫"。《法显传》："从佛生处东行五由延，有国名蓝莫。"这与上面讲的从腊伐尼林"东行旷野荒林中二百余里，至蓝摩国"距离上基本一致。但这与《大慈恩寺三藏法师传》卷三说"从此（劫比罗伐窣堵国）东行荒林五百余里，至蓝摩国"则相差较远。估计后者可能有误。对蓝摩国位置的比定，研究者之间有不同的意见。多数意见认为在今印度北方邦巴斯底县（Basti）的拉姆普尔·德奥里亚（Rampur Deoriya）。蓝摩，梵文 Rāma（grāmā）音译。　[2] 四事：见前卷三《迦湿弥罗国》一节中注。　[3] 具戒：具足戒的简称。佛教的戒律规定，出家为僧时，要受具足戒。具足戒包括的戒条的内容，比一般居士所受的"八戒"或"十戒"要多得多，有一百多甚至

二百多条，而且内容更加严格。　[4] 末尼宝：又称"摩尼宝"，有时也称为"如意宝珠"，梵语原文 cintā-maṇi，佛经中常提到。末尼，梵语 maṇi 的音译。　[5] 阐铎迦：梵语 Chandaka 的音译，汉译作"车匿""阐陀""阐那"等。释迦牟尼出家时跟随在身边的仆人，离开释迦牟尼，最后还是皈依了佛教。　[6] 赡部树：一种落叶乔木，佛经中常提到。赡部，梵语 jumbu 的音译。　[7] 净居天：梵语 Śuddhāvāsa 的意译。天神，据说居住在天界中的净居天。　[8] 涅叠般那：梵语 nidhāpana 的音译，意译"焚烧"。　[9] 拘尸那揭罗国：释迦牟尼最后涅槃的地方，由此也是佛教的圣地之一。旧地在今印度北方邦廓拉克浦尔（Gorakhpur）县的迦西亚（Kasia）村。拘尸那揭罗，梵语 Kuśinagara 的音译。

[点评]

　玄奘此处所讲，多为释迦牟尼生平的传说故事。这些故事，在玄奘时代，中国的佛教徒，大多也知道。玄奘结合自己朝圣的足迹，希望能够把这些圣迹尽量地介绍给中国人。玄奘是虔诚的佛教徒，有这样的意愿完全可以理解。

卷七

一、婆罗痆斯国

婆罗痆斯国[1]，周四千余里。国大都城西临殑伽河，长十八九里，广五六里。间阎栉比[2]，居人殷盛，家积巨万，室盈奇货。人性温恭，俗重强学，多信外道，少敬佛法。气序和，谷稼盛，果木扶疏，茂草靃靡[3]。伽蓝三十余所，僧徒三千余人，并学小乘正量部法。天祠百余所，外道万余人，并多宗事大自在天，或断发，或椎髻，露形无服，涂身以灰，精勤苦行，求出生死。

大城中天祠二十所，层台祠宇，雕石文木，茂林相荫，清流交带，鍮石天像量减百尺，威严肃然，懔懔如在[4]。

大城东北婆罗痆河[5]，西有窣堵波，无忧王

之所建也，高百余尺。前建石柱，碧鲜若镜，光
润凝流，其中常现如来影像。

[注释]

[1] 婆罗疮斯国：国名，也是城名，即今印度北方邦最著名的
历史文化名城瓦腊纳西（Vārānasī），又称为迦尸（Kāśī）国，为
古代印度十六大国之一。《法显传》中称作"迦尸国波罗㮈城"。
因为佛初转法轮处在婆罗疮斯国，历史上的中国求法僧都要到此
朝拜。恒河从城边流过，也一直被印度教视为最重要的圣地之
一。印度教徒一生，最希望的事之一就是到瓦腊纳西城附近的
恒河沐浴，洗涤罪恶，获得净化。婆罗疮斯，梵语 Bārāṇasī 的音
译。　[2] 闾阎栉比：形容城里的房屋众多，一排一排地排列在
一起，像梳子一样。　[3] 茂草霍（huò）靡：形容草木茂密，随
风披拂的模样。　[4] 懔（lǐn）懔如在：形容神像威严，如同真
人。　[5] 婆罗疮河：即今 Varaṇā（Baraṇā）河。

二、婆罗疮斯国：鹿野伽蓝

婆罗疮河东北行十余里，至鹿野伽蓝[1]，区
界八分，连垣周堵，层轩重阁，丽穷规矩。僧徒
一千五百人，并学小乘正量部法。大垣中有精舍，
高二百余尺，上以黄金隐起，作庵没罗果[2]，石
为基阶，砖作层龛，翕匝四周[3]，节级百数，皆

有隐起黄金佛像，精舍之中有镮石佛像[4]，量等如来身，作转法轮势。

精舍西南有石窣堵波[5]，无忧王建也，基虽倾陷，尚余百尺。前建石柱[6]，高七十余尺。石含玉润，鉴照映彻，殷勤祈请，影见众像，善恶之相，时有见者，是如来成正觉已初转法轮处也[7]。

［注释］

[1]鹿野伽蓝：又译为鹿野苑、施鹿苑、仙人鹿野等，玄奘称为"施鹿林"，以下还讲述了"施鹿林"得名的故事，在今瓦腊纳西城北约四英里处的 Sārnāth。鹿野伽蓝为建在此处的佛寺。鹿野，梵语 Mṛgadāva 的意译。　[2]庵没罗果：即芒果。庵没罗，梵语 āmra 的音译。　[3]翕（xī）匝：周匝，围起来的意思。　[4]镮石：见前卷一"梵衍那国"一节注。　[5]"精舍西南有石窣堵波"二句：一般认为，玄奘此处所讲的石塔，即今鹿野苑遗址中称为 Dharmarājika Stupa 的大塔。但现今的这座大塔全为砖造，不是石造。或者砖塔是在原石塔基础上重建的。　[6]"前建石柱"以下四句：此处的阿育王石柱，现仍残存，柱身已经裂为五段，最下一段石基仍留在原处，其余四段竖在四周。最下一段刻有阿育王敕铭。柱头现已移至鹿野苑考古博物馆，高约七英尺，顶部为一头四首狮子，面向四方，身连一处，神采栩栩，雕刻极为精细，堪称绝世的艺术精品。石质滑腻如镜，呈清灰色，光泽似玉，一如玄奘此处所说"石含玉润，鉴照映彻"。　[7]初转法轮处也：

指释迦牟尼首次说法。法轮，梵语 dharmacakra。轮是古代印度的一种武器，状如车轮。佛教以法轮比喻佛法，佛法如轮，所向无敌。

[点评]

佛教的成立，有两个重要的起点：一个是释迦牟尼在菩提伽耶成道，获得证悟，但这个时候获得证悟的仅仅是释迦牟尼本人，佛教的道理其他人并不知道。另一个是释迦牟尼在鹿野苑首次说法，称作"初转法轮"，释迦牟尼就有了弟子。由此佛教的僧伽成立，也就有了一个具有共同信仰的集体。佛、法、僧三者，合称"三宝"，"三宝"具足，佛教才可以说是一个完整的宗教。两个起点一样的重要，鹿野苑因此也与菩提伽耶一样，都成为佛教最重要的圣地。玄奘之前，东晋的法显也来过这里，不过《法显传》的描述比较简单："城东北十里许，得仙人鹿野苑精舍。此苑本有辟支佛住，常有野鹿栖宿。世尊将成道，诸天于空中唱言：白净王子出家学道，却后七日当成佛。辟支佛闻已，即取泥洹，故名此处为仙人鹿野苑。世尊成道已后，人于此处起精舍。"玄奘到达这里时，见到的是"区界八分，连垣周堵，层轩重阁，丽穷规矩"，足见当时建筑精美，规模宏大。直至 13 世纪时，入侵中印度的伊斯兰军队彻底摧毁包括鹿野苑在内的整个地区所有的佛教寺庙。19 世纪后期以来，印度的考古学家陆续在鹿野苑遗址做过发掘，除了玄奘提到的大塔残留的主体外，还发现众多的文物，其中最重要的是阿育王石柱。这一石柱，玄奘在这里也提到了，并做了详细的描述。

　　鹿野苑是佛教永远的圣地，今天到印度朝圣的佛教徒，没有不到鹿野苑的。

　　其侧不远窣堵波，是阿若憍陈如等见菩萨[1]，舍苦行，遂不侍卫，来至于此，而自习定。

　　其傍窣堵波，是五百独觉同入涅槃处[2]。又三窣堵波，过去三佛坐及经行遗迹之所。

　　三佛经行侧有窣堵波，是梅呾丽耶（唐言慈，即姓也。旧曰弥勒，讹略也）菩萨受成佛记处[3]。昔者如来在王舍城鹫峰山告诸苾刍[4]："当来之世[5]，此赡部洲土地平正，人寿八万岁，有婆罗门子慈氏者，身真金色，光明照朗，当舍家成正觉，广为众生，三会说法。其济度者，皆我遗法植福众生也。其于三宝，深敬一心，在家出家，持戒犯戒，皆蒙化导，证果解脱。三会说法之中，度我遗法之徒，然后乃化同缘善友。"是时慈氏菩萨闻佛此说，从座起，白佛言："愿我作彼慈氏世尊。"如来告曰："如汝所言，当证此果。如上所说，皆汝教化之仪也。"

　　慈氏菩萨受记西有窣堵波，是释迦菩萨受记

之处。贤劫中人寿二万岁，迦叶波佛出现于世[6]，转妙法轮，开化含识，授护明菩萨记曰[7]："是菩萨于当来世众生寿命百岁之时，当得成佛，号释迦牟尼。"

释迦菩萨受记南不远，有过去四佛经行遗迹，长五十余步，高可七尺，以青石积成，上作如来经行之像。像形杰异，威严肃然，肉髻之上特出须发，灵相无隐，神鉴有征。于其垣内，圣迹寔多，诸精舍、窣堵波数百余所，略举二三，难用详述。

伽蓝垣西有一清池，周二百余步，如来尝中盥浴。次西大池，周一百八十步，如来尝中涤器。次北有池，周百五十步，如来尝中浣衣。凡此三池，并有龙止。其水既深，其味又甘，澄净皎洁，常无增减。有人慢心濯此池者，金毗罗兽多为之害[8]。若深恭敬，汲用无惧。浣衣池侧大方石上，有如来袈裟之迹，其文明彻，焕如雕镂，诸净信者每来供养。外道凶人轻蹈此石，池中龙王便兴风雨。

池侧不远有窣堵波，是如来修菩萨行时，为

六牙象王，猎人利其牙也，诈服袈裟，弯弧伺捕，象王为敬袈裟，遂捥牙而授焉[9]。

捥牙侧不远有窣堵波，是如来修菩萨行时[10]，悯世无礼，示为鸟身，与彼猕猴、白象，于此相问谁先见是尼拘律树，各言事迹，遂编长幼，化渐远近，人知上下，道俗归依。

其侧不远，大林中有窣堵波，是如来昔与提婆达多俱为鹿王断事之处。昔于此处大林之中，有两群鹿，各五百余。时此国王畋游原泽，菩萨鹿王前请王曰："大王校猎中原，纵燎飞矢，凡我徒属，命尽兹晨，不日腐臭，无所充膳。愿欲次差，日输一鹿。王有割鲜之膳，我延旦夕之命。"王善其言，回驾而返。两群之鹿，更次输命。提婆群中有怀孕鹿，次当就死，白其王曰："身虽应死，子未次也。"鹿王怒曰："谁不宝命！"雌鹿叹曰："吾王不仁，死无日矣。"乃告急菩萨鹿王。鹿王曰："悲哉慈母之心，恩及未形之子！吾今代汝。"

遂至王门。道路之人传声唱曰："彼大鹿王今来入邑。"都人士庶莫不驰观。王之闻也，以

鹿王代替雌鹿赴死，仁慈之心，对所有人都是榜样。

为不诚。门者白王，王乃信然。曰："鹿王何遽来耶？"鹿曰："有雌鹿当死，胎子未产，心不能忍，敢以身代。"王闻叹曰："我人身鹿也，尔鹿身人也。"于是悉放诸鹿，不复输命，即以其林为诸鹿薮，因而谓之施鹿林焉。鹿野之号，自此而兴。

伽蓝西南二三里，有窣堵波，高三百余尺，基趾广峙，莹饰奇珍，既无层龛，便置覆钵，虽建表柱，而无轮铎。其侧有小窣堵波，是阿若侨陈如等五人弃制迎佛处也。

[注释]

[1] 阿若侨陈如：梵语 Ājñātakauṇḍinya 的音译，简称侨陈如。侨陈如也来自释迦族。释迦牟尼出家后，净饭王派遣侨陈如等五人作为侍从，跟随释迦牟尼。释迦牟尼修行六年，未获正果，五人就离开了释迦牟尼。后来释迦牟尼终获正果，行至鹿野苑，侨陈如五人回来，释迦牟尼为五人说法。五人成为释迦牟尼最早的弟子。　[2] 独觉：梵语 Pratyekabuddha 的意译，又音译"辟支佛"，指独自修行而悟道者。　[3] 梅呾丽耶：梵语 Maitrya 的音译，意译"慈"，即弥勒菩萨，成佛后称弥勒佛。　[4] 王舍城：在摩揭陀国，释迦牟尼时代是摩揭陀国的首都。《大唐西域记》卷九有专门一节记载。　[5] "当来之世"以下二十句：大乘佛教的说法，释迦牟尼佛是现世的佛，释迦牟尼佛在世时预言，他涅槃以后，

未来将有弥勒佛出世，弥勒是未来的佛。弥勒佛出世后，将在龙华树下说法，三次大会，称为"龙华三会"，度一切众生，即这里说的"广为众生三会说法"以及"然后乃化同缘善友"。　[6]迦叶波佛：佛教所说的过去七佛之一。迦叶波，梵语Kāśyapa的音译。　[7]授护明菩萨记：指过去佛迦叶波告诉护明菩萨，预言他将成佛。护明菩萨，释迦牟尼佛的前身，也是迦叶波佛的弟子。护明，梵语Prabhāpāla的意译。记，指预言。　[8]金毗罗兽：即鳄鱼。金毗罗，梵语kumbhīra的音译。　[9]捩（liè）牙：折断象牙。　[10]"是如来修菩萨行时"以下十句：这个故事也见于汉译佛经《四分律》卷五、《五分律》卷一七、《大智度论》卷一二等。

[点评]

这个故事流传很广，汉译佛经《六度集经》卷三、《出曜经》卷十四、《杂譬喻经》、《大智度论》卷十六以及巴利文《本生经》第12等都讲到这个故事，也常作为印度绘画、雕刻的题材，如印度阿旃陀石窟以及印度尼西亚婆罗浮屠都可以见到。这是一个典型的佛教故事，充分表现了佛教提倡慈悲、慈善、舍己救人的精神。

三、婆罗疿斯国：释迦牟尼初转法轮的故事

初，萨婆曷剌他悉陀（唐言一切义成。旧曰悉达多，讹略也）太子逾城之后[1]，栖山隐谷，

忘身殉法。净饭王乃命家族三人、舅氏二人曰：
"我子一切义成舍家修学，孤游山泽，独处林薮，
故命尔曹随知所止。内则叔父、伯舅，外则既君
且臣，凡厥动静，宜知进止。"五人衔命，相望
营卫，因即勤求，欲期出离。每相谓曰："夫修
道者，苦证耶？乐证耶？"二人曰："安乐为道。"
三人曰："勤苦为道。"二三交争，未有以明。

　　于是太子思惟至理，为伏苦行外道，节麻米
以支身。彼二人者见而言曰："太子所行，非真
实法。夫道也者，乐以证之，今乃勤苦，非吾徒
也。"舍而远遁，思惟果证。太子六年苦行，未
证菩提，欲验苦行非真，受乳糜而证果。斯三人
者闻而叹曰："功垂成矣，今其退矣。六年苦行，
一日捐功！"于是相从求访二人，既相见已，匡
坐高论，更相议曰："昔见太子一切义成出王宫，
就荒谷，去珍服，披鹿皮，精勤励志，贞节苦心，
求深妙法，期无上果。今乃受牧女乳糜，败道亏
志，吾知之矣，无能为也。"彼二人曰："君何见
之晚欤？此猖蹶人耳。夫处乎深宫，安乎尊胜，
不能静志，远迹山林，弃转轮王位，为鄙贱人行，

何可念哉？言增忉怛耳！"

　　菩萨浴尼连河，坐菩提树，成等正觉，号天人师，寂然宴默，惟察应度，曰："彼郁头蓝子者[2]，证非想定，堪受妙法。"空中诸天寻声报曰："郁头蓝子命终已来，经今七日。"如来叹惜："如何不遇，垂闻妙法，遽从变化？"重更观察，营求世界，有阿蓝迦蓝[3]，得无所有处定，可授至理。诸天又曰："终已五日。"

　　如来再叹，悯其薄祜。又更谛观谁应受教，唯施鹿林中有五人者，可先诱导。如来尔时起菩提树，趣鹿野园，威仪寂静，神光晃曜，毫含玉彩，身真金色，安详前进，导彼五人。斯五人遥见如来，互相谓曰："一切义成，彼来者是。岁月遽淹，圣果不证，心期已退，故寻吾徒。宜各默然，勿起迎礼。"如来渐近，威神动物，五人忘制，拜迎问讯，侍从如仪。如来渐诱，示之妙理，雨安居毕，方获果证。

　　这是释迦牟尼首次说法，佛教称作"初转法轮"。这在佛教历史上是一件大事。

　　[**注释**]

　　[1]萨婆曷剌他悉陀：梵语 Sarvārthasiddha 的音译，意译"一切义成"，玄奘之前大多译为"悉达多"。这是释迦牟尼在家时的

名字，所以玄奘这里称释迦牟尼为"萨婆曷剌他悉陀太子"。见
前卷六《室罗伐悉底国》一节中注。　[2]郁头蓝子：释迦牟尼
同时人，同样也在修行。传说释迦牟尼出家后，尚未成道时曾
经向他请教，但仍然未获得觉悟。郁头蓝，梵语 Udrarāma 的音
译，加上 putra 一词，翻译为郁头蓝子。　[3]阿蓝迦蓝：梵语
Ārāḍakālāma 的音译，也是释迦牟尼同时人，同样也在修行。释
迦牟尼尚未成道时也曾经向他请教，但未获得觉悟。

[点评]

　　佛教讲"三宝"，三宝分别指的是：一、佛，即释迦
牟尼本人，二、法，即佛法，佛的教义，三、僧伽，即
作为一个集体的所有僧人。三个部分集合在一起，叫"三
宝具足"。现在的释迦牟尼，已经在菩提树下成佛，成佛
后在鹿野苑转动法轮，宣讲佛法，五位一度离他而去，
此时重新归来的年轻人成为他最早的一批弟子，于是僧
伽成立，三宝具足，佛教在这个时候就可以说完整地建
立了起来。鹿野苑因此成为佛教最重要的圣地之一。

四、婆罗疕斯国：烈士池的故事

　　施鹿林东行二三里，至窣堵波，傍有涸池，
周八十余步，一名"救命"，又谓"烈士"[1]。
闻诸土俗曰：数百年前，有一隐士，于此池侧结

庐屏迹，博习伎术，究极神理，能使瓦砾为宝，人畜易形，但未能驭风云，陪仙驾。阅图考古，更求仙术。其方曰："夫神仙者，长生之术也。将欲求学，先定其志，筑建坛场，周一丈余。命一烈士，信勇昭著，执长刀，立坛隅，屏息绝言，自昏达旦；求仙者中坛而坐，手按长刀，口诵神咒，收视反听，迟明登仙。所执铦刀变为宝剑[2]，凌虚履空，王诸仙侣，执剑指麾，所欲皆从，无衰无老，不病不死。"

是人既得仙方，行访烈士，营求旷岁，未谐心愿。后于城中遇见一人，悲号逐路。隐士睹其相，心甚庆悦，即而慰问："何至怨伤？"曰："我以贫窭，佣力自济。其主见知，特深信用，期满五岁，当酬重赏。于是忍勤苦，忘艰辛。五年将周，一旦违失，既蒙笞辱，又无所得。以此为心，悲悼谁恤？"隐士命与同游，来至草庐，以术力故，化具肴馔，已而令入池浴，服以新衣，又以五百金钱遗之，曰："尽当来求，幸无外也。"自时厥后，数加重赂，潜行阴德，感激其心。烈士屡求效命，以报知己。隐士曰："我求烈士，弥

说"神仙者，长生之术"，不是佛教所提倡的事。故事虽然与佛教无关，但玄奘还是把它记载了下来。

隐士有所求，所以屡次示好，颇有心计。

历岁时，幸而会遇，奇貌应图，非有他故，愿一夕不声耳。"烈士曰："死尚不辞，岂徒屏息？"

于是设坛场，受仙法，依方行事，坐待日曛[3]。曛暮之后，各司其务，隐士诵神咒，烈士按铦刀。殆将晓矣，忽发声叫。是时空中火下，烟焰云蒸，隐士疾引此人入池避难。已而问曰："诫子无声，何以惊叫？"烈士曰："受命后，至夜分，惛然若梦，变异更起。见昔事主躬来慰谢，感荷厚恩，忍不报语；彼人震怒，遂见杀害。受中阴身[4]，顾尸叹惜，犹愿历世不言，以报厚德。遂见托生南印度大婆罗门家，乃至受胎出胎，备经苦厄，荷恩荷德，尝不出声。洎乎受业、冠婚、丧亲、生子，每念前恩，忍而不语，宗亲戚属咸见怪异。年过六十有五，我妻谓曰：'汝可言矣！若不语者，当杀汝子。'我时惟念，已隔生世，自顾衰老，唯此稚子，因止其妻，令无杀害，遂发此声耳。"

隐士曰："我之过也！此魔娆耳。"

烈士感恩，悲事不成，愤恚而死。免火灾难，故曰救命；感恩而死，又谓"烈士池"。

终究还是被"魔娆"，魔之力大矣哉！

[注释]

[1] 烈士：勇敢、性格刚烈、讲信用之士。　[2] 铦（xiān）刀：快刀，锋利的刀。　[3] 日曛：日色昏黄，指天色已晚。　[4] 中阴：佛教的说法，人去世之后，会进入轮回，转生为某一种新的生命。在转生之前一段时期中的存在状态，称为"中阴"或"中阴期"，一般说有四十九天。梵语 antarābhava。

[点评]

与玄奘书中其他许多故事不一样，这个故事不是佛教故事，它没有佛教的背景。虽然我们目前还不能够从印度方面找到一个完全相同的故事来源，但我们也没有理由怀疑玄奘记载的真实性。大概这只是一个口头流传的故事，玄奘说"闻诸土俗"，也有的传本作"闻诸先志"。不管是"闻诸土俗"，还是"闻诸先志"，意思都是从当地人那里听来，玄奘只是在他的书中做了记载。

故事很有印度特点。与这个故事中施惠于人、设立坛场和"无声"这些情节相似的，是印度著名的故事集《故事海》（*Kathāsaritsāgara*）中的《僵尸鬼故事二十五则》（*Vetālapañcaviṃśatikā*）。那里讲的也是一位修道人，每天送一颗内藏宝石的果子给国王，足足送了十年。国王开始不知道，以为很平常，后来偶然一次机会，发现果子里居然全是宝石，于是问修道人有什么要求。修道人于是要求国王，在漆黑的夜里，到他的坛场去，为他从无花果树上搬运一具尸体，到另外的一处地方，搬运中间绝对不能说话。尸体是一位僵尸鬼。国王每次把僵尸鬼扛上肩，僵尸鬼就开始讲故事。故事内容都很有趣，故事讲到结尾，总会有一个悬念。这时僵尸鬼就要问国王一个问题。国王忍不住，就做了回答。国王一说话，尸体立刻就回到了树上去。于是一切重新开始。就这样，僵尸鬼前前后后一共讲了二十五个故事，整个故事由此称作《僵尸鬼故事二十五则》。

在印度，这类在故事情节和叙述格式上相互借鉴的事例很多。佛经里随处可见。不过，两个故事的背景都不是佛教，如果一定要讲宗教背景，可以勉强说是印度教。再有，"烈士故事"有梦，而"僵尸鬼故事"没有梦。二者之间，这是最大的区别。

这样的一个故事，以梦作为构架，敷衍出许多情节，故事产生在印度，玄奘记载了下来，写进了《大唐西域记》。玄奘之后没有多久，中国也出现了类似的故事。

唐代的一部书，名叫《玄怪录》。《玄怪录》卷一记录了一个"杜子春"的故事，基本结构与"烈士故事"相似，但文字更长，情节更为周详曲折。故事的内容大致如下：

北周到隋年间，有一位名叫杜子春的浪荡子，"少落魄，不事家产，然以心气闲纵，嗜酒邪游，资产荡尽，投于亲故，皆以不事之故见弃"。一个冬天，杜子春"衣破腹空，徒行长安中"，饥寒交迫中，只能"仰天长吁"。这时过来一位老人，问他为何叹气。杜子春述说了他的遭遇，亲戚们嫌贫爱富，不帮助他。老人问他，你要多少钱才够使用？他说三五万。老人说，再加点吧。一直加下去，最后加到三百万。第二天，老人果然给了杜子春三百万，没留姓名就走了。杜子春有了钱，重新又挥霍起来，一两年间，三百万用尽，再次成为穷人。老人再次出现，再给了杜子春一千万。不到三四年的工夫，杜子春再次挥霍一空。老人又给了三千万。杜子春说，我把家里的事安置好后，一定报答你。老人跟杜子春约定，来年七月十五日的中元节，在华山的两棵古桧树下再见。

杜子春用老人给他的钱，在扬州购地置业，安顿好家人。第二年中元节，杜子春如约来到华山，见到老人。老人领着他，一起登上华山云台峰，来到一处房舍，房舍"彩云遥覆，鸾鹤飞翔，其上有正堂，中有药炉，高九尺余，紫焰光发，灼焕窗户。玉女九人，环炉而立，青龙白虎，分据前后"。

这时天色已经暗了下来，老人换了衣服，原来是一位道士。道士"取一虎皮，铺于内西壁，东向而坐"，同时告诫杜子春："慎勿语，虽尊神、恶鬼、夜叉、猛兽、地狱，及君之亲属为所囚缚，万苦皆非真实，但当不动不语耳，安心莫惧，终无所苦。当一心念吾所言。"说完走了。杜子春环顾庭院，只有一个巨大的水缸，装满了水。

老道刚刚离去，突然之间，"旌旗戈甲，千乘万骑，遍满崖谷，呵叱之声动天"。一位"大将军，身长丈余，人马皆着金甲，光芒射人。亲卫数百人，拔剑张弓，直入堂前"，厉声呵斥道："汝是何人，敢不避大将军！""左右辣剑而前，逼问姓名，又问作何物。"杜子春不回答。"问者大怒，催斩，争射之，声如雷，竟不应。将军者拗怒而去。俄而猛虎、毒龙、狻猊、狮子、腹蛇万计，哮吼拿攫而争前，欲搏噬，或跳过其上。"杜子春依然神色不动。

又一会儿，大雨滂沱，雷鸣电闪。"庭际水深丈余，流电吼雷，势若山川开破，不可制止，瞬息之间，波及坐下。"杜子春依然端坐不动。这时将军再次过来，让牛头狱卒和厉鬼放上一口大锅，锅中沸水翻滚，然后问杜子春："肯言姓名即放，不肯言，即当心叉取置之镬中。"杜子春还是不回答。

这时鬼怪们又把杜子春的妻子抓来，扔在地上，问道："言姓名免之。"杜子春还是不回答。鬼怪们用鞭抽打杜子春的妻子，血流淌出来，再用刀砍，再煮，再烧，痛苦难以忍受。杜子春妻子大声号哭，苦苦哀求杜子春。杜子春还是不说话。将军命令手下人拿来锉碓，从脚开始，一寸寸剉削。杜子春还是不理。将军说："此贼妖术已成，不可使久在世间。"命令左右将杜子春斩首。

杜子春被斩首以后，也像是在做梦，魂魄被领着，见到阎罗王。阎罗王说："此乃云台峰妖民乎！"阎罗王把杜子春打入地狱，熔铜、铁杖、碓捣、砲磨、火坑、镬汤、刀山、剑林，让他尝试尽所有的痛苦。然而杜子春记住道士的话，不呻吟，也不出声。阎罗王说："此人阴贼，不合得作男身，宜令作女人。"

于是杜子春被送出地狱，投生到宋州单父县丞王勤的家中。他一生下来，就多病多灾，扎针吃药，没消停过一天，他不说话。一次，他掉进火中，痛苦不堪，也没发声。他渐渐长大，容色绝代，但还是不讲话。家里人都认为他是位哑女。亲戚们种种逗弄，他还是不说话。

长大了，他被嫁给同乡的一位姓卢的进士。夫妻感情甚笃，几年之后，生下一个儿子。儿子两岁，聪慧无敌。进士抱着儿子，跟杜子春说话，杜子春还是不答应。多次反复，还是如此。进士因此大怒，说："你不说话，就是看不起我，大丈夫自己的妻子都看不起，要儿子有什么用！"于是抓住儿子的两足，将头摔在石头上，儿子应手而亡，鲜血溅撒到数步之外。杜子春爱子心切，一下忘掉了原来的约定，不觉失声叫了一下"哎呀"。声音未息，杜子春发现自己还坐在原来的地方，道士也出现在面前。

这时刚到五更时分，紫色的火焰穿过屋顶，升入天空，四面火起，房舍一下烧了起来。道士叹息道："措大误余乃如是！"他抓住杜子春的发髻，把杜子春扔进水瓮中。一会火熄，道士对杜子春说："你走吧。你喜怒哀惧恶欲都能忘掉，唯有爱不能忘。如果你不叫这一声哎呀，我的丹药就炼成了，你也成为上仙了。可叹啊，仙才真是太难得啊！我的丹药可以重炼，你恐怕就只能留在人间了。你自己好自为之吧！"道士为杜子春指了回去的路。杜子春站在道观的基址上，看见丹炉已经损毁，只剩下一根大如手臂、数尺高的铁柱。

《玄怪录》中的这个杜子春故事，背景是道教，叙述的文字也很纯熟，乍一看，很难说有印度的痕迹，但故事的立意和结构，却与《大唐西域记》中的烈士故事如此相似，二者之间有联系吗？回答是肯定的，理由有两点。

首先是时间。玄奘的《大唐西域记》，写成的时间，是在贞观二十年（646）。《玄怪录》撰写的准确时间，虽然不是很清楚，但书的作者，一般都认为是牛僧孺。牛僧孺是中唐时期很有名的政治人物，文宗时代做过宰相。牛僧孺生于唐代宗大历十四年（779），卒于唐宣宗大中元年（847）。由此推断，《玄怪录》撰成的时间也在此前后。烈士故事出现在前，杜子春故事出现在后，时间上后者完全有可能模仿前者。

除此之外，还有一个更重要的证据。唐代段成式的《酉阳杂俎》，也是一部有名的书。《酉阳杂俎》续集卷四，也有一个"中岳道士顾玄绩"的故事，讲的是唐代天宝年间，中岳的一位道士，名叫顾玄绩，用金钱结交一人，"一年中输数百金"。两人成为朋友后，顾玄绩请这人帮助他炼制金丹。两人登上中岳山，顾玄绩告诉他的这位朋友说，你守住丹灶，"一夕不言，则济吾事"。夜里五更时分，也是来了"铁骑"数人，让他回避，他不为所动。一会，又来了一位像是"王者"的人，仪卫甚盛。问他话，他依然不回答。王者"令左右斩之"。一切像做梦一样，他转生到一位大商人家中。直到长大，他想到当年的约定，依然不说话。然后他结了婚，生下三个儿子。一天，妻子哭着说："君竟不言，我何用男女为！"妻子一生气，竟然杀掉了所有的儿子。他惊呼起来，一下从梦中醒了过来，丹炉炸开，金丹飞出，不知去向。

这样的情节，与杜子春故事几乎完全一样，只是简单许多。两个故事虽然主人公的名字不同，但实在很难说有更多的差异。段成式讲完这个故事，紧接着就全文引用了《大唐西域记》中的烈士故事，最后得出一个结论，认为前者不过是"传此之误，遂为中岳道士"。

唐代的学者中，段成式以见识广博著称，《酉阳杂俎》一书最能显示他的这个特点。段成式大约生于唐德宗贞元十九年（803）或稍后，卒于唐懿宗咸通四年（863）。他的《酉阳杂俎》，撰成大约在咸通初年（860）前后。段成式与牛僧孺，几乎活动在同一时代。《酉阳杂俎》与《玄怪录》写成的时间，大致相同。只是《玄怪录》中的故事，在情节和文学性上都明显比《酉阳杂俎》中的顾玄绩故事显得更成熟一些。也许是前者模仿后者，也许是直接模仿《大唐西域记》，也许二者都是直接模仿《大唐西域记》，不管怎样，追本溯源，只有一个来源，那就是《大唐西域记》中的烈士故事。

类似的故事还不止于这两个，另一部唐代传奇集《河东记》里，也有一个情节相似的故事，只是地点换成了王屋山，人物也换了名字，道士仍然是道士，名叫萧洞玄，与道士配合的人，名叫终无为。故事最后的结局也完全一样。萧洞玄与终无为两个名字，明显是要更加突出道教的意义。《河东记》的作者，有说是唐代薛渔思，原书不存，故事见于《太平广记》卷四十四。

唐代传奇中的这三个故事，人物与情节大同小异。其中杜子春的故事叙述最为起伏跌宕，最吸引人，因此明清时代又被敷衍成几种戏剧。冯梦龙编撰《醒世恒言》，也做过改写，题名为《杜子春三入长安》。

这样的改写，到了近代还没完结。日本大正时代著名的作家芥川龙之介，是撰写"怪异小说"的名家，他的一篇小说，就叫《杜子春》。类似的改写和改编，一直持续到今天。2013 年 9 月，在北京上演的一台新编话剧，剧名《杜子春》，可以说是杜子春故事的最新版本。2014 年 6 月，话剧《杜子春》再次在北京大学的百年大讲堂演出。

一个印度的故事，以梦作为情节中重要的一环，通过玄奘的《大唐西域记》，来到中国，改头换面，演变为几个大同小异的故事，人物变了，细节也变了，时间穿越千年，地域跨越万里，成为中国故事，甚至成为中国古典文学中的经典，这不能不说是一件奇事。

婆罗痆斯国的鹿野苑至今遗迹犹在，只是没有人知道烈士池在今天的什么地方，但这个由印度的烈士故事演变而来的中国的杜子春故事，直到今天，还不断被人提及，甚至演出，原因何在？是不是因为故事的奇异和故事中反映出来的人性，时日虽久，人们依然能够从中解读出现实的意义？

五、婆罗痆斯国：三兽窣堵波故事

烈士池西有三兽窣堵波[1]，是如来修菩萨行时烧身之处。

劫初时[2]，于此林野有狐、兔、猿[3]，异类相悦。时天帝释欲验修菩萨行者[4]，降灵应化，为一老夫，谓三兽曰：“二三子善安隐乎？无惊

修菩萨行者，需要考验，天帝释要做的就是这件事。

惧耶？"曰："涉丰草，游茂林，异类同欢，既安且乐。"老夫曰："闻二三子情厚意密，忘其老弊，故此远寻。今正饥乏，何以馈食？"曰："幸少留此，我躬驰访。"

于是同心虚己，分路营求。狐沿水滨，衔一鲜鲤，猿于林树采异华果，俱来至止，同进老夫。唯兔空还，游跃左右。老夫谓曰："以吾观之，尔曹未和。猿狐同志，各能役心，唯兔空返，独无相馈。以此言之，诚可知也。"兔闻讥议，谓狐、猿曰："多聚樵苏，方有所作。"狐、猿竞驰，衔草曳木，既已蕴崇，猛焰将炽。兔曰："仁者，我身卑劣，所求难遂，敢以微躬，充此一餐。"辞毕入火，寻即致死。

兔子以身布施，显示它才是真正的"修菩萨行者"。

是时老夫复帝释身，除烬收骸，伤叹良久，谓狐、猿曰："一何至此！吾感其心，不泯其迹，寄之月轮，传乎后世。"故彼咸言，月中之兔，自斯而有。后人于此建窣堵波。

[注释]

[1] 窣堵波：即塔，"三兽窣堵波"就是"三兽之塔"。见前卷一《迦毕试国》一节中注。 [2] 劫初时：指很久很久以前，世界

形成之初。　[3]猿：猴子。　[4]天帝释：见前卷六《劫比罗伐窣堵国》一节中注。

[点评]

玄奘讲的这个故事，以"三兽窣堵波"，也就是"三兽之塔"为题，故事中虽然有三只动物：狐狸、兔子和猴子，其实主角是兔子。狐狸、兔子和猴子是好朋友，快乐地生活在森林里。"降灵应化"的天帝释，变化为一位老人，来到三只动物前，一番问候之后，说他饿了，希望能有点吃的。三只动物二话没说，一致答应为老人去找吃的。狐狸从河边逮来一条活鲤鱼，猴子从树上摘来花果，唯有兔子没有收获，空手而归。于是化身为老人的天帝释嘲笑他们："我看你们之间未必相处得好。狐狸和猴子倒行，能够尽心，但兔子什么都拿不出来。"

听到这话，兔子很不服气，就跟狐狸和猴子说："你们准备好木柴，我有用。"于是狐狸和猴子找来干草和树木。堆上以后，点上了火，这时兔子对老人说："老人家啊！我很卑微，无法满足您的要求。我只能用我小小的身体，成为您的一顿餐食吧！"说完这话，兔子跳进火中，一下就被烧死了。

老人十分感动，一下恢复了天帝释的原形，从灰烬中收拾出兔子的遗体，感叹了好久，最后对狐狸和猴子说，他被兔子的精神所感动，决定把兔子放到月亮上去，让后世的人都知道这件事。从此月中就有了兔子。玄奘到这个地方的时候，发现有人为此在这里建了一座塔，把这个故事记载在《大唐西域记》里，这座塔人们就称为"三兽窣堵波"。

这个故事本身不复杂，点睛之笔是在故事的最后：兔子因为用自己的生命作为施舍，感动了天帝释，被天帝释放在了月亮之上。原来月亮上有兔子，不仅是中国的神话，也是印度的神话。

印度人很早就认为，月亮上有兔子。因为在印度古代的词汇里，兔子早已经跟月亮联系在一起了。梵语里"兔子"一词是 śaśa，同时梵语中月亮也可以称作 śaśadhara 或是 śaśabhṛt，意思是"有兔子的"；还可以称作 śaśabindu，意思是"兔子在上面的"；也可以称作 śaśāṅka 或 śaśalakṣaṇa，意思是"以兔子为标识的"。这就是说，兔子早就"寄之月轮"了。这还说明，玄奘讲的故事，原来并不只是佛教所专有，虽然佛教中提到兔子和月亮的故事也是很早就有了。玄奘是佛教徒，他在这里讲的故事，既是从佛经中来，也是他实地的见闻。

但中国月中有兔的神话又是从什么时候开始的呢？在中国，流传最广的是嫦娥奔月和月中玉兔的故事。不过，最早的嫦娥奔月故事，现在可以找到的最主要的根据，是西汉时代写成的《淮南子》，其中的《览冥训》一章，讲到"羿请不死之药于西王母，姮娥窃以奔月"，这被认为是文献方面最早的记载。近年来在考古中发现的秦简中，也发现了"恒我窃毋死之（药）"一句话，说明故事的起源应该还更早一些，可以追溯到秦代。

姮娥就是后来的嫦娥，这没有问题。但是故事中没有提到兔子。月亮中究竟什么时候有了兔子，什么时候开始兔子与嫦娥作伴，却说不太清楚。

　　在秦代以前的中国人的想象中，月亮上也有东西，但是什么东西后来有点说不清楚。战国时代的屈原，写过《天问》，内容恢怪神奇，问到一百七十多个问题，其中就涉及到月亮："夜光何德，死则又育？厥利惟何，而顾菟在腹？"什么是"顾菟"？汉代的王逸，把"顾菟"解释为兔子，乍看起来，似乎有一些道理。但后来的学者，觉得王逸的解释，根据不可靠，提出怀疑。近代的闻一多先生认为不是兔子，是蟾蜍。闻一多的说法，现在已经被很多人接受。

　　在中国，月中有兔的故事的出现，可以确切追溯到的，最早是西汉前期。20世纪70年代，湖南长沙马王堆发现西汉轪侯利苍一家的三座墓。其中一号墓的墓主是利苍的妻子，墓中出土了极其精美的帛画。帛画中描画有月亮，月亮的旁边，还描画了一位飞升的女子，再有蟾蜍，再有玉兔。这飞升的女子，显然就是嫦娥。

　　佛教在两汉之交传入中国，在传入中国的同时，几乎就有了翻译的佛经。在汉译的佛经里，提到兔子烧身供养故事的不止一处，完整的至少就有四处：一处是三国时代从康居来的僧人僧会翻译的《六度集经》；再一处是西晋竺法护翻译的《生经》；还有一处是北魏时代西域僧人吉迦夜和中国僧人昙曜译出的《杂宝藏经》；还有一处是《撰集百缘经》，译者被认为是三国时代的支谦，但究竟是不是还有些问题。不过，在汉译佛经的这几个故事中，《六度集经》讲到的是四只动物：狐狸、水獭、猴子和兔子，其他都只讲到兔子。所有故事，都有兔子烧身供养的情节，却都没有提到月亮。既讲到兔子烧身供养，同时还提到月亮的故事的佛经也有，但不是汉译佛经，而是称作《本生经》的巴利文佛经，也就是巴利文《本生经》的第 316 个故事，称作《兔子本生》。

巴利文的《本生经》，在中国古代没有翻译过，不过前些年有了中文的选译本，选译本收入了《兔子本生》一节。故事稍长一些，整体的情节跟玄奘讲的大致一样。故事中的动物是四种：兔子和猴子不变，狐狸变为胡狼，还增加了一只水獭。这与《六度集经》几乎完全一样。故事发生的地点仍然是在婆罗疤斯国，帝释天仍然出现，但不是化身为"老夫"，而是化身为一位婆罗门。兔子也纵身跳入火中，但没有被烧死，而是在跳入火中的那一刻，帝释天说出了自己的身份，同时说，他只是要考验兔子是否真心愿意施舍。帝释天赞扬兔子的功德，最后在月亮上画了一个兔子的形象（郭良鋆、黄宝生：《佛本生故事选》，人民文学出版社，第 188–191 页）。这样的结局，与玄奘讲的"吾感其心，不泯其迹，寄之月轮，传乎后世"完全一样。在这一组大同小异的故事里，兔子都被说成是菩萨的化身。故事的主题是要说明，施舍是一种功德，人要成为菩萨，便应该施舍，甚至为此舍弃自己的生命。这样的主题，在佛教故事中十分常见。

这样看来，印度的这个月兔的故事，不管有佛教的背景，还是没有佛教的背景，不管是古代汉译的文本，还是巴利语的文本，基本情节都一样。在印度，这个故事的来源很古老。中国和印度，两千年来，有许多交往，于是自然就引出一个新的问题：印度和中国，讲到月亮，都认为月中有兔，两边的故事都很古老，二者之间，会有联系吗？

对于这个问题，有两种看法：一种认为有，代表是北京大学的季羡林先生；一种认为没有，代表是北京师范大学的钟敬文先生。

季羡林先生的解释比较简单，他说："根据这个故事在印度起源之古、传布之广、典籍中记载之多，说它起源于印度，是比较合理的。"（《中印文化交流史》，新华出版社，1991年，第11页）季先生这样的看法，在不止一个地方表达过。

但钟敬文先生得到的结论却不同。钟先生承认，中印都有同样的故事，不过"像有些学者所指出，月亮里有兔子的传说，不但中国、印度有，就是和我们远隔重洋，很少交往的古代墨西哥也有，南非洲的祖鲁兰德那里一样流行着这种传说。产生在中国纪元前的月兔神话，为什么一定是从印度输入的呢？"

钟先生仔细分析了嫦娥和月兔的故事，最后得出的结论是："根据现在考古学的新材料，在我国西汉初年就已经流行的月兔神话，却未必是从次大陆传来的进口货。除了这种传说从东半球到西半球各民族间都存在着和它在中国流传时代比较早的理由之外，从传说的内容看，尤其不能承认印度输入说。因为印度传说带有深厚的佛家说教色彩。中国早期关于月兔的说法，却不见有这种痕迹（中国这方面，原来没有比较具体的故事，后来虽有'月中捣药'的文献和实物的图像，但时代较迟，而且也跟'修菩萨行'的印度兔子不相类，它倒是近于本土道教思想的产儿）。这是判定月兔是否输入品问题的关键。"（《马王堆汉墓帛画的神话史意义》，《钟敬文学术论著自选集》，首都师范大学出版社，1994 年，第 263-264 页）。

两种意见，钟先生的理由似乎更充分一些。中国方面的故事，虽然情节相对简单，但在中国出现得很早。那个时候，中印之间会有一些联系，但联系毕竟不多，在文献中基本找不到记载。月中的嫦娥与蟾蜍，则是中国的独创。印度方面的故事，情节完整而曲折，有浓厚的宗教意味。作为故事而出现，或许比中国更早，但真正完整地被介绍到中国来，已经是在玄奘的时代。那个时候，月兔的故事在中国已经比较成熟。

那么，究竟是因为什么，在这么早的时候，中国和印度都有了月中有兔的神话？钟先生的解释是"暂时只能以比较常识性的'阴影说'为满足"。中印两国的月兔故事，虽然很有些相似，但视作是两边平行发展的结果可能更合适一些。

今天的鹿野苑，早已是佛教最有名的圣地之一，也是印度的一处重要历史文化遗址。过去一百年中，考古学者在这里曾经做过大规模的发掘，"窣堵波"的遗迹，发现很多处，但其中哪一处会是"三兽窣堵波"，却无法知道。我们现在知道的，只有《大唐西域记》中记载的这个故事。

卷八

一、摩揭陀国：华氏城的传说

当时印度的大国，又与佛教关联极多，玄奘因此用了两卷的篇幅做记载。

摩揭陀国[1]，周五千余里。城少居人，邑多编户。地沃壤，滋稼穑，有异稻种，其粒粗大，香味殊越，光色特甚，彼俗谓之供大人米。土地垫湿，邑居高原。孟夏之后，仲秋之前，平居流水，可以泛舟。风俗淳质，气序温暑。崇重志学，尊敬佛法。伽蓝五十余所，僧徒万有余人，并多宗习大乘法教。天祠数十，异道寔多。

殑伽河南有故城，周七十余里，荒芜虽久，基址尚在。昔者人寿无量岁时[2]，号拘苏摩补罗城（唐言香花宫城）[3]。王宫多花，故以名焉。逮乎人寿数千岁，更名波吒厘子城（旧曰巴连弗邑，讹也）[4]。

初，有婆罗门，高才博学，门人数千，传以
受业。诸学徒相从游观，有一书生俳徊怅望，同
俦谓曰："夫何忧乎？"曰："盛色方刚，羁游履
影，岁月已积，艺业无成。顾此为言，忧心弥剧。"
于是学徒戏言之曰："今将子求娉婚亲。"乃假立
二人为男父母，二人为女父母，遂坐波吒厘树[5]，
谓女智树也[6]。采时果，酌清流，陈婚姻之绪，
请好合之期。时假女父攀花枝以授书生曰："斯
嘉偶也，幸无辞焉。"书生之心欣然自得，日暮
言归，怀恋而止。学徒曰："前言戏耳！幸可同
归。林中猛兽恐相残害。"

书生遂留，往来树侧。景夕之后，异光烛野，
管弦清雅，帷帐陈列。俄见老翁策杖来慰，复有
一妪携引少女，并宾从盈路，祛服奏乐。翁乃指
少女曰："此君之弱室也。"酣歌乐宴，经七日焉。
学徒疑为兽害，往而求之，乃见独坐树阴，若对
上客。告与同归，辞不从命。后自入城，拜谒亲
故，说其始末。闻者惊骇，与诸友人同往林中，
咸见花树是一大第，僮仆役使，驱驰往来，而彼
老翁从容接对，陈馔奏乐，宾主礼备。诸友还城，

虽是游戏，书
生毕竟入戏太深，
因此惆怅不已。

是奇遇，也是
一个很美好的故事。

具告远近。

期岁之后，生一子男。谓其妻曰："吾今欲归，未忍离阻；适复留止，栖寄飘露。"其妻既闻，具以白父。翁谓书生曰："人生行乐，讵必故乡？今将筑室，宜无异志。"于是役使灵徒，功成不日，香花旧城迁都此邑。由彼子故，神为筑城，自尔之后，因名波吒厘子城焉。

[注释]

[1] 摩揭陀国：古代中印度最著名的国家，也是释迦牟尼时代印度的十六大国之一。古代的都城先是在王舍城（Rājagṛha，今称 Rajgir），后移至今天的巴特那（Patna）。释迦牟尼一生大半时间在摩揭陀。早期佛教的许多故事也都发生在摩揭陀。佛教历史上传说的王舍城结集以及阿育王时代的华氏城结集，也都在摩揭陀，因此摩揭陀至今存留有最多的佛教遗址。玄奘到达印度的时候，摩揭陀仍然是印度政治和文化的重要的中心。当时印度最有势力的国王戒日王，也曾经以"摩揭陀王"的名义派使节到中国。地域大致相当于今天印度的比哈尔邦。摩揭陀，梵语 Magadha 的音译。　[2] 人寿无量岁时："人寿无量岁"和"人寿数千岁"是佛经中常常可以见到的一种说法。佛教认为，天地初成时，人寿有无量岁，但随着时间推移，世界渐渐变坏，人的寿命渐渐减少，从无量到数千，最后只有几十岁。这里说"人寿数千岁"，意思是指很久很久以前。　[3] 拘苏摩补罗城：拘苏摩补罗为梵语 Kusumapura 的音译。kusuma 音译"拘苏摩"，意思是花或香花；

pura 音译 "补罗"，意思是城，合起来翻译为 "香花宫城"。　[4] 波
吒厘子城："波吒厘" 是梵语 Pāṭali 的音译，putra 则是意译，意思
是 "儿子"，两个词合起来成为 Pāṭaliputra，翻译为 "波吒厘子"。
在印度，pāṭaliputra 是一种树的名称。这个名称再加上 "城" 字，
翻译为 "波吒厘子城"。玄奘这里的翻译，既有音译，也有意译。
玄奘之前，东晋时代的中国求法僧法显也到过这里。法显翻译的
名字是 "巴连弗邑"。玄奘此处说 "讹也"，一定程度上也是误解。
汉译的佛经中，"波吒厘子城" 更多地翻译为 "华氏城"。"华"
即 "花"，"华氏" 完全是意译。即今天印度比哈尔邦的首府巴特
那（Patna）。　[5] 波吒厘树：梵语 pāṭaliputra。城以树得名，此
处讲的就是这个故事。　[6] 女聟（xù）：即女婿。

[点评]

　　玄奘此处讲的这个故事，情节并不复杂，从书生游
学在外，惆怅落寞开始讲起，到同伴游戏，再到天降良
缘，仙翁嫁女，一片温情，很是动人。然后再到仙翁为
了留住佳婿，运用神功，修筑新城，一切都显得十分美
好。所有一切，又都发生在波吒厘子树下。波吒厘子树
本是印度常见的一种乔木，树干粗大，春夏开花，花浅
红色，形状如同喇叭，开花时远望如一团氤氲粉色的云。
书生、仙翁、娇女、花树，惆怅与惊喜，迟暮荒野，眨
眼之间，大树就幻变为大宅，所有的人和事，与故事的
情节结合在一起，都为这段婚姻营造出一种神奇浪漫的
气氛。
　　故事中的这些情节，是不是很有些像《聊斋志异》
里某位书生山林中偶遇佳人，相互爱慕而最后结合在一

起的故事？《聊斋志异》的时代当然晚了很多，说像《聊斋志异》，还不如说《聊斋志异》中有这个故事的影子。我们不知道蒲松龄是不是也读过《大唐西域记》，蒲松龄一生，博览群书，也许真不是没有可能。

　　玄奘讲的当然是一个神话故事，但波吒厘子城却是真实的存在。不仅存在，还曾经是印度历史上最伟大的城市之一。古代印度的摩揭陀国，很长一段时间以波吒厘子城为首都。在孔雀王朝（约前334至前187年）以及其后很长一个时段，波吒厘子城更成为印度的政治文化中心。最早访问这座城市并留下记载的是一位希腊人，名叫麦加斯梯尼（Megasthenes）。他作为当时希腊人在西亚建立的塞琉古王国，也就是《史记》和《汉书》中讲的"条支"国的大使，出使摩揭陀，住在波吒厘子城。麦加斯梯尼留下了一部著作《印度记》，记载他在印度的见闻。不过这部书早已佚失，只能在希腊以及罗马的古典作家的著作中见到一点片段。

　　其后就是中国的法显。法显没有提到玄奘所说的故事，但对城市做了一段描述："巴连弗邑是阿育王所治。城中王宫殿皆使鬼神作，累石起墙阙，雕文刻镂，非世所造，今故现在。"（《法显传》）阿育王是孔雀王朝的第三位国王，也被认为是印度历史上最伟大的国王。在佛教的传说中，阿育王既是一位虔诚的佛教徒，更是最大的护法大王。再后就是玄奘的记载。

　　波吒厘子城（Pāṭaliputra）这个名字，经过一千多年，被简化为今天印地语的巴特那（Patna）。古代的摩揭陀国，地域大致与今天印度的比哈尔邦相当。巴特那地处比哈尔邦的中心，至今仍然还是比哈尔邦的首府，但城市的面貌发生了巨大的变化，街道纵横，房屋密集，人口将近170万。当年的古城，只在城郊留下不多的一点遗址。世事沧桑，在这座古老的城市里，没有变的，大概也就只有玄奘故事里讲到的波吒厘子树，每年依然花开花谢，灿烂如旧。

一段美好奇异的因缘，一座历史悠久的城市，玄奘的书，不仅为我们讲了一个动人的故事，也记载下与印度的这座城市得名相关的神话传说。这再次证明，对于研究印度古代的历史、地理、宗教及神话传说，《大唐西域记》真有不可替代的价值。

二、摩揭陀国：菩提树垣

前正觉山西南行十四五里[1]，至菩提树。周垣垒砖，崇峻险固。东西长，南北狭，周五百余步。奇树名花，连阴接影；细沙异草，弥漫缘被。正门东辟，对尼连禅河[2]，南门接大花池，西阨险固，北门通大伽蓝。壖垣内地，圣迹相邻，或窣堵波，或复精舍，并赡部洲诸国君王、大臣、豪族钦承遗教，建以记焉。

菩提树垣正中，有金刚座[3]。昔贤劫初成，与大地俱起，据三千大千世界中，下极金轮，上侵地际，金刚所成，周百余步，贤劫千佛坐之而入金刚定，故曰金刚座焉。证圣道所，亦曰道场，大地震动，独无倾摇。是故如来将证正觉也，历此四隅，地皆倾动，后至此处，安静不倾。自入末劫，正法浸微，沙土弥覆，无复得见。佛涅槃后，诸国君王传闻佛说金刚座量，遂以两躯观自在菩萨像南北标界，东面而坐。闻诸耆旧曰：此菩萨像身没不见，佛法当尽。今南隅菩萨没过胸臆矣。

金刚座上菩提树者，即毕钵罗之树也[4]。昔佛在世，高数百尺，屡经残伐，犹高四五丈。佛坐其下成等正觉，因而谓之菩提树焉。茎干黄白，枝叶青翠，冬夏不凋，光鲜无变。每至如来涅槃之日，叶皆凋落，顷之复故。是日也，诸国君王，异方法俗，数千万众，不召而集，香水香乳，以溉以洗，于是奏音乐，列香花，灯炬继日，竞修供养。

如来寂灭之后，无忧王之初嗣位也，信受邪道，毁佛遗迹，兴发兵徒，躬临剪伐。根茎枝叶，分寸斩截，次西数十步而积聚焉，令事火婆罗门烧以祠天。烟焰未静，忽生两树，猛火之中，茂叶含翠，因而谓之灰菩提树。无忧王睹异悔过，以香乳溉余根，洎乎将旦，树生如本。王见灵怪，重深欣庆，躬修供养，乐以忘归。王妃素信外道，密遣使人，夜分之后，重伐其树。无忧王旦将礼敬，唯见蘖株，深增悲慨，至诚祈请，香乳溉灌，不日还生。王深敬异，垒石周垣，其高十余尺，今犹见在。

近设赏迦王者[5]，信受外道，毁嫉佛法，坏僧伽蓝，伐菩提树，掘至泉水，不尽根柢，乃纵火焚烧，以甘蔗汁沃之，欲其燋烂，绝灭遗萌。数月后，摩揭陀国补剌拏伐摩王（唐言满胄）[6]，无忧王之末孙也，闻而叹曰："慧日已隐，唯余佛树，今复摧残，生灵何睹！"举身投地，哀感动物。以数千牛构乳而溉，经夜树生，其高丈余。恐后剪伐，周峙石垣，高二丈四尺。故今菩提树隐于石壁，上出二丈余。

菩提树东有精舍，高百六七十尺，下基面广二十余步，垒以青砖，涂以石灰。层龛皆有金像，四壁镂作奇制，或连珠形，或天仙像，上置金铜阿摩落迦果（亦谓宝瓶，又称宝台）[7]。东面接为重阁，檐宇特起三层，楝柱栋梁，户扉寮牖，金银雕镂以饰之，珠玉厕错以填之。奥室邃宇，洞户三重。外门左右各有龛室，左则观自在菩萨像，右则慈氏菩萨像，白银铸成，高十余尺。

精舍故地，无忧王先建小精舍，后有婆罗门更广建焉。初，有婆罗门不信佛法，事大自在天[8]，传闻天神在雪山中，遂与其弟往求愿焉。天曰："凡诸愿求，有福方果。非汝所祈，非我能遂。"婆罗门曰："修何福可以遂心？"天曰："欲植善种，求胜福田，菩提树者，证佛果处也。宜时速反，往菩提树，建大精舍，穿大水池，兴诸供养，所愿当遂。"婆罗门受天命，发大信心，相率而返，兄建精舍，弟凿水池。于是广修供养，勤求心愿，后皆果遂，为王大臣，凡得禄赏，皆入檀舍。

精舍既成，招募工人，欲图如来初成佛像。旷以岁月，无人应召。久之，有婆罗门来告众曰："我善图写如来妙相。"众曰："今将造像，夫何所须？"曰："香泥耳。宜置精舍之中，并一灯照我，入已，坚闭其户，六月后乃可开门。"时诸僧众皆如其命。尚余四日，未满六月，众咸骇异，开以观之。见精舍内佛像俨然，结加趺坐，右足居上，左手敛，右手垂，东面而坐，肃然如在。座高四尺二寸，广丈二尺五寸，像高丈一尺五寸，两膝相去八尺八寸，两肩六尺二寸，相好具足，慈颜若真，唯右乳上图莹未周。既不见人，方验神鉴，众咸悲叹，殷勤请知。

有一沙门，宿心淳质，乃感梦见往婆罗门而告曰："我是慈氏菩萨，恐工人之思不测圣容，故我躬来图写佛像。垂右手者，昔如来之将证佛果，天魔来娆，地神告至，其一先出，助佛降魔，如来告曰：'汝勿忧怖，吾以忍力，降彼必矣。'魔王曰：'谁为明证？'如来乃垂手指地，言：'此有证。'是时第二地神踊出作证，故今像手仿昔下垂。"众知灵鉴，莫不悲感。于是乳上未周，填厕众宝，珠璎宝冠，奇珍交饰。

设赏迦王伐菩提树已，欲毁此像，既睹慈颜，心不安忍，回驾将返，命宰臣曰："宜除此佛像，置大自在天形。”宰臣受旨，惧而叹曰：“毁佛像则历劫招殃，违王命乃丧身灭族，进退若此，何所宜行！”乃召信心以为役使，遂于像前横垒砖壁，心惭冥暗，又置明灯，砖壁之前画自在天。功成报命，王闻心惧，举身生疱，肌肤攫裂，居未久之，便丧没矣。宰臣驰返，毁除障壁。时经多日，灯犹不灭。像今尚在，神工不亏。既处奥室，灯炬相继，欲睹慈颜，莫由审察，必于晨朝持大明镜，引光内照，乃睹灵相。夫有见者，自增悲感。

如来以印度吠舍佉月后半八日成等正觉[9]，当此三月八日也。上座部则吠舍佉月后半十五日成等正觉，当此三月十五日也。是时如来年三十矣[10]，或曰年三十五矣。

菩提树北有佛经行之处。如来成正觉已，不起于座，七日寂定。其起也，至菩提树北，七日经行，东西往来，行十余步，异花随迹，十有八文。后人于此垒砖为基，高余三尺。闻诸先志曰：此圣迹基，表人命之修短也。先发诚愿，后乃度量，随寿修短，数有增减。

经行基北，道右盘石上，大精舍中，有佛像，举目上望。昔者，如来于此七日观菩提树，目不暂舍。为报树恩，故此瞻望。

菩提树西不远，大精舍中，有鍮石佛像，饰以奇珍，东面而立。前有青石，奇文异采，是昔如来初成正觉，梵王起七宝堂[11]，帝释建七宝座[12]，佛于其上七日思惟，放异光明，照菩提树。去圣悠远，宝变为石。

菩提树南不远，有窣堵波，高百余尺，无忧王之所建也。菩萨既濯尼连河，将趣菩提树，窃自思念："何以为座？"寻自发明，当须净草。天帝释化其身为刈草人，荷而逐路。菩萨谓曰："所荷之草，颇能惠耶？"化人闻命，恭以草奉，菩萨受已，执而前进。

受草东北不远，有窣堵波，是菩萨将证佛果，青雀、群鹿呈祥之处。印度休征，斯为嘉应，故净居天随顺世间，群从飞绕，效灵显圣。

菩提树东大路左右，各一窣堵波，是魔王娆菩萨处也。菩萨将证佛果，魔王劝受轮王，策说不行，殷忧而返。魔王之女请往诱焉，菩萨威神，衰变冶容，扶羸策杖，相携而退。

菩提树西北精舍中，有迦叶波佛像^[13]，既称灵圣，时烛光明。闻诸先记曰：若人至诚，旋绕七周，在所生处，得宿命智。

迦叶波佛精舍西北二砖室，各有地神之像。昔者如来将成正觉，一报魔至，一为佛证。后人念功，图形旌德。

菩提树垣西不远，有窣堵波，谓郁金香，高四十余尺，漕炬咤国商主之所建也^[14]。昔漕炬咤国有大商主，宗事天神，祠求福利，轻蔑佛法，不信因果。其后将诸商侣，贸迁有无，泛舟南海，遭风失路，波涛飘浪，时经三岁，资粮罄竭，糊口不充。同舟之人，朝不谋夕，勠力同志，念所事天，心虑已劳，冥功不济。俄见大山，崇崖峻岭，两日联晖，重明照朗。时诸商侣更相慰曰："我曹有福，过此大山，宜于中止，得自安乐。"商主曰："非山也，乃摩竭鱼耳^[15]。崇崖峻岭，须鬣也；两日联晖，眼光也。"言声未静，舟帆飘凑。于是商主告诸侣曰："我闻观自在菩萨于诸危厄能施安乐，宜各至诚，称其名字。"遂即同声，归命称念。崇山既隐，两日亦没。俄见沙门，威仪庠序，杖锡凌虚而来拯溺，不逾时而至本国矣。因即信心贞固，求福不回，建窣堵波，式修供养，以郁金香泥而周涂上下。既发信心，率其同志，躬礼圣迹，观菩提树。未暇言归，已淹晦朔。商侣同游，更相谓曰："山川悠间，乡国辽远，昔所建立窣堵波者，我曹在此，谁其洒扫？"言讫，旋绕至此，忽见窣堵波，骇其由致，即前瞻察，乃本国所建窣堵波也。故今印度因以郁金为名。

菩提树垣东南隅，尼拘律树侧窣堵波傍有精舍，中作佛坐像。昔如来初证佛果[16]，大梵天王于此劝请转妙法轮。

菩提树垣内，四隅皆有大窣堵波。在昔如来受吉祥草已，趣菩提树，先历四隅，大地震动，至金刚座，方得安静。树垣之内，圣迹鳞次，差难遍举。

菩提树垣外，西南窣堵波，奉乳糜二牧女故宅。其侧窣堵波，牧女于此煮糜。次此窣堵波，如来受糜处也。

菩提树南门外有大池，周七百余步，清澜澄镜，龙鱼潜宅，婆罗门兄弟承大自在天命之所凿也。次南一池，在昔如来初成正觉，方欲浣濯，天帝释为佛化成池。西有大石，佛浣衣已，方欲曝晒，天帝释自大雪山持来也。其侧窣堵波，如来于此纳故衣。次南林中窣堵波，如来受贫老母施故衣处。

帝释化池东，林中有目支邻陀龙王池[17]，其水清黑，其味甘美。西岸有小精舍，中作佛像。昔如来初成正觉，于此宴坐，七日入定。时此龙王警卫如来，即以其身绕佛七匝，化出多头，俯垂为盖，故池东岸有其室焉。

目支邻陀龙池东林中精舍，有佛羸瘦之像。其侧有经行之所，长七十余步，南北各有卑钵罗树。故今土俗，诸有婴疾，香油涂像，多蒙除差。是菩萨修苦行处。如来为伏外道，又受魔请，于是苦行六年，日食一麻一麦，形容憔悴，肤体羸瘠，经行往来，攀树后起。

菩萨苦行卑钵罗树侧有窣堵波，是阿若㤭陈如等五人住处。初，太子之舍家也，彷徨山泽，栖息林泉，时净饭王乃命五人随瞻侍焉。太子既修苦行，㤭陈如等亦即勤求。

㤭陈如等住处东南有窣堵波，菩萨入尼连禅那河沐浴之处。河侧不远，菩萨于此受食乳糜。其侧窣堵波，二长者献麨蜜处。佛在树下结加趺坐，寂然宴默，受解脱乐，过七日后，方从定起。时二商主行次林外，而彼林神告商主曰："释种太子今在此中，初证佛果，心凝寂定，四十九日未有所食，随有奉上，获大善利。"时二商主各持行资麨蜜奉上，世尊纳受。

长者献麨侧，有窣堵波，四天王奉钵处。商主既献麨蜜，世尊思以何器受之。时四天王从四方来，各持金钵，而以奉上。世尊默然，而不纳受，以为出家不宜此器。四天王舍金钵，奉银钵，乃至颇胝、琉璃、马脑、车渠、真珠等钵，世尊如是皆不为受。四天王各还宫，奉持石钵，绀青映彻，重以进献。世尊断彼此故，而总受之，次第重垒，按为一钵，故其外则有四际焉。

四天王献钵侧不远，有窣堵波，如来为母说法处也。如来既成正觉，称天人师，其母摩耶自天宫降于此处，世尊随机示教利喜。其侧涸池岸，有窣堵波，在昔如来见诸神变化有缘处。

现神变侧，有窣堵波，如来度优楼频螺迦叶波三兄弟及千门人处[18]。如来方垂善道，随应降伏，时优楼频螺迦叶波五百门人请受佛教，迦叶波曰："吾亦与尔俱返迷途。"于是相从来至佛所。如来告曰："弃鹿皮衣，舍祭火具。"时诸梵志恭承圣教，以其服用投尼连河。捺地迦叶波见诸祭器随流漂泛[19]，与其门人候兄动静，既见改辙，亦随染衣。伽耶迦叶波二百门人[20]闻其兄之舍法也，亦至佛所，愿修梵行。

度迦叶波兄弟西北窣堵波，是如来伏迦叶波所事火龙处。如来将化其人，先伏所宗，乃止梵志火龙之室。夜分已后，龙吐烟焰。佛既入定，亦起火光，其室洞然，猛焰炎炽。诸梵志师恐火害佛，莫不奔赴，悲号悯惜。优楼频螺迦叶波谓其徒曰："以今观之，未必火也，当是沙门伏火龙耳。"如来乃以火龙盛置钵中，清旦持示外道门人。其侧窣堵波，五百独觉同入涅槃处也。

目支邻陀龙池南窣堵波，迦叶波救如来溺水

处也。迦叶兄弟时推神通，远近仰德，黎庶归心。世尊方导迷徒，大权摄化，兴布密云，降澍暴雨，周佛所居，令独无水。迦叶是时见此云雨，谓门人曰："沙门住处将不漂溺？"泛舟来救，乃见世尊履水如地，蹈河中流，水分沙现。迦叶见已，心伏而退。

菩提树垣东门外二三里，有盲龙室。此龙者，殃累宿积，报受生盲。如来自前正觉山欲趣菩提树，途次室侧，龙眼忽明，乃见菩萨将趣佛树，谓菩萨曰："仁今不久当成正觉。我眼盲冥，于兹已久，有佛兴世，我眼辄明。贤劫之中，过去三佛出兴世时，已得明视。仁今至此，我眼忽开，以故知之，当成佛矣。"

菩提树垣东门侧有窣堵波，魔王怖菩萨之处。初，魔王知菩萨将成正觉也，诱乱不遂，忧惶无赖，集诸神众，齐整魔军，治兵振旅，将胁菩萨。于是风雨飘注，雷电晦冥，纵火飞烟，扬沙激石，备矛楯之具，极弦矢之用。菩萨于是入大慈定，凡厥兵杖，变为莲华。魔军怖骇，奔驰退散。其侧不远有二窣堵波，帝释、梵王之所建也。

[注释]

[1] 前正觉山：玄奘此前称作"钵罗笈菩提山"，并有解释："唐言前正觉山。如来将证正觉，先登此山，故云前正觉也。"钵罗笈菩提，梵语 Prāgbodhi 的音译。今人考证，即今莫拉山（Mora Mt.），在尼连禅河东岸，距今比哈尔邦伽耶城约 5 公里。   [2] 尼连禅河：今称帕尔古河（Phalgu river），佛成道处菩提伽耶即在河的西岸不远。尼连禅，梵语 Nairañjanā 的音译。   [3] 金刚座：释迦牟尼成道时所坐的地方。金刚，形容此处坚固如金刚。   [4] 毕钵罗：梵语 pippala 的音译，印度一种树名，即一般所说的菩提树。释迦牟尼在此树下成道，因此有了"菩提树"一名。菩提树是佛成道的象征，是佛教徒崇拜的对象之一。   [5] 设赏迦王：中印度羯罗拏苏伐剌那国的国王。见前卷五《羯若鞠阇国》一节中注。   [6] 补剌拏伐摩王：依玄奘此处的记载，补剌拏伐摩是摩揭陀的一位国王，是阿育王的后代，还与设赏迦王同时，活动的时代也就是在公元 7 世纪前期。玄奘说话的依据应该是当地的传说。补剌拏伐摩王是不是阿育王的真正的后代不好说，如果是，影响也很小。补剌拏伐摩，梵语 Pūrvṇavarma 的音译，意译"满胄"。   [7] 阿摩落迦果：野果，味酸而有回甜，古称余甘子。也有人说是山楂。阿摩落迦，梵语 āmalaka 的音译。   [8] 大自在天：梵语 Maheśvara。原为印度教最重要的大神之一，后来被佛教吸收进来，成为佛的护法神。   [9]"如来以印度吠舍佉月后半八日成等正觉"以下四句：玄奘此处讲的释迦牟尼佛成道的日期，与前面卷六"劫比罗伐窣堵国"一节中的说法有冲突。玄奘在"劫比罗伐窣堵国"一节中讲，释迦牟尼佛诞生的日期是吠舍佉月后半八日，相当于中国的三月八日，上座部的说法则是吠舍佉月后半十五日，相当于中国的三月十五日。同一个日期，一是佛诞日，一是佛成道日，而且同时也都举出上座部作为另一说的例子。但

所有这些说法，都是佛教的传说，实际上无可考证。　[10]"是
时如来年三十矣"二句：释迦牟尼佛成道时，是三十岁，还是
三十五岁，都是传说，实际上无可考证。　[11]梵王：即大梵天，
梵语 Brahmā。最早是印度教重要的大神之一，早期地位特别高。
后来被佛教吸收进来，成为佛的护法神。　[12]帝释：即帝释天，
又称天帝释。见前卷六《劫比罗伐窣堵国》一节中注。　[13]迦
叶波佛：佛教传说的在释迦牟尼佛前的过去佛之一。　[14]漕炬
吒国：在今阿富汗境内，玄奘《大唐西域记》卷十二有专门一节
记载。　[15]摩竭鱼：又称摩伽罗鱼，梵语 Makara。印度传说大
海中的大鱼，巨大无比，眼如日月，望去如山一样。　[16]"昔
如来初证佛果"二句：大梵天王即大梵天。据说释迦牟尼成道后，
最初并没有想到要宣传他悟到的佛法，大梵天劝他，他接受了大
梵天的建议，于是才"转妙法轮"，开始传法。　[17]目支邻陀
龙王：佛教传说，目支邻陀龙王住在菩提树东边的大池里，受佛
感化，释迦牟尼成道后入定，它以身绕佛，变化出多头，护卫释
迦牟尼。目支邻陀，梵语 Mucilinda 的音译。　[18]优楼频螺迦
叶波：梵语 Uruvilvā-kāśyapa 的音译。优楼频螺迦叶波与这里的
另两位迦叶波是兄弟，住在菩提伽耶附近，其中优楼频螺迦叶波
是长兄。三兄弟最初都是"事火外道"，后来被释迦牟尼佛感化，
于是率领徒众一千人改信了佛教。　[19]捺地迦叶波：梵语 Nadī-
kāśyapa 的音译，优楼频螺迦叶波的弟弟。　[20]伽耶迦叶波：梵
语 Gayā-kāśyapa 的音译，优楼频螺迦叶波的弟弟。

[点评]
　释迦牟尼的成道和创立佛教，是所有佛教徒心目中
的头等大事。在佛教徒看来，如果释迦牟尼没有悟道，
就不能称为佛，没有佛，也就没有佛教。菩提道场是佛

悟道、成道的地方，因此是佛教最重要的圣地。围绕菩提道场，佛教有许多故事。对于玄奘而言，菩提道场的意义也非同小可，因此他在《大唐西域记》里对这个地方做了很详细的描述，只是他没有提他自己在此处的经历。但玄奘的传记《大慈恩寺三藏法师传》卷三，讲到了玄奘礼拜菩提道场的情形：

> 法师至，礼菩提树及慈氏菩萨所作成道时像，至诚瞻仰讫，五体投地，悲哀懊恼，自伤叹言："佛成道时，不知漂沦何趣？今于像季，方乃至斯，缅惟业障，一何深重！"悲泪盈目。时逢众僧解夏，远近辐凑数千人，观者无不呜噎。其处一逾缮那圣迹充满，停八九日，礼拜方遍。

所谓"像季"，是佛教的一个说法：佛教的正法，住世五百年；然后是像法，住世一千年；最后是末法，住世一万年。玄奘知道，释迦牟尼创立佛教，已经过去了八九百年，佛教是在"像季"。玄奘感叹，在释迦牟尼在世那个时候，不知他自己转生什么地方，乃至于到这个时候才到达了菩提树下，不禁眼泪都流了出来。这一段描写，大概是真实的。玄奘信仰的虔诚，由此可见。

所谓"逾缮那"，是古代印度计算距离的一个单位。玄奘在《大唐西域记》卷二里解释："逾缮那者，自古圣王一日军行也。旧传一逾缮那四十里矣；印度国俗乃三十里；圣教所载，唯十六里。""其处一逾缮那圣迹充满"，就是玄奘在这里讲的情况。玄奘在此停留了八九天，对附近各处与释迦牟尼相关的"圣迹"逐一进行礼拜。

　　玄奘之前，到过菩提道场的中国僧人，最著名的是东晋的法显。玄奘之后，到这里礼拜的中国求法僧，又有很多。唐代另一位著名的求法僧义净，在玄奘之后四十年到达印度。义净写过一本书《大唐西域求法高僧传》，书中记载了三四十位到过这里的僧人的名字。义净之后，到过菩提道场的中国僧人还有不少。

三、摩揭陀国：菩提僧伽蓝

　　菩提树北门外摩诃菩提僧伽蓝，其先僧伽罗国王之所建也[1]。庭宇六院，观阁三层，周堵垣墙高三四丈，极工人之妙，穷丹青之饰。至于佛像，铸以金银，凡厥庄严，厕以珍宝。诸窣堵波高广妙饰，中有如来舍利。其骨舍利大如手指节，光润鲜白，皎彻中外。其肉舍利，如大真珠，色带红缥。每岁至如来大神变月满之日，出示众人（即印度十二月三十日，当此正月十五日也）。此时也，或放光，或雨花。僧徒减千人，习学大乘上座部法[2]，律仪清肃，戒行贞明。

　　昔者南海僧伽罗国，其王淳信佛法，发自天

今天的印度，佛教徒很少，但菩提树下，每天依然聚集有来自世界各地的佛教徒。

然。有族弟出家，想佛圣迹，远游印度，寓诸伽蓝，咸轻边鄙。于是返迹本国，王躬远迎，沙门悲哽，似若不能言。王曰："将何所负，若此殷忧？"沙门曰："凭恃国威，游方问道，羁旅异域，载罹寒暑，动遭凌辱，语见讥诮。负斯忧耻，讵得欢心？"曰："若是者何谓也？"曰："诚愿大王福田为意，于诸印度建立伽蓝，既旌圣迹，又擅高名，福资先王，恩及后嗣。"曰："斯事甚美，闻之何晚？"

于是以国中重宝献印度王。王既纳贡，义存怀远，谓使臣曰："我今将何持报来命？"使臣曰："僧伽罗王稽首印度大吉祥王！威德远振，惠泽遐被，下土沙门，钦风慕化，敢游上国，展敬圣迹，寓诸伽蓝，莫之见馆，艰辛已极，蒙耻而归。窃图远谋，贻范来叶，于诸印度建此伽蓝，使客游乞士，息肩有所，两国交欢，行人无替。"王曰："如来潜化，遗风斯在，圣迹之所，任取一焉。"

使者奉辞报命，群臣拜贺，遂乃集诸沙门，评议建立。沙门曰："菩提树者，去来诸佛咸此证圣，考之异议，无出此谋。"于是舍国珍宝，建此伽蓝，以其国僧而修供养，乃刻铜为记曰："夫周给无私，诸佛至教；慧济有缘，先圣明训。今我小子，丕承王业，式建伽蓝，用旌圣迹，福资祖考，惠被黎元。唯我国僧而得自在，及有国人亦同僧例。传之后嗣，永永无穷。"故此伽蓝多执师子国僧也[3]。

菩提树南十余里，圣迹相邻，难以备举。每岁比丘解安居，四方法俗百千万众，七日七夜，持香花，鼓音乐，遍游林中，礼拜供养。印度僧徒依佛圣教，皆以室罗伐拏月前半一日入雨安居[4]，当此五月十六日；以頞湿缚庚阇月后半十五日解雨安居[5]，当此八月十五日。印度月名，依星而建，古今不易，诸部无差。良以方言未融[6]，传译有谬，分时计月，致斯乖异，故以四月十六日入安居，七月十五日解安居也。

[注释]

[1]僧伽罗国：即今斯里兰卡，玄奘《大唐西域记》卷十一有专门一节记载。见后卷十一《僧伽罗国》一节中注。　[2]大乘上座部法：指这里的佛教僧人属于上座部，同时又信仰大

乘。　[3]执师子国：僧伽罗国国名的意译，具体解释见后面卷十一《僧伽罗国》一节注。　[4]室罗伐拏月：玄奘在《大唐西域记》卷二《印度总述》一节中解释，室罗伐拏月是印度的"夏三月"的第二个月，相当于中国旧历的五月十六日至六月十五日。室罗伐拏，梵语 Śrāvaṇa 的音译。　[5]颇湿缚庚阇月：玄奘在《大唐西域记》卷二解释，颇湿缚庚阇月是印度的"秋三月"的第一个月，相当于中国旧历的七月十六日至八月十五日。颇湿缚庚阇，梵语 Āśvayuja 的音译。　[6]"良以方言未融"以下六句：玄奘此处说的"以四月十六日入安居，七月十五日解安居"，指的是当时中国佛教僧人的"安居"方面所执行的规定。他认为这是因为"方言未融，传译有谬，分时计月，致斯乖异"，导致出现问题。

[点评]

　　玄奘讲到的僧伽罗国王在菩提伽耶建寺的故事，在其他的书里也有相似的记载，而且记载更细。贞观十五年（641），玄奘见到中印度的戒日王，当年戒日王派出使节前往长安。其后唐太宗派出使节数次出使印度。直到高宗时代，中印之间仍然有频密的外交活动。中国方面率领使团出使的先后有梁怀璥、李义表和王玄策。其中王玄策出使次数最多。王玄策回国后，写过一部书《中天竺行传》。书后来不存，但一些片段保留在同时代写成的一部佛教类书《法苑珠林》中。《法苑珠林》卷二十九提到这个故事：

　　依《王玄策行传》云：西国瑞像无穷，且录摩诃菩提树像云：昔师子国王名尸迷佉拔摩（唐云功

德云）梵王，遣二比丘来诣此寺。大者名摩诃诵（此
云大名），小者优波（此云授记）。其二比丘礼菩提
树金刚座讫，此寺不安置，其二比丘乃还其本国。
王问比丘："往彼礼拜圣所来，灵瑞云何？"比丘报
云："阎浮大地，无安身处。"王闻此语，遂多与珠宝，
使送与此国王三谟陀罗崛多。因此以来，即是师子
国比丘。

师子国即僧伽罗国。这里讲的师子国国王尸迷佉拔
摩（Śrīmeghavarṇa，Sirimeghavanna）以及中印度的国王
三谟陀罗崛多（Samudragupta），在历史上都实有其人。
尸迷佉拔摩在位时间一般认为是在公元 352 至 379 年。
三谟陀罗崛多在位时间在公元 335 至 375 年。后者是印
度历史上有名的笈多王朝的第二位国王。

不仅如此，更有意思的是，唐太宗派出的使团，
除了外交，还有一个使命，是到摩伽陀国的摩诃菩提
寺立碑：

又依《王玄策传》云：比汉使奉敕往摩伽陀国
摩诃菩提寺立碑，至贞观十九年二月十一日于菩提
树下塔西建立。使典司门令史魏才书。昔汉魏君临，
穷兵用武，兴师十万，日费千金。犹尚北勒阗颜，
东封不到。大唐牢笼六合，道冠百王。文德所加，
溥天同附，是故身毒诸国道俗归诚。皇帝悯其忠款，
遐轸圣虑，乃命使人朝散大夫行卫尉寺丞上护军李
义表、副使前融州黄水县令王玄策等二十二人巡抚

其国。遂至摩诃菩提寺。其寺所菩提树下金刚之座，贤劫千佛并于中成道。观严饰相好，具若真容。灵塔净地，巧穷天外。此乃旷代所未见，史籍所未详。皇帝远振鸿风，光华道树，爰命使人届斯瞻仰。此绝代之盛事，不朽之神功。如何寝默咏歌，不传金石者也。

具体的铭文是：

> 大唐抚运，膺图寿昌。化行六合，威棱八荒。
> 身毒稽颡，道俗来王。爰发明使，瞻斯道场。
> 金刚之座，千佛代居。尊容相好，弥勒规摹。
> 灵塔壮丽，道树扶疏。历劫不朽，神力焉如！

可惜直至今日，在摩诃菩提寺以及摩诃菩提寺附近，没有发现贞观十九年（645）王玄策等在这里树立的这块唐碑。不过，虽然唐碑没有找到，但有关的这件事仍然被记录了下来，它生动地告诉了我们一些与玄奘记载相关的历史细节。

卷九

一、摩揭陀国：那烂陀寺

城南门外，道左有窣堵波，如来于此说法及度罗怙罗[1]。从此北行三十余里，至那烂陀（唐言施无厌）僧伽蓝[2]。闻之耆旧曰：此伽蓝南庵没罗林中有池[3]，其龙名那烂陀，傍建伽蓝，因取为称；从其实议，是如来在昔修菩萨行，为大国王，建都此地，悲悯众生，好乐周给，时美其德，号施无厌，由是伽蓝因以为称。其地本庵没罗园，五百商人以十亿金钱买以施佛，佛于此处三月说法，诸商人等亦证圣果。

佛涅槃后未久，此国先王铄迦罗阿逸多（唐言帝日）[4]，敬重一乘，遵崇三宝，式占福地，建此伽蓝。初兴功也，穿伤龙身，时有善占尼

有关那烂陀名字的两种传说，玄奘都提到了。

乾外道[5]，见而记曰[6]：“斯胜地也，建立伽蓝，当必昌盛，为五印度之轨则，逾千载而弥隆。后进学人易以成业，然多欧血，伤龙故也。”其子佛陀毱多王（唐言觉护）[7]，继体承统，聿遵胜业，次此之南又建伽蓝。呾他揭多毱多王（唐言如来护）[8]，笃修前绪，次此之东，又建伽蓝。婆罗阿迭多（唐言幼日）王之嗣位也[9]，次此东北，又建伽蓝。功成事毕，福会称庆，输诚幽显，延请凡圣。

其会也，五印度僧万里云集。众坐已定，二僧后至，引上第三重阁。或有问曰：“王将设会，先请凡圣，大德何方，最后而至？”曰：“我至那国也[10]，和上婴疹，饭已方行，受王远请，故来赴会。”问者惊骇，遽以白王。王心知圣也，躬往问焉。迟上重阁，莫知所去。王更深信，舍国出家。出家既已，位居僧末，心常怏怏，怀不自安：“我昔为王，尊居最上；今者出家，卑在众末。”寻往白僧，自述情事。于是众僧和合，令未受戒者以年齿为次，故此伽蓝独有斯制。

其王之子伐阇罗（唐言金刚）嗣位之后[11]，

信心贞固，复于此西建立伽蓝。其后中印度王此北复建大伽蓝[12]。于是周垣峻峙，同为一门，既历代君王继世兴建，穷诸剞劂[13]，诚壮观也。

帝日王大伽蓝者，今置佛像，众中日差四十僧就此而食，以报施主之恩。

僧徒数千，并俊才高学也。德重当时，声驰异域者，数百余矣。戒行清白，律仪淳粹，僧有严制，众咸贞素，印度诸国皆仰则焉。请益谈玄，渴日不足，夙夜警诫，少长相成，其有不谈三藏幽旨者，则形影自愧矣。故异域学人欲驰声问，咸来稽疑，方流雅誉。是以窃名而游，咸得礼重。殊方异域欲入谈议，门者诘难，多屈而还；学深今古，乃得入焉。于是客游后进，详论艺能，其退飞者固十七八矣[14]。二三博物，众中次诘，莫不挫其锐、颓其名。若其高才博物，强识多能，明德哲人，联晖继轨。至如护法、护月[15]，振芳尘于遗教；德慧、坚慧[16]，流雅誉于当时；光友之清论[17]；胜友之高谈[18]；智月则风鉴明敏[19]；戒贤乃至德幽邃[20]。若此上人，众所知识，德隆先达，学贯旧章，述作论释各十数部，

玄奘所讲，来自他的耳闻，部分可以与其他资料相配合，部分有待进一步研究。

从佛教的眼光看，古代的那烂陀可以说学人辈出，群星灿烂。

并盛流通，见珍当世。伽蓝四周，圣迹百数，举
其二三，可略言矣。

[注释]

[1] 罗怙罗：释迦牟尼的儿子。见前卷六《劫比罗伐窣堵国》
一节中注。　[2] 那烂陀：梵语 Nālandā 的音译，可以意译"施
无厌"。那烂陀僧伽蓝就是那烂陀寺。以下玄奘还做了一些解释。
玄奘做这样的解释，有一定的根据，因为从构词上讲，Nālandā
这个梵语词可以理解为由三个部分构成，三个部分是 na（没有、
不）、alaṃ（够了、到头了）和 dā（施舍），合起来意思是"施
舍没有到头"或者"施舍不已"。不过，这样的解释与佛教的信
仰联系在一起，很可能是后出的。玄奘接下来又讲，当地上年纪
的人说，那烂陀一名，是因为在那烂陀寺的南边有一处庵没罗果
林即芒果林，林中有一处水池，池中有龙，那烂陀是龙的名字。
后一种说法则与佛教没有直接的关系，应该出现更早。20 世纪
初，英印政府的考古学家根据《大唐西域记》的提示，发现了那
烂陀寺的遗址并做了发掘。考古发掘和研究得到的结论，真正的
那烂陀寺，是公元五世纪前期才开始建设，其后历代扩建，规模
越来越大。当玄奘到印度时，那烂陀寺已经是当时印度乃至亚
洲最大的佛寺，也成为当时整个佛教世界学术和文化的中心。玄
奘到印度求法，目的地就是那烂陀。玄奘之后，到那烂陀留学的
中国僧人也有很多，汉文文献中因此有不少关于那烂陀寺的记
载。　[3] 庵没罗：梵语 amra，即芒果。印度出产芒果，随处可
见庵没罗林或者说芒果林。　[4] 铄迦罗阿逸多：梵语 Śakrāditya
的音译，意译"帝日"。玄奘这里提到的铄迦罗阿逸多王，应该
就是印度笈多王朝的第四代国王拘摩罗笈多一世（Kumarāgupta

I），在位时间为公元 415—455 年。拘摩罗笈多一世曾经在他铸造的银币上使用过 Mahendrāditya 的称号，Mahendrāditya 与 Śakrāditya 意思相同。　　[5] 尼乾：指耆那教徒。耆那教是印度古代的一个宗教，耆那教的创始人大雄（Mahāvira）与释迦牟尼同一个时代，因此佛经中经常被提到。大雄还有一个名字叫尼乾陀若提子（Nirgranthajñāniputra），简称"尼乾"。外道：佛教把佛教以外的宗教都称为"外道"。耆那教历史悠久，至今在印度仍然有不少的人信仰。　　[6] 见而记曰：见到后预言。记，此处的意思是预言。　　[7] 佛陀毱多王：梵语 Buddhagupta 的音译，意译"觉护"。佛陀毱多王是拘摩罗笈多一世的孙子，补罗笈多王的儿子，在位时间为公元 477—495 年。　　[8] 呾他揭多毱多王：梵语 Tathāgatagupta 的音译，意译"如来护"，此处"如来"后原来漏一"护"字，今补上。呾他揭多毱多王情况不详，有说可能即笈多王朝的婆依尼耶笈多王（Vainyagupta）。　　[9] 婆罗阿迭多：梵语 Bālāditya 的音译，意译"幼日"。婆罗阿迭多王一般认为即笈多王朝后期的国王那罗辛哈笈多（Narasiṃhagupta），因为他曾在他铸造的钱币上自称为婆罗阿迭多。　　[10] 至那国：即中国，见前卷一《至那仆底国》一节中注。　　[11] 伐阇罗：梵语 Vajra 的音译，意译"金刚"。如果依照此处伐阇罗是婆罗阿迭多王的儿子，的说法，婆罗阿迭多王即那罗辛哈笈多的说法，伐阇罗就是继承那罗辛哈笈多的拘摩罗笈多三世（Kumarāgupta III）。不过对此也有不同的意见。　　[12] 中印度王：这位中印度王指的是谁不清楚，有说即指戒日王。　　[13] 穷诸剞劂（jī jué）：极尽雕刻。剞劂，雕刻。　　[14] 退飞者：退缩而不能前行的人。　　[15] 护法：梵语 Dharmapāla 的意译。公元 6 世纪人，他祖述世亲的学说，著《成唯识论》，是大乘佛教唯识学派十大论师之一，曾主持那烂陀寺。他的弟子戒贤就是玄奘的老师。护月：梵语 Candragupta

的意译，大乘佛教唯识学派十大论师之一。　[16]德慧：梵语
Guṇanati 的意译，大乘佛教唯识学派十大论师之一。坚慧：梵
语 Sāramati 的意译。南印度人，大乘佛教唯识学派十大论师之
一。　[17]光友：梵语 Prabhāmitra 的意译，生平不详。　[18]胜
友：梵语 Viśeṣamitra 的意译，大乘佛教唯识学派十大论师之一。
护法的学生。　[19]智月：梵语 Jñānacandra 的意译。护法的学
生，也是大乘佛教唯识学派十大论师之一。　[20]戒贤：梵语
Śilabhadra 的意译。玄奘的老师，那烂陀寺的主持。玄奘到印度
求法，最重要的任务就是要跟戒贤学习《瑜伽师地论》。玄奘此
处所举的佛教学者，都曾经住在那烂陀寺，也都是大乘佛教唯识
学派的大师。

[点评]

　　玄奘到印度求法，求的是佛法。所谓佛法，指的是
佛教的教法，也就是佛教的理论。这一点，大多数人也
都知道。但是，玄奘到了印度，学习佛法，主要是在什
么地方，知道的人就没有那样多。这个地方，就是这里
记载的那烂陀寺。

　　那烂陀寺坐落在古代印度的摩揭陀国，也就是在今
天的比哈尔邦。对于那烂陀寺，除了玄奘的《大唐西域
记》讲到的以外，讲得最详细的还有唐代的另一位高僧
义净。义净到印度求法，比玄奘晚大约四十年。义净也
在那烂陀长期留学。义净在唐高宗时代经海路去印度，
武后时代仍经海路回国。他回国的途中，停留在今天印
度尼西亚的苏门答腊岛的时候，写过两部书，其中一部
是《大唐西域求法高僧传》，书中附有一张"那烂陀寺

图"。对那烂陀一名的来历，义净的书中没提那烂陀意思是"施无厌"的说法，只是提到《大唐西域记》中玄奘讲的后一种说法：

> 此是室利那烂陀莫诃毗诃罗样，唐译云吉祥神龙大住处也。西国凡唤君王及大官属并大寺舍，皆先云室利，意取吉祥尊贵之义。那烂陀乃是龙名，近此有龙，名那伽烂陀，故以为号。毗诃罗是住处义，比云寺者，不是正翻。

"室利那烂陀莫诃毗诃罗"是那烂陀寺的梵文名字的真正完整的翻译，原文是 Śrīnālandamahāvihāra。śrī 音译"室利"，意译"吉祥"。mahā 音译"莫诃"，意译"大"。vihāra 意译"毗诃罗"，意思是"住处"，也可以翻译为"寺"，只是后者在义净看来，不算是"正翻"。近代在那烂陀遗址上做考古发掘，发现了当年那烂陀寺的印章，上面镌刻的，正是"室利那烂陀莫诃毗诃罗"这几个梵文字，证实义净的记载很准确。

那烂陀寺建立的时间，虽然在佛教方面说得很早，可以追溯到释迦牟尼的时代，但实际上要晚得多，真正成为规模的那烂陀寺，应该是建于公元 5 世纪的前期。做这样的判断，原因主要有两点：第一，那烂陀的遗址，在 19 世纪的后期被发现，考古学家在遗址上做过数次发掘，没有发现早于公元 5 世纪的文物。第二，中国东晋时代的法显，是第一位真正到达印度本土的求法僧。法显也曾经在这一带朝圣，重要的佛教寺庙和圣址，法显都到过。法显提到了这一带的许多地名，却没有提到那烂陀。法显到达摩揭陀的时间，是在公元 405 年前后。

那烂陀寺的建设，并非在一个时期完成，前后经历了几百年。玄奘在《大唐西域记》里，提到了数位印度国王的名字，其中包括帝日王、觉护王、如来王、幼日王、金刚王以及一位中印度的国王。玄奘在这里列出的国王的名字，大部分可考，时间上也与其他的证据基本相合，今天讨论那烂陀的历史，离不开玄奘和义净的记载。

对于那烂陀，《大慈恩寺三藏法师传》卷三也有同样的描述：

> 如是六帝相承，各加营造，又以砖垒其外，合为一寺，都建一门。庭序别开，中分八院。宝台星列，琼楼岳峙，观竦烟中，殿飞霞上。生风云于户牖，交日月于轩檐。加以渌水逶迤，青莲菡萏，羯尼花树，晖焕其间，庵没罗林，森竦其外。诸院僧室，皆四重重阁，虬栋虹梁，绿栌朱柱，雕楣镂槛，玉础文楹，甍接瑶晖，榱连绳彩。印度伽蓝数乃千万，壮丽崇高，此为其极。

"六帝"指的是玄奘上面提到的六位国王。那烂陀寺建筑的规模和辉煌，在当时的印度，显然称得上是第一。不仅建筑的规模大，到这里学习的僧人也很多。对此《大慈恩寺三藏法师传》讲的是：

> 僧徒主客常有万人，并学大乘兼十八部，爰至

俗典《吠陀》等书，因明、声明、医方、术数亦俱研习。凡解经、论二十部者一千余人，三十部者五百余人，五十部者并法师十人。

常住僧和客僧加在一起有万人之多，确实很多。不过，义净的《大唐西域求法高僧传》讲的是三千五百人。不管哪一个数字更准确，总之人数不少。

《吠陀》是印度最古老的经典。这就是说，那烂陀的僧人学习的，不仅是佛学，也包括佛学以外的其他的学问："因明""声明""医方"以及"术数"。"因明"指的是印度古代的逻辑学，"声明"则是印度传统的语言学，"医方"的全称是"医方明"，也就是医学，"术数"又称"工巧明"，是对工艺、数学、天文、星象、音乐、美术等的总称。四类学问，加上"内明"，合称为"五明"。"内明"指的是宗教哲学的知识。在古印度，"五明"构成一个完整的知识体系。这样的一种对知识分类的方法，后来被中国古代的藏族所接受。

僧人之间，学问的程度也各有不同。在整个那烂陀寺，通解二十部经论的有一千多人，三十部的有五百多人，但通解五十部的包括玄奘在内只有十人。不过，僧人中最有学问的还是戒贤法师。《大慈恩寺三藏法师传》卷三讲：

唯戒贤法师一切穷览，德秀年耆，为众宗匠。寺内讲座日百余所，学徒修习，无弃寸阴。德众所居，自然严肃。

戒贤法师德高望重。他虽然年事已高，但在他的统领下，那烂陀每天举办的讲座有一百多场。所有的僧人都认真学习，生怕浪费了时间。这样的情形下，整个那烂陀学风端正严肃。

那烂陀寺如此大的规模，僧人如此众多，日常的开支不少，经济上因此也需要支撑，《大慈恩寺三藏法师传》卷三因此还讲：

> 国王钦重，舍百余邑充其供养，邑二百户，日进粳米、酥乳数百石。由是学人端拱无求而四事自足，艺业成就，斯其力焉。

这就是说，国王们划给那烂陀寺一百多个村庄，每个村庄二百户人家。村庄为那烂陀提供生活的资源，由此僧人们才能专心修行和治学。玄奘说"艺业成就，斯其力焉"，这句话说得很实在。

玄奘当年到印度求法，最主要的目的，是想学习一部称作《瑜伽师地论》的大乘佛典。那烂陀的戒贤法师，是当时印度最为精通这部经典的一位佛学大师。

《大慈恩寺三藏法师传》为此讲了玄奘与戒贤法师见面的故事。玄奘到达摩揭陀国后，先到菩提道场，礼拜菩提树以及周围的圣迹，前后八九天，到了第十天，那烂陀寺派来了四位僧人，来接玄奘。先到那烂陀寺的一处"寺庄"，是"尊者目连本生之村"。在寺庄吃过饭后，又有二百多为僧人和一千多在家的信众来迎接，玄奘终于到达了那烂陀，第一件事当然是拜见戒贤法师：

于是随众入谒。既见，方事师资，务尽其敬，依彼仪式，膝行肘步，鸣足顶礼，问讯赞叹讫。法藏令广敷床座，命法师及诸僧坐。坐讫，问法师从何处来？报曰："从支那国来，欲依师学《瑜伽论》。"

戒贤法师听玄奘这样说，非常感动，让他的弟子觉贤跟玄奘讲了自己的故事：

闻已啼泣，唤弟子佛陀跋陀罗（此言觉贤），即法藏之侄也，年七十余，博通经论，善于言谈。法藏语曰："汝可为众说我三年前病恼因缘。"觉贤闻已，啼泣扪泪而说昔缘云："和尚昔患风病，每发，手足拘急如火烧刀刺之痛，乍发乍息，凡二十余载。去三年前，苦痛尤甚，厌恶此身，欲不食取尽。于夜中梦三天人，一黄金色，二琉璃色，三白银色，形貌端正，仪服轻明，来问和尚曰：'汝欲弃此身耶？经云：说身有苦，不说厌离于身。汝于过去曾作国王，多恼众生，故招此报。今宜观省宿愆，至诚忏悔，于苦安忍，勤宣经论，自当销灭。直尔厌身，苦终不尽。'和尚闻已，至诚礼拜。其金色人指碧色者语和尚曰：'汝识不？此是观自在菩萨。'又指银色曰：'此是慈氏菩萨。'和尚即礼拜慈氏，问曰：'戒贤常愿生于尊宫，不知得不？'报曰：'汝广传正法，后当得生。'金色者自言：'我是曼殊室利菩萨。我等见汝空欲舍身，不为利益，故来劝汝。当依我语，显扬正法《瑜伽论》等，遍及未闻，汝身即渐安隐，

勿忧不差。有支那国僧乐通大法，欲就汝学，汝可
教之。'法藏闻已，礼拜报曰：'敬依尊教。'言已不
见。自尔已来，和尚所苦瘳除。"僧众闻者莫不称叹
希有。

《瑜伽论》的全称是《瑜伽师地论》，《瑜伽师地论》
是大乘佛教瑜伽行派最主要，也是最重要的经典之一。
玄奘自己，到印度去，最主要的目的，就是学习这部经
典。他回国后，自己不仅翻译了这部经典，也大力弘传
这一派的理论，最后于与他的弟子窥基一起，创建了中
国佛教的一个新的宗派，称作"法相宗"，又称"唯识宗"。
《大慈恩寺三藏法师传》这里讲这个故事，应该也与此有
关，故事讲到观自在菩萨，也就是观音菩萨，讲到慈氏
菩萨，也就是弥勒菩萨，还讲到曼殊室利菩萨，也就是
文殊菩萨。这些的细节，很有些神奇，但其后的故事，
颇让人感动：

　　法师得亲承斯记，悲喜不能自胜，更礼谢曰：
"若如所说，玄奘当尽力听习，愿尊慈悲摄受教诲。"
法藏又问法师："汝在路几年？"答："三年。"既与
昔梦符同，种种诲喻，令法师欢喜，以申师弟之情。

于是戒贤法师安排玄奘在那烂陀寺住了下来：

　　言讫辞出，向幼日王院安置于觉贤房第四重阁。
七日供养已，更安置上房，在护法菩萨房北，加诸

供给。日得瞻步罗果一百二十枚，槟榔子二十颗，豆蔻二十颗，龙脑香一两，供大人米一升。其米大于乌豆，作饭香鲜，余米不及，唯摩揭陀国有此粳米，余处更无，独供国王及多闻大德，故号为供大人米。月给油三升，酥乳等随日取足。净人一人、婆罗门一人，免诸僧事，行乘象舆。那烂陀寺主客僧万，预此供给添法师合有十人。其游践殊方，见礼如此。

那烂陀寺的周边，遍布佛教的圣迹，玄奘先是外出，一一礼拜，最后回到那烂陀，这个时候戒贤法师才为他讲《瑜伽师地论》，玄奘先后听了三遍。不仅是《瑜伽师地论》，玄奘同时还学习其他很多经典：

> 法师在寺听《瑜伽》三遍，《顺正理》一遍，《显扬》《对法》各一遍，《因明》《声明》《集量》等论各二遍，《中》《百》二论各三遍。其《俱舍》《婆沙》《六足》《阿毗昙》等，已曾于迦湿弥罗诸国听讫，至此寻读决疑而已。兼学婆罗门书。

对于佛教，这些经典都很重要，其中的大部分，玄奘回国后也都做了翻译。

作为当时印度乃至整个亚洲的佛教学术中心，来到那烂陀学习的当然不仅是玄奘。在玄奘之后，不少中国僧人以玄奘作为榜样，也先后来到那烂陀。前面提到的唐代高僧义净撰写的《大唐西域求法高僧传》，记载唐代初年五十多位僧人到印度求法的事迹。这些僧人中，很多到过那烂陀，也都在那烂陀学习过。其中时间最长的，就是义净。义净在那烂陀学习的时间，前后有十一年之久。这甚至比玄奘在那烂陀学习的时间还长。

义净在他的书中都提到了这些僧人的名字：玄照、道希、阿离耶跋摩、慧业、佛陀达摩、道生、大乘灯、道琳、灵运、智弘、无行。他们多数来自中国本土，也有的来自当时的新罗，也就是今天的韩国，个别来自当时的中亚地区。

这些僧人到达那烂陀的时间，有的来得比义净稍早，有的留学一段时间后离开了那烂陀，回到中国，个别的就去世在那烂陀。有的在释迦牟尼成道的地方菩提伽耶的大觉寺建造唐碑，还从中国带来了中文佛经，这些佛经最后留在了那烂陀。有的在那烂陀抄写梵文佛经。有的描绘佛像，妙等画工。义净本人，则一边学习，一边就开始了翻译佛经的工作。他们都可以说是中国最早的留学生，那烂陀则是他们到印度求法的最终目的地。

在这些留学生或者说留学僧中，成就最大的，当然首推玄奘，其次是义净。玄奘在那烂陀，就已经显示他出色的才能。《大慈恩寺三藏法师传》讲，他学有所成之后，戒贤法师让他主讲，其他的僧人，则成为他的听众。一位名叫师子光的印度僧人，在佛学理论上与玄奘的看法不一样，玄奘与他进行辩论，数次往复，最后师子光"不能酬答"，原来同意师子光的"学徒渐散"，而转为跟随玄奘。由此玄奘还用梵文撰写了论文《会宗论》。论文发表，"戒贤及大众无不称善"。这种自由讨论和辩论的做法，让那烂陀就像是今天的一所大学。

玄奘和义净回到中国后，翻译了大量的佛经，二人都成为了中国历史上最著名的翻译家。

那烂陀的辉煌，一直持续到公元 12 世纪。公元 12 世纪，穆斯林军队到达了比哈尔，兵锋所到之处，所有非伊斯兰教的寺院都被劫掠和摧毁。那烂陀的僧人被杀，建筑被焚烧。13 世纪初，在突厥穆斯林军队的最后的一次打击中，那烂陀终于被彻底毁掉。人们重新见到那烂陀，是在 20 世纪印度考古局组织的两次大规模考古发掘之后。已经发掘的考古遗址占地大约十二公顷，但也只是当年那烂陀寺的一部分。遗址上残留的大塔高二三十米，宽大的院落与众多的僧房排列有序，正如玄奘和义净的描述，可以让人想象当年壮观的景象。

为了继承那烂陀的教育和国际化传统，从 2007 年开始，印度政府计划在距离那烂陀遗址不远的王舍城附近，建设一所新的那烂陀大学。政府的提案 2010 年在印度议会上下两院获得通过并经总统批准生效。目前大学正在建设之中。新的教员和学生陆续到校，学校于 2014 年 9 月正式开学。这个计划也得到了中国的支持。2010 年 12 月，中国总理温家宝在访问印度期间，代表中国政府向新建的那烂陀大学捐赠 100 万美元，以表达中国的支持。我们衷心希望，在当年玄奘、义净和其他中国僧人曾经留学过的地方，这所新的那烂陀大学建设成功。

卷十

一、迦摩缕波国

伽摩缕波国[1]，周万余里。国大都城，周三十余里。土地泉湿，稼穑时播。般橠娑果、那罗鸡罗果[2]，其树虽多，弥复珍贵。河流湖陂，交带城邑。气序和畅，风俗淳质。人形卑小[3]，容貌厘黑，语言少异中印度。性甚犷暴，志存强学。宗事天神，不信佛法。故自佛兴以迄于今，尚未建立伽蓝，招集僧侣。其有净信之徒，但窃念而已。天祠数百，异道数万[4]。

今王本那罗延天之祚胤[5]，婆罗门之种也，字婆塞羯罗伐摩（唐言日胄）[6]，号拘摩罗（唐言童子）[7]。自据疆土[8]，奕叶君临，逮于今王，历千世矣。君上好学，众庶从化。

远方高才，慕义客游。虽不淳信佛法，然敬高学沙门。

初，闻有至那国沙门在摩揭陀那烂陀僧伽蓝[9]，自远方来，学佛深法，殷勤往复者再三，未从来命。时尸罗跋陀罗论师曰[10]："欲报佛恩，当弘正法。子其行矣，勿惮远涉！拘摩罗王世宗外道，今请沙门，斯善事也。因兹改辙，福利弘远。子昔起广大心，发弘誓，愿孤游异域，遗身求法，普济含灵，岂徒乡国？宜忘得丧，勿拘荣辱，宣扬圣教，开导群迷。先物后身，忘名弘法。"

于是辞不获免，遂与使偕行而会见焉。拘摩罗王曰："虽则不才，常慕高学。闻名雅尚，敢事延请。"曰："寡能褊智，猥蒙流听。"拘摩罗王曰："善哉！慕法好学，顾身若浮。逾越重险，远游异域。斯则王化所由，国风尚学。今印度诸国多有歌颂摩诃至那国《秦王破阵乐》者[11]，闻之久矣，岂大德之乡国耶？"曰："然。此歌者，美我君之德也。"拘摩罗王曰："不意大德是此国人。常幕风化，东望已久。山川道阻，无由自

有关《秦王破阵乐》一段，与卷五"羯若鞠阇国"一节中讲玄奘与戒日王见面时的情形很相似。

致。"曰："我大君圣德远洽，仁化遐被，殊俗异域，拜阙称臣者众矣。"拘摩罗王曰："覆载若斯，心冀朝贡。今戒日王在羯朱嗢祇罗国^[12]，将设大施，崇树福慧。五印度沙门、婆罗门有学业者，莫不召集。今遣使来请，愿与同行。"于是遂往焉。

此国东山阜连接，无大国都，境接西南夷^[13]，故其人类蛮獠矣。详问土俗^[14]，可两月行，入蜀西南之境。然山川险阻，嶂气氛沴，毒蛇毒草，为害滋甚。国之东南，野象群暴，故此国中象军特盛。

[注释]

[1] 伽摩缕波：梵语 Kāmarūpa 的音译。《新唐书》和《旧唐书》译为"迦没路"，《新唐书》又作"箇没卢"。东印度古国，地域大致位于今印度阿萨姆邦的西部。 [2] 般橠（nuó）娑果：般橠娑果，即一般所说的波罗蜜、树波罗、木波罗。波罗蜜树上所结，果型巨大，最重可达二十公斤。《大唐西域记》卷二《印度总述》一节提到这种水果。般橠娑，梵语 panasa 的音译。那罗鸡罗果：即椰果，《大唐西域记》卷二《印度总述》一节也提到这种水果。那罗鸡罗，梵语 nārikela 的音译。 [3]"人形卑小"以下三句：印度阿萨姆邦的居民历史上和现在都包括一些非雅利安语的民族。当地的居民不仅身材矮小，皮肤黝黑，语言也与

中印度有所不同，玄奘在这里特别强调了一下。　[4]异道：佛教以外的宗教。这里指印度教，也可能指当地人信仰的其他非佛教的宗教。　[5]那罗延天：有时是遍入天或黑天的别名，有时是梵天的别名。这几个神名实际使用中经常混用。这里说"今王本那罗延天之祚胤"，是拘摩罗王王族神化自己的说法。那罗延，梵语 Nārāyaṇa 的音译。天，意思是神。　[6]婆塞羯罗伐摩：梵语 Bhāskaravarman 音译，意译"日胄"。　[7]拘摩罗：梵语 Kumāra 的音译，意译"童子"。　[8]"自据疆土"以下四句：这当然也只是一种夸张的说法，也是在神化自己。　[9]至那国沙门：就是玄奘。至那国，即中国。沙门，佛教僧人的自称。　[10]尸罗跋陀罗论师：即戒贤法师。玄奘在那烂陀学习时的老师，也是那烂陀寺的主持。见前卷九《摩揭陀国：那烂陀寺》一节中注释。　[11]摩诃至那国：伟大的至那国。《秦王破阵乐》：见前卷五《羯若鞠阇国》一节中注。　[12]今戒日王在羯朱嗢祇罗国：俱见前卷五《羯若鞠阇国》一节中注。　[13]西南夷：指古代中国西南地区的一些民族。有关"西南夷"的记载，自《史记》卷一百一十六《西南夷列传》开始，后来的正史中也多有记载。　[14]"详问土俗"以下三句：迦摩缕波是文献中可考的印度境内最早与中国有直接交通的地方。印度与中国西南的四川之间相距"可二千里"，有路可通。与经过西域通达印度的路径比，距离相对较近，但道路通行条件更难，玄奘这里讲是"可两月行"。

[点评]

迦摩缕波国位于东印度，地域大致包括今印度阿萨姆邦的西部以及今孟加拉国北部，与缅甸相接。因为与中国的西南边境在地理上更接近，文献中记载的印度与中国最早的交通往来，也就发生在这一地区。《史记》卷一百二十三《大宛列传》讲，汉武帝时代的张骞，出使西域，到达了位于今天阿富汗北部的大夏，在大夏见到四川出产的蜀布和邛竹杖。他很诧异，问当地人是怎么来的。当地人告诉张骞，蜀布和邛杖来自身毒国。张骞回来后向汉武帝报告，张骞认为，"大夏去汉万二千里，居汉西南。今身毒国又居大夏东南数千里，有蜀物，此其去蜀不远矣"。身毒国即印度。于是汉武帝试图开辟出一条从蜀地通过"西南夷"地区到身毒的道路，但最终没有成功。玄奘这里讲的，从迦摩缕波国"可两月行，入蜀西南之境"，实际上就是指中印之间的这条"捷径"。与经过西域通达印度的路径比，这条路线距离较近，但道路通行条件更为艰难，所以玄奘又补充说，这条路线"山川险阻，嶂气氛沴，毒蛇毒草，为害滋甚"。

玄奘在那烂陀，因为拘摩罗王的邀请，来到迦摩缕波国，无疑加强了拘摩罗王对中国的印象和认识。玄奘之后，贞观二十一年（647），王玄策出使印度，到达印度时，戒日王去世，国家发生混乱，戒日王的属下那伏帝阿罗那顺袭击王玄策的使团，王玄策反击，召吐蕃和尼泊尔的军队相助。《新唐书》卷二二一《西域传》讲，这时"东天竺王尸鸠摩送牛马三万馈军，及弓、刀、宝璎络。迦没路国献异物，并上地图，请老子象"。东天竺王尸鸠摩即玄奘所说的拘摩罗王，迦没路国即迦摩缕波国。这件事在《旧唐书》卷一九八《西戎传》中也有相似的记载，有些地方还说得稍微详细一些："有伽没路国，其俗开东门以向日。王玄策至，其王发使贡以奇珍异物及地图，因请老子像及《道德经》。"

玄奘回国以后，唐太宗还真考虑过把《道德经》翻译为梵文送到印度的事。唐太宗命令当时被认为道教方面最有学问的三十多位道士，与玄奘一起，翻译《道德经》。但真正开始，双方讨论起具体怎么处理翻译中的一些词语和观念时，玄奘与道士们的意见大相径庭，最后合作没有成功，《道德经》终究也没有被翻译成梵文。

二、秣罗矩吒国

秣罗矩吒国[1]，周五千余里，国大都城周四十余里。土田舄卤，地利不滋。海渚诸珍，多聚此国。气序炎热，人多厘黑。志性刚烈，邪正兼崇。不尚游艺，唯善逐利。伽蓝故基，寔多余址，存者既少，僧徒亦寡。天祠数百，外道甚众，多露形之徒也。

城东不远，有故伽蓝，庭宇荒芜，基址尚在，无忧王弟大帝之所建也。其东有窣堵波，崇基已陷，覆钵犹存，无忧王之所建立。在昔如来于此说法，现大神通，度无量众，用彰圣迹，故此标建。岁久弥神，祈愿或遂。

国南滨海有秣剌耶山[2]，崇崖峻岭，洞谷深涧。其中则有白檀香树、栴檀你婆树[3]。树类白檀，不可以别，唯于盛夏，登高远瞻，其有大蛇萦者，于是知之。犹其木性凉冷，故蛇盘也。既望见已，射箭为记，冬蛰之后，方乃采伐。羯布罗香树松身异叶[4]，花果斯别，初采既湿，尚未有香，木干之后，循理而析，其中有香，状若云母，色如冰雪，此所谓龙脑香也。

观自在菩萨即观音菩萨居住于南海的故事由此而来。

秣剌耶山东有布呾洛迦山[5]，山径危险，岩谷欹倾，山顶有池，其水澄镜，流出大河，周流绕山二十匝，入南海。池侧有石天宫，观自在菩萨往来游舍[6]。其有愿见菩萨者，不顾身命，历水登山，忘其艰险，能达之者，盖亦寡矣。而山下居人，祈心请见，或作自在天形[7]，或为涂灰外道[8]，慰喻其人，果遂其愿。

从此山东北，海畔有城[9]，是往南海僧伽罗国路[10]。闻诸土俗曰：从此入海，东南可三千余里至僧伽罗国（唐言执师子，非印度之境）。

[**注释**]

[1] 秣罗矩吒：梵语 Malakūṭa 的音译。从《大唐西域记》讲到的方位推断，秣罗矩吒国的位置，应该在今天印度泰米尔纳都邦的境内，地域大致延伸到印度半岛最南端的科摩林角（Cape Comorin）。一种看法认为，秣罗矩吒国即印度古代的潘底亚国（梵语 Pāṇḍya）。　[2] 秣剌耶山：依照玄奘的描述，秣剌耶山应该是指今天西高止山（Western Ghats）南端，直抵科摩林角的那一段山脉。秣剌耶，梵语 Malaya 的音译。　[3] 栴檀你婆树：栴檀树，木可作香料，称为栴檀香或檀香，分黄和白两种。栴檀你婆，梵语 candaneva 的音译。　[4] 羯布罗香树：羯布罗香树的树心干后，可以制成龙脑香。羯布罗，梵语 karpūra 的音译。　[5] 布呾洛迦山：此处讲布呾洛迦山在秣罗矩吒国南境，秣剌耶山的东边，临近海滨，虽然确切的位置难以考定，但从大致的位置看，面临南海，已经可以与不远的僧伽罗国，也就是今天的斯里兰卡岛相望了。布呾洛迦，梵语 Potalaka 的音译。佛经里有时也译为“补怛洛迦”“补怛罗迦”“布怛落伽”或者“普陀洛迦”。　[6] 观自在菩萨：即观音菩萨。见前卷一《迦毕试国》一节中注。　[7] 作自在天形：变化为大自在天的模样。大自在天是印度教的大神，印度教的三位大神之一。不过佛教后来把他也吸收了进来，但作为佛教的神，地位没有在印度教里那么高。　[8] 涂灰外道：指印度教徒中的一类修行者。他们常常脸涂白灰，修习苦行。外道是佛教对非佛教徒的统称。在今天的印度，“涂灰外道”还常常可以看到。　[9] 海畔有城：此城指印度南部泰米尔纳杜邦的港口城市那迦钵檀那（Nāgapaṭṭanam），位于科弗里（Kāverī）河河口，与斯里兰卡隔海相望。　[10] 僧伽罗国：又称“执师子国”或“师子国”，今称斯里兰卡。

［点评］

　　玄奘这里讲到的布呾洛迦山，是观音菩萨的道场。《大唐西域记》中，有多处地方提到观音菩萨，不过，像在这里一样，玄奘提到观音菩萨时，总是依照梵语原文Avalokiteśvara 的意译，使用"观自在菩萨"这个名字。在《大唐西域记》卷三的一处地方，玄奘还使用"观自在"一名的音译"阿缚卢枳低湿伐罗"。为此玄奘专门做了一番解释：

　　　　唐言观自在，合字连声，梵语如上。分文散音，即阿缚卢枳多，译曰观；伊湿伐罗，译曰自在。旧译为光世音，或云观世音，或观世自在，皆讹谬也。

　　也就是说，作为一个梵语词，Avalokiteśvara 可以分为两个部分：前一部分是 Avalokita，音译"阿缚卢枳多"，意译"观"；后一部分是 īśvara，音译"伊湿伐罗"，意译"自在"。前一部分的尾音 a 和后一部分的首音 ī 拼合在一块，"合字连声"，语音发生变化，成为一个复合音 e，汉字音译因此也有一点变化，成为"阿缚卢枳低湿伐罗"。玄奘认为，这是正确的拼法和写法，以前的翻译，无论是"光世音"，还是"观世音"，还是"观世自在"，都不正确。

　　玄奘的说法不能说没有道理，如果严格依照梵文的标准拼法，确实是如此。但玄奘不知道，"观音""观世音"这几个名称，作为最早的翻译名，并不是从标准的梵语而来，而是来自一种不太标准的梵语。这种语言，学术界称为混合梵语。在印度和中亚当时流行的混合梵语中，Avalokiteśvara 往往写作 Avalokitasvara。Avalokitasvara 的意思，确实可以理解为"见声音"或者"见声音者"。这也就是鸠摩罗什《法华经》译本中的"观其音声，皆得解脱"的来源。由此而有"观音""观世音""光世音""观世自在"这一系列译名。这不好说一定就是鸠摩罗什的错误。

实际上，在玄奘之前，观世音这个名称已经被普遍地接受。虽然后来有了玄奘的新的"观自在"这个译名，并新译名并未完全取代"观世音"这个名称。唐太宗李世民作了皇帝后，"观世音"一名又因为避李世民名字中"世"字的讳，改为"观音"。直到现在，中国人用得最多的，还是观音或者观世音这两个名称。

佛教，尤其是大乘佛教的菩萨有很多。中国人知道最多的菩萨则有四位：文殊菩萨、普贤菩萨、地藏王菩萨和观音菩萨。四大菩萨都有人拜，但拜得最多的，无疑是观音菩萨。菩萨们都来自印度，为何观音菩萨在中国最有名，最受到中国人的喜爱呢？这也是一个很有意思的问题。

要回答这个问题，需要从佛教在中国发展的历史做考察。一种说法认为，这与佛教的《妙法莲华经》有关。《妙法莲华经》一般又简称为《法华经》。《法华经》中有一品，称作《观世音菩萨普门品》，其中讲到的观世音菩萨或者说观音菩萨，完全以大慈大悲、救苦救难的形象而出现，从此成为一般人精神上求助的对象。《法华经》

在东晋十六国时代由从龟兹来的高僧鸠摩罗什译出后，一千多年来一直是中国佛教徒诵读最多的经典之一，观音菩萨也就为人们所熟知。到了唐代，又有了被认为是玄奘翻译的《般若波罗蜜多心经》。《般若波罗蜜多心经》也简称《心经》，经文的第一句，就是"观自在菩萨，行深般若波罗蜜多时，照见五蕴皆空，度一切苦厄"。对于中国的佛教徒而言，《心经》也是一部几乎每天都要念诵的经典，于是观音的形象更加地深入人心。

总之，在中国，与其他几位菩萨相比，观音菩萨似乎最能救困济厄，因此最服中国的"水土"，也最受欢迎和崇拜。观音菩萨在印度，原本为男身，到了中亚，依然是男身，到了中国汉地，却一举而变化为女身。作为女身的观音，形象既端庄美丽，同时又法力无边，大慈大悲，无求不应。中国的老百姓，尤其是女性，无论贫富贵贱，几乎没有不喜欢、不拜观音菩萨的。

玄奘这里讲，观音菩萨住在布呾洛迦山，布呾洛迦山在秣罗矩吒国。不过，从玄奘的传记《大慈恩寺三藏法师传》中相关的一段记载看，玄奘自己似乎没有到过秣罗矩吒国。玄奘对秣罗矩吒国和布呾洛迦山的记载，应该主要得自于传闻。因此，布呾洛迦山究竟在哪里，实际上难以坐实，我们只能说在印度半岛南端的海边。对于印度，这里有时也称作南海。中国人讲"南海观音"，其中的"南海"，认真讲起来，最初所指并不是今天南中国海的南海，而是印度的南海。都是南海，但位置不一样。

观音菩萨在布呾洛迦山，其实是佛教早有的传说。

佛教有一部有名的经典，称作《大方广佛华严经》，简称《华严经》。《华严经》历史上有过好几个译本，其中一个是唐代的译本，八十卷，翻译者是武后时代从古代于阗国（今新疆和田）来的僧人实叉难陀。经文中讲到，在印度的福城，有一位善财童子，为了学习佛教，参访各处的菩萨，其中一处就在南方："南方有山，名补怛洛迦。彼有菩萨，名观自在。"观自在菩萨即观音菩萨。中国佛教的华严宗，以《华严经》作为根本经典。华严宗的创始人，是武后时代的法藏。法藏有一位弟子，名叫慧苑，为了解释《华严经》，编撰了《新译华严经音义》，其中对"补怛洛迦山"的解释是："此翻为小花树山，谓此山中多有小白花树，其花甚香，香气远及也。"这样的解释，出于对经文的理解，也可以接受。因为《华严经》，在后来的民间传说，包括明代著名的小说《西游记》中，善财童子也就成了观音菩萨的侍者，与一位龙女一起，经常随侍在观音的旁边。

中国人对于观音菩萨的崇拜，宋代以后深入到社会的各个阶层。从印度来到中国的所有佛菩萨中，观音温柔而善良，无限慈悲，常常救人于水火，无怪乎会成为中国佛教信徒最喜爱、最感觉亲近的一位菩萨。中国民间所讲的"家家观世音，户户阿弥陀"，正是对此的一种形容。

有趣的还有，历史上中国人最崇拜的这几位菩萨，大约从唐代开始，都先后"移民"到了中国，在中国找到了自己的安身之处。首先是文殊菩萨，山西的五台山成为文殊的道场，佛教至今很盛。其次是普贤菩萨，峨眉山成了普贤的道场。再就是观音菩萨，从唐末开始，浙江东海舟山群岛中的一处小岛，有了"不肯去观音"的传说，于是这座小岛被认为是观音应化的道场，这就是今天的普陀山。同时还有安徽的九华山，成了地藏王菩萨的道场。"普陀山"即"布呾洛迦山"。这四处名山，一千多年来一直是中国佛教徒最重要的朝圣之处。来自印度的几位大菩萨，最终都"落户"到了中国，说明什么呢？这至少说明：第一，到了这个时候，佛教已经成为中国人普遍接受的一种信仰；第二，就整个佛教世界而言，中国的佛教有了越来越大的影响，中国在这个时候已经成为了佛教在亚洲的另一个中心。

不仅汉地，在西藏，观音菩萨同样有着非常崇高的地位。拉萨的布达拉宫，其中的"布达拉"（Potala）一名，也是来自"布呾洛迦"。

从印度的布呾洛迦山，有了中国浙江东海的普陀山，也有了西藏拉萨的布达拉宫。一位菩萨，三处地名，《大唐西域记》中关于观音的故事又一次说明，历史上中印之间曾经有过怎样多姿多彩的文化交流。

卷十一

一、僧伽罗国：建国的传说

僧伽罗国[1]，周七千余里，国大都城周四十余里。土地沃壤，气序温暑。稼穑时播，花果具繁。人户殷盛，家产富饶。其形卑黑，其性犷烈。好学尚德，崇善勤福。

此国本宝渚也[2]，多有珍宝，栖止鬼神。其后南印度有一国王，女娉邻国，吉日送归，路逢师子[3]。侍卫之徒弃女逃难，女居舆中，心甘丧命。时师子王负女而去，入深山，处幽谷，捕鹿采果，以时资给。既积岁月，遂孕男女。形貌同人，性种畜也。男渐长大，力格猛兽。年方弱冠，人智斯发。谓其母曰："我何谓乎？父则野兽，母乃是人。既非族类，如何配偶？"母乃述

人兽结合，是印度人在故事里常有的想象。

毕竟是人，最终还是希望回到人在的地方。

昔事，以告其子。子曰："人畜殊途，宜速逃逝。"母曰："我先已逃，不能自济。"其子于后，逐师子父，登山逾岭，察其游止，可以逃难。伺父去已，遂担负母妹，下趋人里。母曰："宜各慎密，勿说事源。人或知闻，轻鄙我等。"

于是至父本国。国非家族，宗祀已灭。投寄邑人，人谓之曰："尔曹何国人也？"曰："我本此国，流离异域。子母相携，来归故里。"人皆哀悯，更共资给。

其师子王，还无所见。追恋男女，愤恚既发。便出山谷，往来村邑。咆哮震吼，暴害人物，残毒生类。邑人辄出，遂取而杀。击鼓吹贝，负弩持矛。群从成旅，然后免害。其王惧仁化之不洽也，乃纵猎者，期于擒获。王躬率四兵，众以万计。掩薄林薮，弥跨山谷。师子震吼，人畜僻易。既不擒获，寻复招募：其有擒执师子除国患者，当酬重赏，式旌茂绩。

国王重赏之下，儿子动心。

其子闻王之令，乃谓母曰："饥寒已甚，宜可应募。或有所得，以相抚育。"母曰："言不可若是。彼虽畜也，犹谓父焉。岂以艰辛，而兴逆害？"子曰："人畜异类，礼义安在？既以违阻，此心何冀？"乃袖小刀，出应招募。是时千众万骑，云屯雾合。师子踞在林中，人莫敢近。子即其前，父遂驯伏。于是乎亲爱忘怒。乃剚刃于腹中。尚怀慈爱，犹无忿毒。乃至刳腹，含苦而死。

即使是这个时候，狮王心中仍然是对儿子的一片慈爱之心，没有丝毫的怨恨。

王曰："斯何人哉？若此之异也？"诱之以福利，震之以威祸。然后具陈始末，备述情事。王曰："逆哉！父而尚害，况非亲乎？畜种难驯，凶情易动。除民之害，其功大矣。断父之命，其心逆矣。重赏以酬其功，远放以诛其逆，则国典不亏，王言不贰。"

国王既要信守承诺，奖赏儿子，但对于弑父之罪，也不能不惩罚。

于是装二大船，多储粮糒[4]。母留在国，周给赏功。子女各从一舟，随波飘荡。其男船泛海，至此宝渚。见丰珍玉，便于中止。其后商人采宝，复至渚中。乃杀其商主，留其子女。如是繁息，子孙众多。遂立君臣，以位上下。建都筑邑，据有疆域。以其先祖擒执师子，因举元功，而为国号。其女船者，泛至波剌斯西[5]。神鬼所魅，产育群女，故今西女国是也[6]。故师子国人形貌卑

黑，方颐大颡，情性犷烈，安忍鸩毒，斯亦猛兽
遗种。故其人多勇健，斯一说也。

[注释]

[1]僧伽罗国：即今天的斯里兰卡。僧伽罗是印度俗语
Simghala 的音译，梵文则写作 Siṃhala。Siṃha 在梵语里的意思
是狮子，Siṃhala 的意思可以解释为"执狮子"或者"捉住狮子"。
僧伽罗是斯里兰卡的古称。今天斯里兰卡最大的民族就称作僧
伽罗族，语言称作僧伽罗语。"狮子"在中国古代写作"师子"，
斯里兰卡就称作"师子国"。所以此处就讲的是一个与狮子相关
的故事。　[2]宝渚：即宝岛。斯里兰卡出产宝石，自古以来就
很闻名。鬼神守护宝石，是斯里兰卡古老的传说。　[3]师子：
即狮子。　[4]粮糗（qiǔ）：粮食。　[5]波剌斯：即波斯，今天
的伊朗。《大唐西域记》卷十一有《波剌斯》条，讲得很简单。
玄奘没有到过波斯，所说都得自传闻。　[6]西女国：更是得自
传闻。

[点评]

玄奘这里讲的故事，主角是狮王与狮王儿子，好像
是讲野兽，其实是讲人。狮王虽然是野兽，表现出的却
是人一样的感情。因此故事颇有人情味。

南印度国王的女儿，在出嫁邻国的途中，被狮王劫
夺而去，不过狮王并没有伤害她，相反却用捕捉来的食
物，供养女子。女子与狮子住在一起，日子长了，生下
一男一女。孩子的相貌长得跟人一样，但性格却像野兽。

人兽相交，诞生后代的传说，在古代的印度，也包括南亚的其他国家有很多，这样的故事不算奇怪。

男孩渐渐长大，力气巨大，足以跟猛兽格斗。他成年之后，懂事了，于是问他的母亲："为什么我的父亲是野兽，而你是人？这是怎么回事啊？"母亲把过去的事告诉了儿子。儿子说："人与野兽，不是同类，我们赶紧逃走吧。"母亲说："我以前也尝试逃过，只是我自己一个人很难成功。"

于是儿子跟随父亲狮子王，登山越岭，终于发现了一个可以逃走的机会。趁狮子王不在，儿子便背负着母亲和妹妹，来到人类住的村庄。这时母亲告诫儿子说："我们各自要小心，不要把我们的来历讲出去。要是让人知道了，大家恐怕会看不起我们。"这样，他们渐渐地到了母亲的家乡，也就是儿子外祖父的国家。

但这个时候老国王早已去世，国家已经不再属于他们的家族，他们的亲友也都没有了。他们只好投宿在城里的人家，人们问他们是哪一个国家的人，他们回答说："我们原本就是这个国家的人，长久流落外国，现在我们母子一起回到了家乡。"大家一听这样说，都很同情他们，为他们提供帮助。

留在山里的狮王却是另外一种情况。他从外面回来，发现妻子、儿子和女儿都不见了，它挂念自己的儿女，非常愤怒。于是他走出山谷，来到城边，咆哮怒吼，一见有人从城里出来，便发起攻击，杀死每一个它见到的人。城里的人，只有带上武器，结成团伙，才敢出城。

国王知道这事，只能让猎人们去捉拿狮子，还带上军队，军队的士兵数以万计，遍布山野。可是只要狮王一声怒吼，士兵们都躲避不及。国王只好发布命令，招募勇士，谁能够捉拿狮子，为国除害，一定重赏。

儿子这时听说了国王的招募令，就对母亲说："我们缺吃少穿，我可以去应募，或者成功了，得到奖赏，我们生活就再也没有问题。"母亲说："你不可以这样说。狮子虽然是兽类，但它是你的父亲。你怎么能因为生活困难，去伤害它呢？"儿子说："人和兽，不是一类，哪里谈得上礼义呢？既然人兽互不相干，何必顾虑什么呢。"儿子没有听从母亲的劝阻，到国王那里应募。

儿子带上一把小刀去应募。国王集合了军队，千军万马，把狮王围了起来。狮王蹲在树林中，没有人敢走近。只有儿子一个人，走到狮子跟前。狮子见到儿子，一下就安静下来，要表示亲爱，这时儿子却突然把刀插进狮王的腹中。到了这个时候，狮王的心中，仍然对儿子是慈爱之心，没有丝毫的怨恨。儿子用刀剖开了狮王的肚腹，狮王忍受痛苦，直到最后死去。

国王看见了这一切，觉得很奇怪，一问，儿子说了实话。国王知道了原委，感叹不已，说了一番话："这真是大逆不道啊！你连你的父亲都能杀死，如果伤害那些不是你亲人的人，还会有顾忌吗？野兽之种，凶恶的本性真难以改变。你为民除害，功劳很大，但你杀死父亲，悖逆不道。我现在重赏你的功劳，但我要把你流放到远处去。这样国家的规矩才不会受到损害，但我作为国王，我说过要奖励你的话也算数。"

最后国王准备了两只大船，装上很多粮食。母亲留了下来，给予赏赐。狮王的儿子和女儿，各自上一只船，让船随波逐流。儿子的船在海上漂流，到达这个宝岛，停留了下来。再后来商人们采寻珍宝，来到岛上，狮王的儿子杀死商人，留下了商人的子女。这样渐渐繁衍下来，子孙众多，就设立制度，分为君臣上下，又修筑了城市，成为一个国家。因为这个国家的人，他们的祖先曾经擒拿过狮子，所以就用"执师子"作为国家的名字。

因为有这样的传说，僧伽罗国的人，不仅形貌黝黑，连性格也都显得勇猛刚烈，因为他们的身上有狮子的血统。至于狮子王女儿乘坐的船，则漂流到了波斯国的西边，建立的国家称作"西女国"。

故事的情节并不复杂，但人与兽，各种感情互相纠缠，交织在一起：母亲和儿子回归人类的渴望，狮子王对儿子所表现出来的、无所保留的父爱，国王坚持原则，有赏有罚。故事讲的，其实不仅仅是一个与古老国家相关的神话传说，情节虽然奇异，背后表现的其实还是人类最基本的感情。

玄奘自己，并没有到过斯里兰卡。《大慈恩寺三藏法师传》卷四讲，玄奘周游五印度，到达了南印度达罗毗荼国（Draviḍa）的建志补罗城（Kāñcīpura），即今天的康契维腊姆城（Conjeeveram）。玄奘原本打算从这里乘船去僧伽罗国。这时他遇见刚从僧伽罗国来的三百多位僧人。他们告诉玄奘，僧伽罗国的国王不久前去世，国内又发生了饥荒，他们就是因为躲避动乱，才来到印度。玄奘只好放弃了去僧伽罗国的念头。玄奘讲的这个故事，显然得知于传闻或者根据他在印度所读到的佛经。因为这个故事也见于斯里兰卡古老的文献《岛史》（Dīpavaṃsa）和《大史》（Mahāvaṃsa）。两部书主要讲斯里兰卡佛教的历史，同时还讲了其他不少传说和神话故事。

从"僧伽罗"这个名字，斯里兰卡最早的居民也就称作僧伽罗族，他们讲的语言，称作僧伽罗语。"僧伽罗"因此是斯里兰卡最古老的名称。玄奘称作"僧伽罗国"，玄奘之前，这个方面大多称为"师子国"。后来阿拉伯人来到了斯里兰卡，阿拉伯人称斯里兰卡为Silan，这时已经是中国的宋代，中国人也就把斯里兰卡改称为"细兰"，明代又翻译作"锡兰"。这个名称，一直使用到英国人统治斯里兰卡以及斯里兰卡独立之后的一段时期。1972年，锡兰改名为斯里兰卡，意思是"神圣的楞伽"（Sri Lanka），因为斯里兰卡有山，山名"楞伽"（Laṅkā），由此历史上斯里兰卡也曾经被称作"楞伽岛"（Lankadvīpa）。

二、摩诃剌侘国

摩诃剌侘国[1]，周六千余里。国大都城西临大河，周三十余里。土地沃壤，稼穑殷盛。气序温暑，风俗淳质。其形伟大，其性傲逸，有恩必报，有怨必复，人或陵辱，殉命以仇，窘急投分，忘身以济。将复怨也，必先告之，各被坚甲，然后争锋。临阵逐北，不杀已降。兵将失利，无所刑罚，赐之女服，感激自死。国养勇士，有数百人，每将决战，饮酒酣醉，一人摧锋，万夫挫锐。遇人肆害，国刑不加。每出游行，击鼓前导。复饲暴象，凡数百头，将欲阵战，亦先饮酒，群驰蹈践，前无坚敌。其王恃此人象，轻陵邻国。

王，刹帝利种也，名补罗稽舍[2]，谋猷弘远，仁慈广被。臣下事之，尽其忠矣。今戒日大王东征西伐，远宾迩肃，唯此国人独不臣伏，屡率五印度甲兵及募召诸国烈将，躬往讨伐，犹未克胜。其兵也如此，其俗也如彼。人知好学，邪正兼崇。伽蓝百余所，僧徒五千余人，大小二乘，兼功综习。天祠百数，异道甚多。

大城内外，五窣堵波，并过去四佛坐及经行遗迹之所，无忧王建也。自余石砖诸窣堵波，其数甚多，难用备举。

城南不远有故伽蓝，中有观自在菩萨石像，

这很有意思。战败而归者国王不予处罚，但赐予女人衣服，战败者因此愤然自杀。

灵鉴潜被，愿求多果。

国东境有大山，叠岭连障，重峦绝巘。爰有伽蓝，基于幽谷，高堂邃宇，疏崖枕峰，重阁层台，背岩面壑，阿折罗（唐言所行）阿罗汉所建[3]。罗汉西印度人也，其母既终，观生何趣，见于此国，受女人身。罗汉遂来至此，将欲导化，随机摄受，入里乞食，至母生家。女子持食来施，乳便流汁。亲属既见，以为不祥。罗汉说本因缘，女子便证圣果。罗汉感生育之恩，怀业缘之致，将酬厚德，建此伽蓝。

伽蓝大精舍，高百余尺。中有石佛像，高七十余尺。上有石盖七重，虚悬无缀，盖间相去各三尺余。闻诸耆旧曰：斯乃罗汉愿力之所持也；或曰神通之力；或曰药术之功。考厥实录，未详其致。精舍四周雕镂石壁，作如来在昔修菩萨行诸因地事。证圣果之祯祥，入寂灭之灵应，巨细无遗，备尽镌镂。伽蓝门外，南、北、左、右各一石象。闻之土俗曰：此象时大声吼，地为震动。昔陈那菩萨多止此伽蓝[4]。

儿子见到转世的母亲，母亲乳汁流出，这是典型的印度故事。类似的故事在佛经中常能见到。

[注释]

[1]摩诃剌侘国：摩诃剌侘国地域广大，大致相当于今天印度的马哈拉施特拉邦。今天的马哈拉施特拉邦使用的就是同样的名字。摩诃剌侘，梵语 Mahāraṣṭra 的音译，意思是"大国"。 [2]补罗稽舍：梵语 Pulakeśin 的音译。玄奘这里提到的补罗稽舍王应该是印度古代遮娄其（Chālukya Dynasty）王国的国王补罗稽舍王二世（Pulakeśin II），在位时间为公元610—642年。他也是印度历史上一位有名的国王，曾经击败过同时代的戒日王。玄奘因此称赞他"谋猷弘远，仁慈广被"。遮娄其王国一度势力强大，是南印度的大国。《册府元龟》卷九七〇记载，唐代天授三年（692），有"南天竺国王遮娄其拔罗"派人来中国"朝献"。 [3]阿折罗：梵语 Ācāra 的音译，意译"所行"。阿折罗罗汉的故事仅见于此。 [4]陈那：梵文作 Dignāga，俗语 Diṇṇa，陈那应该是俗语发音的翻译，意译域龙或大域龙。约5世纪末至6世纪初佛教因明学即逻辑学的大师。其著作有古代的汉译。

[点评]

很多人，尤其是印度的学者，认为玄奘在这里提到的建造在大山中石崖上寺庙，就是今天马哈拉施特拉邦境内，奥朗加巴德（Aurangabad）附近，世界著名的阿旃陀石窟。从玄奘此处所说的摩诃剌侘国"东境有大山，叠岭连障，重峦绝巘。爰有伽蓝，基于幽谷，高堂邃宇，疏崖枕峰，重阁层台，背岩面壑"以及"精舍四周雕镂石壁，作如来在昔修菩萨行诸因地事"，"巨细无遗，备尽镌镂"这些描述来看，确实比较符合阿旃陀石窟所处

的地理位置、周边的环境以及今天看到的情形。玄奘是
否真正到过这里,《大慈恩寺三藏法师传》没有具体的记
载。或者玄奘是根据"耆旧"告诉他的情形,把这些写
进了他的《大唐西域记》吧?

卷十二

一、活国

活国[1]，睹货逻国故地也[2]。周二千余里。国大都城周二十余里。无别君长，役属突厥。土地平坦，谷稼时播，草木荣茂，花果具繁。气序和畅，风俗淳质。人性躁烈，衣服毡褐。多信三宝，少事诸神。伽蓝十余所，僧徒数百人，大小二乘，兼功综习。其王突厥也，管铁门已南诸小国，迁徙鸟居，不常其邑[3]。

[注释]

[1]活国：旧地在今阿富汗昆都士（Kunduz）。　[2]睹货逻国故地：见前卷一"睹货逻国故地"一节。　[3]不常其邑：指不固定地居住在某一处城邑，所谓"迁徙鸟居"，如鸟一样。

［点评］

《大唐西域记》记载的国家中，活国是小国，也不在印度的境内，但玄奘却在此做过两次停留。

第一次停留是在他从中国前往印度的行程中。《大慈恩寺三藏法师传》卷二讲，玄奘出铁门，行数百里，渡缚刍河即阿姆河，就到了活国。玄奘到活国，原因之一，是当时西突厥的叶护可汗的大儿子呾度住在活国，作为"设"，也就是代表突厥，管理这一个地区的数个国家。高昌王麹文泰的妹妹，是高昌的公主，嫁给了呾度。玄奘离开高昌时，麹文泰有信带给他妹妹。但当玄奘到达活国时，公主刚刚去世，呾度正在病中，同时还在伤心。呾度伤心之中，又被他后来娶的小夫人，称作"可贺敦"毒死。小夫人毒死呾度，则是呾度以前的夫人的儿子出的主意。高昌公主生的儿子年纪太小，只有让以前夫人的儿子继立为"设"。新的"设"又把他父亲的小夫人，也就是后母作为自己的夫人。玄奘先是把信交给了呾度设，呾度设还准备送玄奘到印度，不料自己就先就被毒死了。这前后的各种事，加上呾度设死后的丧事，玄奘在活国停留了一个多月。活国有一位名叫达摩僧伽的僧人，曾经"游学印度，葱岭已西推为法匠，其疏勒、于阗之僧无敢对谈者"。玄奘在此跟他讨论佛教的学问，两人成为朋友。

玄奘在活国的第二次停留，是归国途中经过。玄奘在活国的经历，说明活国虽然不大，但地处要道，而且当年佛教在这里也有一定的影响。

也是因为地处要道，活国旧地所在的昆都士，今天已经成为阿富汗东北部最重要的城市。

二、葱岭

从此东入葱岭[1]。葱岭者，据赡部洲中[2]，南接大雪山[3]，北至热海、千泉[4]，西至活国，东至乌铩国[5]，东西南北各数千里。崖岭数百重，幽谷险峻，恒积冰雪，寒风劲烈。多出葱，故谓葱岭；又以山崖葱翠，遂以名焉。

葱岭即帕米尔。玄奘是历史上最早对葱岭做细致描述的人。

[注释]

[1] 葱岭：古代对帕米尔高原地区的称呼。帕米尔高原地处中亚东南部、包括今天中国的新疆西南部、塔吉克斯坦东南部、阿富汗东北部，其间昆仑山、喀喇昆仑山、兴都库什山和天山交会，形成一个巨大的山结。自古以来连接东西，是古代丝绸之路的重要通道。　[2] 赡部洲：见前卷一《序论》一节中注。　[3] 大雪山：此处指今昆仑山和喀喇昆仑山，往南延伸也可以包括喜马拉雅山。见前卷一《序论》中注。　[4] 热海：《大唐西域记》卷一称作“大清池”，有专门的记载。今吉尔吉斯境内的伊塞克湖（Issyk-kul Lake）。千泉：地名，又名屏聿。玄奘西行求法，曾经过千泉。《大唐西域记》卷一有记载。故地在今吉尔吉斯北部吉尔吉斯山脉北麓，库腊加特河上游一带，当东西交通线冲要，又有林泉之胜，公元七世纪前期为西突厥可汗避暑地。唐显庆二年（657）设蒙

池都护府，管理五弩失毕部落，千泉在其辖境内。　　[5] 乌铩国：旧地诸说不一，当以今新疆莎车县较有说服力。玄奘回国，从此经过。《大唐西域记》卷十二有专门一节记载。

三、揭盘陀国：汉日天种的故事

揭盘陀国[1]，周二千余里。国大都城基大石岭，背徙多河[2]，周二十余里。山岭连属，川原隘狭。谷稼俭少，菽麦丰多。林树稀，花果少。原隰丘墟，城邑空旷。俗无礼义，人寡学艺。性既犷暴，力亦骁勇。容貌丑弊，衣服毡褐。文字语言大同佉沙国[3]。然知淳信，敬崇佛法。伽蓝十余所，僧徒五百余人，习学小乘教说一切有部[4]。

今王淳质，敬重三宝，仪容闲雅，笃志好学。建国已来，多历年所，其自称云是至那提婆瞿呾罗（唐言汉日天种）[5]。此国之先，葱岭中荒川也。昔波剌斯国王娶妇汉土[6]，迎归至此。时属兵乱，东西路绝，遂以王女置于孤峰。峰极危峻，梯崖而上，下设周卫，警昼巡夜。

历史上葱岭以西的国王，迎娶东边的新娘，恐怕不少见。注意"汉土"二字。这个地区，"兵乱"也是常事。

时经三月，寇贼方静，欲趣归路，女已有娠。使臣惶惧，谓徒属曰："王命迎妇，属斯寇乱。野次荒川，朝不谋夕。吾王德感，妖氛已静。今将归国，王妇有娠。顾此为忧，不知死地。宜推首恶，或以后诛。"讯问喧哗，莫究其实。时彼侍儿谓使臣曰："勿相尤也，乃神会耳。每日正中，有一丈夫，从日轮中乘马会此。"使臣曰："若然者，何以雪罪？归必见诛，留亦来讨，进退若是，何所宜行？"金曰："斯事不细，谁就深诛？待罪境外，且推旦夕。"

于是即石峰上筑宫起馆，周三百余步。环宫筑城，立女为主。建官垂宪，至期产男，容貌妍丽。母摄政事，子称尊号。飞行虚空，控驭风云，威德遐被，声教远洽，邻域异国，莫不称臣。其王寿终，葬在此城东南百余里大山岩石室中。其尸干腊，今犹不坏，状羸瘠人，俨然如睡。时易衣服，恒置香花。子孙奕世，以迄于今。以其先祖之世，母则汉土之人，父乃日天之种，故其自称汉日天种。然其王族，貌同中国。首饰方冠，身衣胡服。后嗣陵夷，见迫强国。

新娘尚滞留在路途，竟然怀孕了。发生这样的事，非同小可。

故事的结局很圆满。虽是神话，但产生这样的神话的原因颇值得思考。

［注释］

[1] 朅盘陀国：即今天中国新疆的塔什库尔干县。《汉书·西域传》中称为蒲犁国，后来有"汉盘陀""诃盘陀""渴盘陀""喝盘陀""羯盘陀""渴饭檀"等译名。这些名称大同小异，应该来自中亚的各种古语言。　[2] 徙多河：今塔什库尔干县东边的塔什库尔干河，河水从南向北流，最后与叶尔羌河汇合，然后再与和田河、阿克苏河汇合在一起，成为塔里木河。玄奘说的"国大都城基大石岭，背徙多河"，即今天当地人所称的"石头城"。　[3] 佉沙国：即今新疆喀什。　[4] 小乘教说一切有部：见前卷一《屈支国》一节注。说一切有部是古代新疆地区最流行的佛教部派。　[5] 至那提婆瞿呾罗：至那是梵语 Cīna 的音译，佛经里有时也译为"支那"，玄奘在这里把它意译为"汉"，指中国；提婆是梵语 deva 的音译，意译"天"，意思是神。瞿呾罗是梵语 gotra 的音译，意译"种"，此指种族。三个词合起来，成为"至那提婆瞿呾罗"，梵语是 Cīnadevagotra，玄奘此处意译为"汉日天种"。"日天"的意思就是太阳神。　[6] 波剌斯：即波斯，梵文的原字是 Pārsa，今称伊朗。《大唐西域记》卷十一有很简略的一节讲到"波剌斯国"。

［点评］

玄奘这里讲的，是波斯国王从"汉土"迎娶"汉土"的"王女"，因为战乱，交通中断，新娘未能到达波斯，在当地被迫停留下来的故事。故事中最奇特的一个情节是，新娘被迎亲的大臣安置一座孤峰之上，孤峰之下，虽然有卫兵严密保护，但三个月后，新娘却怀孕了。此事体大，大臣们惶恐不已，查问究竟，最后才知道是从太阳中下来的一位天神，与公主交往，致使新娘怀孕。迎亲的队伍回国无法交代，只好在当地留了下来，拥戴王女作国主，王女生下的孩子，母亲摄政，王子称为国王。既然母亲来自"汉土"，父亲属于太阳神种族，这个新的王族就自称为"汉日天种"，意思是来自"汉土"的人与太阳神的后裔。

故事奇异，实际上不过是一个不大的国家建国的神话传说。但神话都不是没有来由，所有的神话，反映的或者说映射的其实是过去的历史或者说当时的现实。这个故事反映了什么呢？至少可以说有以下几点。

第一，历史上不同族群居住的地区——尤其是这里讲到的古代的丝绸之路上——随处可见的异族通婚的现象。族群之间的通婚和融合，从古到今，从来没有中断过。每一个族群，历史和文化不同，有自己的特点，但没有一个族群，是"纯粹"的，单一的来源。文化上如此，血源上也是如此。族群与族群之间，历史上的"汉族"与远近相邻的各个族群之间，这样的例子实在是太多。"汉日天种"故事映射出的，其实就是这样一个历史的事实。

第二，在古代——今天其实也一样——服饰常常是族群区别的象征之一，但服饰的变化同样也反映族群融合的程度。"首饰方冠，身衣胡服"看来就是这样的一种情形。

第三，古代国家的起源，大多与神话故事联系在一起。这在古代不奇怪。"汉日天种"的传说，使揭盘陀国的王族具有了神圣性。类似的故事在西域包括印度随处可见，《大唐西域记》里有不少的事例。

第四，印度文化对这一地区的影响。太阳神从天而降，与女子相会，有了后代，后代成为国王，这是典型的印度故事风格。但故事中最基本的情节，却与"汉"联系在一起。中国的新疆地区，历史上一方面受到"汉地"的影响，一方面也受到印度以及波斯的影响。"汉日天种"的故事把这三个方面的因素结合在了一起。

有一点我们可以注意，玄奘还说，这个王族的体貌也有自己的特点："然其王族，貌同中国，首饰方冠，身衣胡服。"那就是说，在玄奘的眼里，这个国家的王族，面貌长得确实像中国人。他们头戴"方冠"，身上穿的却是"胡服"。

玄奘从印度返回中国，路经揭盘陀国，在此停留了前后二十多天，这个时间不短。玄奘说这样的话，应该有所根据，根据的是他自己的观察。

不过，这里也还有一个问题：故事中的"汉土"，指的就是当时汉族所居的中国的中原地区吗？这有可能，但也不一定。古代西域的很多国家里，人们对"汉土"的理解，往往很宽泛。所谓"汉土"，范围很广，不仅仅只是中原地区，也包括河西以及更西的一大片地区。《大唐西域记》前面的卷一《迦毕试》一节和卷四讲到的"质子"，"汉王子"以及下面讲到的"东国公主"，虽然都不大可能来自当时中国的中原地区，但也被认为与"汉"有关。这其中的原因也很简单，那就是，当时的中国，包括所谓的"汉天子"，在整个西域地区有着很大的影响。

　　揭盘陀国地处东西交通的要道，就在玄奘经过揭盘陀之后不久，唐王朝的军事势力真的到达了这一带，进一步还越过葱岭，到达了更远的中亚地区。开元年间（713—741），唐中央政府在揭盘陀设立葱岭守捉，归属于安西都护府节制。也就是在这个时候，"汉"及"汉天子"在这一带可以说有最大的影响。

　　时光流逝，从玄奘的时代到今天，已经一千多年，可是"汉日天种"的传说至今还流传在古代的揭盘陀国，也就是今天的塔什库尔干地区。在今天的塔什库尔干县城南约60多公里处，有一处古代的城堡遗址。城堡依山而建，形势极为险峻，塔吉克语称作"克孜库尔干"，意思是"少女城"或"姑娘城"，更多的人则把它称作"公主堡"。当地人认为，这就是"汉日天种"传说中从"汉土"迎娶来的新娘曾经居住的地方。也许这只是对古老的神话故事的一种附会，但如果登临城堡，远望是皑皑雪山，陡壁下是克孜库尔干河与喀拉秋库尔达里亚河汇合之处，河水奔流，古老的丝绸之路穿越其间。所有这些，不能不让人生出更多的遐想，同时再次感受到这个已经流传了一千多年的故事的魅力，以及其背后所隐含的历史。

四、揭盘陀国：童受论师的传说

　　无忧王命世[1]，即其宫中建窣堵波。其王于后迁居宫东北隅，以其故宫为尊者童受论师建僧伽蓝[2]。台阁高广，佛像威严。尊者呾叉始罗国人也[3]，幼而颖悟，早离俗尘，游心典籍，栖神玄旨，日诵三万二千言，兼书三万二千字。故能学冠时彦，名高当世。立正法，摧邪见。高论清举，无难不酬，五印度国咸见推高。其所制论凡数十部，并盛宣行，莫不玩习，即经部本师也[4]。当此之时，东有马鸣[5]，南有提婆[6]，西有龙猛[7]，北有童受，号为四日照世。故此国王闻尊者盛德，兴兵动众，伐呾叉始罗国，胁而得之，建此伽蓝，式昭瞻仰。

城东南行三百余里，至大石崖，有二石室，各一罗汉于中入灭尽定，端然而坐，难以动摇。形若羸人，肤骸不朽，已经七百余岁。其须发恒长，故众僧年别为剃发易衣。

大崖东北，逾岭履险，行二百余里，至奔穰舍罗（唐言福舍）[8]。葱岭东冈，四山之中，地方百余顷，正中垫下。冬夏积雪，风寒飘劲。畴垄舄卤，稼穑不滋。既无林树，唯有细草。时虽暑热，而多风雪，人徒才入，云雾已兴。商侣往

四位佛教的大师，严格地讲，未必完全同时，但"四日照世"却说明了佛教在当时的影响。

来，苦斯艰险。闻诸耆旧曰：昔有贾客，其徒万余，橐驼数千，赍货逐利，遭风遇雪，人畜俱丧。时朅盘陀国有大罗汉，遥观见之，悯其危厄，欲运神通，拯斯沦溺。适来至此，商人已丧。于是收诸珍宝，集其所有，构立馆舍，储积资财，买地邻国，鬻户边城，以赈往来。故今行人商侣咸蒙周给。从此东下葱岭东冈，登危岭，越洞谷。溪径险阻，风雪相继，行八百余里，出葱岭，至乌铩国。

虽是故事，但反映出当时在所谓"丝绸之路"上做贸易的"贾客"们的艰辛，他们时常会遭遇到危险。

[注释]

[1] 无忧王：从玄奘以下的叙述看，此无忧王与著名的印度孔雀王朝的无忧王不是同一人。这里讲，这位无忧王"伐呾叉始罗国"，用武力迎请童受论师，故事也未必真实，似乎仅仅是对迦腻色迦王讨伐中印度、迎请马鸣的故事的模仿。　[2] 童受论师：见前卷三《呾叉始罗国》一节中注。　[3] 呾叉始罗国：见前卷三《呾叉始罗国》一节中注。　[4] 经部本师：见前卷三《呾叉始罗国》一节中注。　[5] 马鸣：梵语 Aśvaghoṣa 的意译。古代印度著名的佛教学者、诗人。一般认为活动时间约在公元 2 世纪前期，与贵霜王朝的迦腻色迦王同时。马鸣在北印度尤其有影响。据说他特别善辩，极具文才，当他讲说佛法，"马解其音"，"遂号为马鸣菩萨"。著作有《佛所行赞》《美难陀传》及《舍利弗传》等。其中最有名的是《佛所行赞》。《大唐西域记》卷八"摩揭陀国"有马鸣的故事。汉译佛教文献中有《马鸣菩萨传》，不过讲述颇

多神异色彩。　[6] 提婆：梵语 Deva 的音译，大乘佛教中观派著名的学者。生于师子国即斯里兰卡，活动时间约在公元 2 世纪后期到 3 世纪初期。提婆继承龙树的学说，游历印度各地，破斥小乘和外道学说，著作很多。《大唐西域记》中多次提到提婆，汉译佛教文献中有《提婆菩萨传》，不过所有的讲述都颇多神异色彩。　[7] 龙猛：梵语 Nāgārjuna 的意译，一般译为龙树。大乘佛教最有名的学者，佛教中观派学说的创立者。有关龙树的神异故事很多，对其年代和生平细节争议也很多。一般的说法，认为他是南印度人，活动时间约在公元 2 世纪后期。龙树著作很多，对后来印度佛教和中国佛教的发展影响都很大。汉译佛教文献中有《龙树菩萨传》，不过其中的故事也是有很重的神话色彩。　[8] 奔穰舍罗：梵语 puṇyaśala 的音译，意译“福舍”。玄奘在《大唐西域记》卷四《磔迦国》一节中解释：“此国已往，多有福舍，以赡贫匮，或施药，或施食，口腹之资，行旅无累。”即为贫困或行旅之人设立的救济场所。

五、瞿萨旦那国

瞿萨旦那国[1]，周四千余里。沙碛大半，壤土隘狭，宜谷稼，多众果。出氍毹、细毡[2]，工纺绩绝绸[3]，又产白玉、黳玉[4]。气序和畅，飘风飞埃。俗知礼义，人性温恭。好学典艺，博达技能。众庶富乐，编户安业。国尚乐音，人好歌舞。少服毛褐毡裘，多衣绁绸白氈。仪形有礼，风则有纪。文字宪章，聿尊印度，微改体势，粗有沿革。语异诸国，崇尚佛法。伽蓝百有余所，僧徒五千余人，并多习学大乘法教。

王甚骁武，敬重佛法，自云毗沙门天之祚胤也[5]。昔者，此国虚旷无人，毗沙门天于此栖止。无忧王太子在呾叉始罗国被抉目已[6]，无忧王怒谴辅佐，迁其豪族，出雪山北，居荒谷间。迁人逐物，至此西界，推举酋豪，尊立为王。当是时也，东土帝子蒙谴流徙，居此东界，群下劝进，又自称王。岁月已积，风教不通。各因田猎，遇会荒泽，更问宗绪，因而争长。忿形辞语，便欲交兵。或有谏曰："今何遽乎？因猎决战，未尽兵锋。宜归治兵，期而后集。"

于是回驾而返，各归其国，校习戎马，督励士卒。至期兵会，旗鼓相望。旦日合战，西主不利，因而逐北，遂斩其首。东主乘胜，抚集亡国，迁都中地，方建城郭。忧其无土，恐难成功，宣告远近，谁识地理。时有涂灰外道，负大瓠，盛满水而自进曰："我知地理。"遂以

这只是一个传说性质的故事，不过，东西两边的王互相争斗，也隐约反映了当地古代居民族源复杂的历史背景。

其水屈曲遗流，周而复始，因即疾驱，忽而不见。依彼水迹，峙其基堵，遂得兴功，即斯国治，今王所都于此城也。城非崇峻，攻击难克，自古已来，未能有胜。

其王迁都作邑，建国安人，功绩已成，齿鬓云暮，未有胤嗣，恐绝宗绪。乃往毗沙门天神所，祈祷请嗣，神像额上，剖出婴孩，捧以回驾，国人称庆。既不饮乳，恐其不寿，寻诣神祠，重请育养。神前之地忽然隆起，其状如乳，神童饮吮，遂至成立。智勇光前，风教遐被，遂营神祠，宗先祖也。自兹已降，奕世相承，传国君临，不失其绪。故今神庙多诸珍宝，拜祠享祭，无替于时。地乳所育，因为国号。

[注释]

[1]瞿萨旦那国：即今天新疆的和田，古代多称于阗。瞿萨旦那国王城的确切位置，作考古研究的学者之间有争议，不同的学者有不同的比定。一种说法是在今和田城西约10公里处的约特干遗址，另一种说法是在今和田城北边约20公里处的阿克斯比尔古城。瞿萨旦那，梵语Gostana的音译，玄奘解释是"地乳"。 [2]氍毹（qú shū）：毛织的地毯，织有图案和花纹。 [3]絁（shī）绸：絁即丝，絁绸即丝绸。 [4]鹥（yī）玉：黑色的玉石。

和田自古以出产良玉著称，玄奘对此做了记载。 [5] 毗沙门天：见前卷一《缚喝国》一节中注。 [6] 无忧王太子在呾叉始罗国被抉目已：见前卷二《呾叉始罗国》一节。

[点评]

瞿萨旦那国即今天新疆的和田，在中国的史书中，很多时候又称作于阗。从今天甘肃的敦煌出发，通往西域，古代有南北两条道路，一条沿塔克拉玛干沙漠的北缘西行，称为北道，一条沿塔克拉玛干沙漠的南缘西行，称为南道。两三千年来，和田一直是南道上最重要的城市。北道和南道合在一起，成为今天人们经常讲到的丝绸之路在中国境内最主要的一部分。

贞观十五年（641），玄奘从印度归国。玄奘回国，仍然走陆路。贞观十八年（644），他到达瞿萨旦那。当年玄奘违背政府的法令，私自偷渡出国，现在回国，真正要抵达首都长安，一切又会怎样，他没有十分的把握。玄奘因此在瞿萨旦那停了下来，向唐太宗上表，报告他去印度的前后经过。为了等待唐太宗的答复，同时也为了让人去屈支（今新疆库车）和疏勒（今新疆喀什）寻找他回国途中，乘船渡过印度河时丢失的一些佛经的经本，玄奘就一直停留在瞿萨旦那，前后的时间有七八个月。

对于瞿萨旦那国，玄奘在《大唐西域记》中给予了很大的篇幅加以记载，足见玄奘很重视这个国家。玄奘为什么会这样，显然是因为：第一、当年的瞿萨旦那国或者说和田，佛教很兴盛。佛教东传，首先就到达和田地区。和田一度也是中原地区西行求法的目的地之一。第二、和田与河西和中原地区历史上关系一直很密切。和田的佛教对河西和中原地区的佛教有重要的影响。玄奘重视佛教，也重视瞿萨旦那国。

玄奘对瞿萨旦那国的记载中，很重要的一部分是这个国家建国的传说。这个传说在比玄奘时代晚一些的藏文文献中也有记载。

六、瞿萨旦那国：毗卢折那伽蓝

王城南十余里有大伽蓝，此国先王为毗卢折那（唐言遍照）阿罗汉建也[1]。昔者，此国佛法未被，而阿罗汉自迦湿弥罗国至此林中，宴坐习定。时有见者，骇其容服，具以其状上白于王。王遂躬往，观其容止，曰："尔何人乎，独在幽林？"罗汉曰："我，如来弟子，闲居习定。王宜树福，弘赞佛教，建伽蓝，召僧众。"王曰："如来者，有何德，有何神，而汝鸟栖，勤苦奉教？"曰："如来慈悯四生，诱导三界，或显或隐，示生示灭。遵其法者，出离生死，迷其教者，羁缠爱网。"王曰："诚如所说，事高言议，既云大圣，为我现形；

既得瞻仰，当为建立，罄心归信，弘扬教法。”罗汉曰：“王建伽蓝，功成感应。”王苟从其请，建僧伽蓝，远近咸集，法会称庆，而未有揵椎扣击召集。王谓罗汉曰：“伽蓝已成，佛在何所？”罗汉曰：“王当至诚，圣鉴不远。”王遂礼请，忽见空中佛像下降，授王揵椎，因即诚信，弘扬佛教。

［注释］

[1] 毗卢折那：梵语 Vairocana 的音译，意译“遍照”。

七、瞿萨旦那国：瞿室𩜁伽山

王城西南二十余里，有瞿室𩜁伽山（唐言牛角）[1]。山峰两起，岩隒四绝[2]，于崖谷间建一伽蓝，其中佛像时烛光明。昔如来曾至此处，为诸天人略说法要，悬记此地当建国土，敬崇遗法，遵习大乘。

牛角山岩有大石室，中有阿罗汉，入灭心定，待慈氏佛，数百年间，供养无替。近者崖崩，掩塞门径，国王兴兵欲除崩石，即黑蜂群飞，毒螫人众，以故至今石门不开。

王城西南十余里，有地迦婆缚那伽蓝[3]。中有夹纻立佛像[4]，本从屈支国而来至止[5]。昔此国中有臣被谴，寓居屈支，恒礼此像。后蒙还国，倾心遥敬。夜分之后，像忽自至，其人舍宅，建此伽蓝。

[注释]

[1]瞿室馂伽山：斯坦因比定在今新疆和田姚头冈西南十一英里，喀拉喀什河东岸的 Komāri 山，山上有当地人现在仍在崇拜的马札河石窟。瞿室馂伽，梵语 Gośṙṅga 的音译，意译"牛角"，藏文文献中作 ri-Glaṅ-ru。 [2]陕（yǎn）：层叠的山崖。 [3]地迦婆缚那：原字不详，或者可以还原为梵文 Dīrghabhāvana，上个世纪的英国学者贝利（H. W. Bailey）推测原字是古和田语文书中的 Ditkabanī，为菩萨的名字。伽蓝：即寺庙。 [4]夹纻：一种传统的手工技艺，先泥塑成胎，再用漆把麻布贴在泥胎外面，漆干后反复再涂，最后成为塑像，取出泥胎。古代常以此工艺制作佛像或人像。 [5]屈支国：见前卷一《屈支国》一节。

八、瞿萨旦那国：勃伽夷城

王城西行三百余里，至勃伽夷城[1]。中有佛坐像，高七尺余，相好允备，威肃嶷然。首戴宝冠，光明时照。闻诸土俗曰：本在迦湿弥罗国，请移至此。昔有罗汉，其沙弥弟子临命终时，求酢米饼。罗汉以天眼观，见瞿萨旦那国有此味焉，运神通力，至此求获。沙弥啖已，愿生其国，果遂宿心，得为王子。既嗣位已，威摄遐迩，遂逾雪山，伐迦湿弥罗国。迦湿弥罗国王整集戎马，欲御边寇。

时阿罗汉谏王："勿斗兵也，我能退之。"寻为瞿萨旦那王说诸法要。王初未信，尚欲兴兵。罗汉遂取此王先身沙弥时衣，而以示之。王既见衣，得宿命智，与迦湿弥罗王谢咎交欢，释兵而返。奉迎沙弥时所供养佛像，随军礼请。像至此地，不可转移，环建伽蓝，或招僧侣，舍宝冠置像顶。今所冠者，即先王所施也。

和田与古代印度的克什米尔地区相邻近，交往密切，有这样的故事不奇怪。

[注释]

[1]勃伽夷城："勃伽夷"一名原字不详。勃伽夷城的旧址有多种推测，中国学者黄文弼认为应该在今新疆于田县至皮山县间的装桂牙（今藏桂乡）。

九、瞿萨旦那国：鼠王的故事

王城西百五六十里，大沙碛正路中，有堆阜，并鼠壤坟也。闻之土俗曰：此沙碛中，鼠大如猬，其毛则金银异色，为其群之酋长，每出穴游止，则群鼠为从。昔者，匈奴率数十万众，寇掠边城，至鼠坟侧屯军，时瞿萨旦那王率数万兵，恐力不敌，素知碛中鼠奇，而未神也。洎乎寇至，无所求救，君臣震恐，莫知图计。苟复设祭，焚香请鼠，冀其有灵，少加军力。其夜瞿萨旦那王梦见大鼠曰："敬欲相助，愿早治兵。旦日合战，必当克胜。"

瞿萨旦那王知有灵祐，遂整戎马，申令将士，未明而行，长驱掩袭。匈奴之闻也，莫不惧焉。方欲驾乘被铠，而诸马鞍、人服、弓弦、甲缝，凡厥带系，鼠皆啮断。兵寇既临，面缚受戮。于是杀其将，虏其兵，匈奴震慑，以为神灵所祐也。瞿萨旦那王感鼠厚恩，建祠设祭，奕世遵敬，特深珍异。故上自君王，下至黎庶，咸修祀祭，以求福祐。行次其穴，下乘而趋，拜以致敬，祭以

国王祈求老鼠的帮助，鼠王托梦。

老鼠虽小，但同样可以建立奇功。

祈福。或衣服、弓矢，或香花、肴膳，亦既输诚，多蒙福利。若无享祭，则逢灾变。

[点评]

玄奘讲的"鼠壤坟"，在今天和田的什么地方，虽有一些争议，但大致应该离今天和田城不是很远。玄奘说在瞿萨旦那国王城西边一百五六十里的地方，从这个距离推断，估计在接近今天皮山县的位置。

沙漠中有老鼠不奇怪，老鼠体形巨大也不算很奇怪，奇怪的是故事的内容有点异想天开：匈奴的首领，率领数十万军队，入侵瞿萨旦那国。瞿萨旦那国兵力不济，抵挡不了匈奴的军队，国王只好求助沙漠中这些奇异的老鼠。老鼠有王，鼠王答应帮助瞿萨旦那国王。老鼠们在夜里偷偷钻进了匈奴军队的帐篷，把匈奴人马鞍、铠甲、弓弦，还有系铠甲的链条，所有用来系物的带结都给咬断，第二天，瞿萨旦那王带领自己的军队，长驱奔袭。匈奴人措手不及，慌忙中想要驾马披甲，可是武器都无法使用，只好束手就擒。匈奴大败，瞿萨旦那王大获全胜。瞿萨旦那王感谢老鼠们帮助，于是为老鼠修建了祠堂，设供祭拜。瞿萨旦那的国王和人民，因此尊敬这些老鼠，一代一代都祭拜老鼠，希望能获得保佑。小小的老鼠，最后成为了瞿萨旦那国的英雄。

在当年的和田地区，这个故事一定很流行。20世纪初，匈牙利裔的英国探险家斯坦因来到和田，做广泛的考古调查。斯坦因深入到和田东边的塔克拉玛干沙漠，在当地人称作丹丹乌里克（Dandan-Uiliq）的地方，发现一大片古代居民的遗址。斯坦因在这处遗址发掘出大量古代的物品，有佛像和神像，其中最引人注意的是来自一处佛寺的几幅木板画。木板画中有一幅画，画了一个奇异的形象：尖尖的嘴，显然是老鼠，但老鼠的头上，却戴着王冠。头以下的部分，则是人身，穿着华丽的衣服。老鼠面部的表情如同人类，俨然是一位受到崇拜的鼠神。画中的鼠神，位于中央。鼠神的右边，是一位男子。男子头上梳着整齐的发髻，上半身裸露，双手持一长柄的叶形扇子，两眼端注鼠神，表现出一种崇敬的神情。鼠神的左边，也画有一位人物，眼睛望着鼠神，只是细部已经不能看得很清楚。

这显然就是玄奘讲的鼠神，也就是鼠王。鼠王面部和衣服中露出的那一部分脖子的颜色是黄色，也与玄奘说的"其毛则金银异色"相符合。鼠王左右的两个人，应该就是鼠王的侍者或者祭拜者。古代和田曾经有过崇拜神鼠的传统，不仅有玄奘的记载，从这幅画，也可以得到证实。

在古代，对于人类而言，老鼠在不同的场合，有时是负面的形象，有时又以正面的形象出现。鼠王在这里是神，帮助瞿萨旦那王打败了匈奴，受到瞿萨旦那国人的崇拜，完全是正面形象。这个故事的产生，有历史的背景，因为瞿萨旦那国确实曾经受到过匈奴的侵扰；更有宗教文化的背景，那就是在古代的和田地区，佛教曾经有过极大的影响，和田当时可以说是一个佛教国家。佛经中有许许多多与老鼠有关的故事。佛经故事中的动物，只要是讲到一个群体，总是有王，或者是鼠王，或者是猴王，还有鹿王、孔雀王、雉王。这是佛经或者说印度故事的一大特点。佛经故事的另一个特点则是，这些动物，大多数情况下，都以正面的形象出现，就像玄奘讲的这个故事中的鼠王。即使目前还没有在佛经里找到完全一样的例子，从和田的鼠王故事中，我们依然可以隐约地看到佛教和佛教故事的影响。

玄奘在《大唐西域记》讲了鼠王的故事，无独有偶，同样的故事在玄奘之后又再次出现。编撰于北宋时期的《宋高僧传》，其中卷一有《不空传》，记载唐代佛教密宗最有名的僧人不空的事迹。《不空传》中也提到一个类似的故事。故事讲，唐朝天宝年间，"西蕃、大石、康三国帅兵围西凉府"。皇帝命令不空来到皇宫中"道场"，皇帝主持，让不空手持香炉，念诵咒语。皇帝见到有"神兵可五百员在于殿庭"。惊诧之间，皇帝问不空。不空说，这是"毗沙门天王子领兵救安西"。这年的四月二十日，果然收到安西的表奏。表奏上说，"二月十一日，城东北三十许里，云雾间见神兵长伟，鼓角喧鸣，山地崩震，蕃部惊溃"。这个故事中同样的一个情节是，"彼营垒中有鼠金色，咋弓弩弦皆绝"。最后的结果，是围攻西凉的敌军溃败而去。

这样的故事，大部分情节近乎神话，当然不可当做历史的事实。不过，与玄奘讲的故事一样，这个新的老鼠助战的故事，也有一定的历史作为背景，那就是，唐代中期的几位皇帝，曾经十分崇信佛教的密宗。新的故事说明，玄奘之后，鼠王故事又有怎样一个流传的痕迹，从中我们可以看到西域与中原地区在宗教文化上有怎样的一种互动。

回到老鼠的故事自身来讲，世界上各个地区、各个国家、各个民族，都有许多关于老鼠的故事，各种故事形形色色，内容不同，但却不是处处都有鼠神的崇拜，古代和田的鼠神崇拜因此很有自己的特点。只是到了今天，除了印度仍然还有把老鼠当做神物的神庙，其他的地方似乎没有再听说有鼠神的祠堂。

在这个地球上，鼠与人类，已经共同生存了许久。各种与鼠有关的故事，都是人的创造。不仅是老鼠，所有这类故事，无论是人与动物相交往，或者是动物被人格化或神圣化，这中间折射出的，其实是人的观念和想象，同时反映出不同族群的不同信仰和不同的文化心态。十二生肖，鼠排首位，说明鼠与人类关系密切。对于人类，老鼠并不总是可厌，它们也有可爱的时候。从玄奘讲到的鼠王故事和古代和田的鼠神崇拜中，除了神话和民俗，我们看到的，也包括这一点。

十、瞿萨旦那国：娑摩若僧伽蓝传说

瞿萨旦那国的每个寺庙，似乎都有一个神奇的故事。

王城西五六里，有娑摩若僧伽蓝[1]。中有窣堵波，高百余尺，甚多灵瑞，时烛神光。昔有罗汉，自远方来，止此林中，以神通力，放大光明。时王夜在重阁，遥见林中光明照曜，于是历问，金曰："有一沙门，自远而至，宴坐林中，示现神通。"王遂命驾，躬往观察。既睹明贤，乃心祗敬，钦风不已，请至中宫。沙门曰："物有所宜，志其所在。幽林薮泽，情之所赏；高堂邃宇，非我攸闻。"王益敬仰，深加宗重，为建伽蓝，起窣堵波。沙门受请，遂止其中。顷之，王感获舍利数百粒，甚庆悦，窃自念曰："舍利来应，何其晚欤？早得置之窣堵波下，岂非胜迹？"寻诣伽蓝，具白沙门。罗汉曰："王无忧也，今为置之。宜以金、银、铜、铁、大石函等，以次周盛。"王命匠人，不日功毕，载诸宝舆，送至伽蓝。

是时也，王宫导从，庶僚凡百，观送舍利者，动以万计。罗汉乃以右手举窣堵波，置诸掌中，谓王曰："可以藏下也。"遂坎地安函，其功斯毕。于是下窣堵波，无所倾损。观睹之徒，叹未曾有，信佛之心弥笃，敬法之志斯坚。

王谓群官曰："我尝闻佛力难思，神通难究。或分身百亿，或应迹人天；举世界于掌内，众生无动静之想，演法性于常音，众生有随类之悟。斯则神力不共，智慧绝言。其灵已隐，其教犹传。餐和饮泽，味道钦风，尚获斯灵，深赖其福。勉哉凡百，宜深崇敬，佛法幽深，于是明矣！"

[注释]

[1]娑摩若僧伽蓝：类似的故事也见于藏文《于阗国史》。娑摩若，原字不详，可能是梵文 Samājñā 的音译，藏文作 So ma ña。僧伽蓝，即寺庙。

[点评]

东晋时代的法显，西行求法，也曾经经过瞿萨旦那国，并在此停留了三个月。法显他在《法显传》中讲："（于阗国）其城西七八里有僧伽蓝，名王新寺。作来八十年，经三王方成。可高二十五丈，雕文刻镂，金银覆上，众宝合成。塔后作佛堂，庄严妙好，梁柱户扇窗牖皆以金薄。别作僧房，亦严丽整饰，非言可尽。"于阗国即瞿萨旦那国。从地理位置上推断，"王新寺"很可能就是玄奘这里讲的"娑摩若僧伽蓝"。英国探险家斯坦因推断实际位置在今新疆和田姚头冈西面约一英里处的 Somiya 村。

十一、瞿萨旦那国：东国公主与
蚕种西传的传说

王城东南五六里，有麻射僧伽蓝[1]，此国先王妃所立也。昔者，此国未知桑蚕，闻东国有也，命使以求。时东国君秘而不赐，严敕关防，无令桑蚕种出也。瞿萨旦那王乃卑辞下礼，求婚东国。国君有怀远之志，遂允其请。

瞿萨旦那王命使迎妇，而诫曰："尔致辞东国君女，我国素无丝绵桑蚕之种，可以持来，自为裳服。"女闻其言，密求其种，以桑蚕之子置帽絮中。

东国公主以此办法躲避检查。

既至关防，主者遍索，唯王女帽不敢以验。遂入瞿萨旦那国，止麻射伽蓝故地，方备仪礼，奉迎入宫，以桑蚕种留于此地。阳春告始，乃植其桑，蚕月既临，复事采养。初至也，尚以杂叶饲之，自时厥后，桑树连阴。王妃乃刻石为制，不令伤杀；蚕蛾飞尽，乃得治茧。敢有犯违，明神不祐。遂为先蚕建此伽蓝。数株枯桑，云是本种之树也。故今此国有蚕不杀，窃有取丝者，来年辄不宜蚕。

［注释］

［1］麻射僧伽蓝：类似故事也见于藏文《于阗国史》和《新唐书》卷二二一。麻射，原字不详，藏文对应的词是 Ma-ża。

［点评］

在玄奘讲的有关瞿萨旦那国所有的故事中，这是最有意思的一个故事，因为它与人们长期以来关注的一个话题有关：丝绸之路以及丝绸之路得以命名的丝绸。

所谓丝绸之路，指的是古代起始于中国的古都长安或洛阳，向西延伸，连接中亚、西亚、欧洲，乃至于东非的商路。这些商路，最早主要是陆路，后来也包括有海路，于是又被分别称为陆上丝绸之路和海上丝绸之路。不过，把这些商路统称为丝绸之路，其实很晚。一般的说法是，19 世纪 70 年代，德国的地理学家李希霍芬（Ferdinand von Richthofen, 1833–1905）最早提出"丝绸之路"（Seidenstrasse）一名。不过，2019 年，一位名叫 Matthias Mertens 德国学者发表文章，文章中讲，他使用 Google 的搜索工具 Ngrams 对德国一百多年前的学术出版物进行检索，发现使用"丝绸之路"这个词的，还有更早的德国学者，而且不止一位。其中最早的，是李特尔（Carl Ritter, 1779–1859）。李特尔也是德国当时很著名的一位地理学家，李希霍芬只是继承和在更广泛的意义上使用了这个名称。

　　不过，丝绸之路这个名称，不管是谁最早使用，这个名称一经提出，就被广泛接受。因为古代在这些商路上贸易的商品，丝绸的确占了很大一部分，把这些商路称作丝绸之路，不仅恰如其分，而且确实能突出古代中国与其他国家或地区物质文化交流的一大特色。中国与西方之间的这些商路，其实早就存在，至少已经有两千多年的历史，只是过去没有被称作丝绸之路而已。

　　发明养蚕和制作丝绸的技艺，是古代中国对于人类文明的一大贡献。丝绸在中国生产出来，源源不断地输出到其他的国家或者地区。丝绸的生产，包括几个最重要的环节，首先是养蚕，其次是缫丝，再是织成丝绸，中间还包括染色，或者加入一些特殊的工艺，例如织花、压花等等。其中，养蚕是第一步。在中国，传说中最早养蚕的是嫘祖。历史上嫘祖是不是实有其人，仍有争议。养蚕、缫丝和纺织丝绸，作为一套完整的生产技术，前后发展，会有一个过程，很难说是某一个人的发明。但对于我们中国人来说，嫘祖确实是中国最早养蚕缫丝的代表人物。嫘祖是中国人，嫘祖的传说，不仅是我们对祖先的一种追思和纪念，也代表了古代中国对人类文明的贡献。

　　有意思的是，欧洲人最早并不知道丝绸是怎么生产出来的。当欧洲人见到如此精美华丽的丝绸，又知道这是来自遥远东方的中国的时候，对于丝绸的来历不禁生出一些奇异的猜想。公元初罗马最博学的学者普林尼（Pliny "the Elder", Gaius Plinius Secundus，23–79年），在他堪称百科全书式的著作《自然史》（*Naturalis*

Historia）中专门讲到过丝和丝绸。普林尼把中国称作"赛里斯"（Seres）。他说，在"赛里斯"，丝就生长在树上，人们把丝从树叶上取下，经过漂洗，再纺织成丝绸，然后再经过几万里艰辛的路途，最后才运到罗马。到了罗马，丝绸的价值倍增，成为罗马贵族们最豪华最珍贵的衣料。很长一段时间，欧洲人都不知道，丝绸从蚕丝而来，更不知道还有养蚕缫丝一说。"赛里斯"这个词，拉丁语的意思就是"丝"。两千多年前，在西方人的眼里，中国就是丝之国。

但在亚洲，情形则不大一样。从中国发端的丝绸之路，首先连接到周边的地区，有关养蚕和织造丝绸的知识和技术，不需要很久，就有可能传到这些地区和国家。

玄奘这里讲的，正是这样的一个故事。瞿萨旦那国不养蚕，更没有丝绸。养蚕又有丝绸的"东国"，却严禁蚕种出国。国王只好"卑辞下礼，求婚东国"。东国的国君答应了婚事。瞿萨旦那国王悄悄地带话给将要出嫁的公主。于是公主在自己的帽子的丝絮中藏了一些蚕卵，逃过了出国时的检查。东国公主到了瞿萨旦那国，这个国家从此有了蚕种，也学会了养蚕，当然也包括缫丝和织造丝绸。最后公主——现在已经成为王妃——还"刻石为制"，不让伤害蚕虫。她还为这些最早的蚕修建了一座寺庙。

故事的内容简单，但依然很有趣。历史上蚕种以及养殖桑蚕的技术什么时候传到西方，怎么传到西方，从来没有确切的记载。玄奘所讲，虽然只是故事，却在一定程度上反映了蚕种西传中的某些事实。古代东西方之间的丝绸贸易，获利甚大。"东国"方面因此不愿意养蚕、缫丝和织造丝绸的技术外传，这也可以想象。但人类历史上的事都是一样，到了最后，先进的技术总是会通过某种途径传到世界的各个地方。

记载这个故事的，不仅是玄奘的书。《新唐书·西域传》有一节专门讲于阗国，在介绍了于阗国的一般情况后，也讲到这件事：

> （于阗国）初无桑蚕，丐邻国，不肯出，其王即求婚，许之。将迎，乃告曰："国无帛，可持蚕自为衣。"女闻，置蚕帽絮中，关守不敢验，自是始有蚕。女刻石约无杀蚕，蛾飞尽得治茧。

不过，从《新唐书》编撰的时间看，这一段话，很有可能就是根据玄奘书中的话改写而来。二者之间最值得注意的不同之处是，《大唐西域记》中讲的是"东国"，而《新唐书》里则说是"邻国"。

这个故事，同样也记载在藏文的佛教经典中。藏文丹珠尔中有一部书，名称是《于阗国授记》（*Li'i yul lung bstan pa*），书中也讲了类似的故事，只是情节稍有不同。和田地区与西藏相邻，西藏的佛教，在早期阶段曾经受到和田佛教不小的影响。藏文佛教文献中讲到和田，保留了有关和田历史的一些资料，也是很自然的事。

有意思的还有，与前面讲的"鼠王"故事一样，英国的探险家斯坦因，在发现绘有"鼠王"的木板画时，在同一地点，也就是今天和田附近塔克拉玛干沙漠中的丹丹乌里克（Dandan-Uiliq）的古代佛寺的遗址中，还发现了另外一些木板画，其中一块画的正是蚕种西传的故事。画上有四位人物，三位是女子，一位看起来像男子。从左边数的第二位女子在画面上最为显著。她戴一顶很大的头冠，头冠上满缀珠宝，身份看起来非同一般。从左边数的第一位女子则左手高举，指着她左边的这位头戴宝冠、身份显贵的女子，似乎在说，这宝冠中有什么东西。她的右手下垂，手臂里还挎着好像是一只竹篮。画的最右边，也是一位女子，坐在一架织机旁，手执纺织工具，织机上布满经线。她的后边，似乎也还有其他纺织的器具。在她与头戴宝冠的女子之间，则坐着一位男子模样的人，头有光环，四只手臂。男子跏趺而坐，四只手中，一只手平置，三只手各执一件器物，看起来有些像剪刀、纺锤和锥子。

这位头戴宝冠的女子，显然就是玄奘所讲故事中的"东国公主"。手指公主宝冠的女子，应该是公主的随从或者侍女。最右边的女子，正在纺织，可以认为是织女。那位男子，头有光环，身有四臂，则是一位天神。从手执的器物看，这位天神主管或保护的，应该就是桑蚕与纺织。

这一幅画，画中人物的形象和所有的装饰，除了那位男子，都与玄奘讲到的故事配合无间。斯坦因因此很快就做出判断，认为画的内容，讲的就是东国公主与蚕种西传的故事。木板画的年代，至少在千年以上，画的发现，用实物证明，玄奘讲的，确实是当年一个广泛流传的故事。在和田北面的一处古庙的遗址，斯坦因还发现过一幅与木板画中的那位四臂天神类似的壁画，画面上也是一位四臂的天神，手中所执的器物也有锥子和剪刀。斯坦因认为，这里画的，也是西域神话中的蚕神。

这位公主，来自"东国"，"东国"究竟是哪一个国家，是中原的国家吗？玄奘没有讲得很明白。大概故事原来就是这样讲，玄奘不过是从当地人那里听到以后，重新叙述了一遍而已。就整个中国而言，汉族人最早发明了养蚕、缫丝和纺织丝绸技术，这无可怀疑，但在汉文文献中，对于蚕种西传的过程，没有更多的记载，也没有类似的故事。对于和田的人而言，和田以东的国家都可以是"东国"。在今天的新疆地区，和田以东，古代曾经有过大大小小不少的国家。这些国家，不同时期由不同的民族或族群所建立，它们都可能是"东国"。即使我们把故事坐实，也很难说"东国"究竟是哪一个国家，也许是古代的楼兰，也许是古代的吐鲁番。不过，无论如何，故事中要说明的一点很清楚，养蚕和纺织丝绸的技术从和田东方的某个国家传来，如果追溯到最后，这个国家指的一定是今天中国的中原地区。蚕种西传的故事发生在和田，也并非偶然。因为古代的和田或者说瞿萨旦那国，自古以来都是古代丝绸之路上的一个重要的国家。东西方之间的商贸往来，无论对于哪一个方向而言，和田都是一个关键的地点。养蚕和织造丝绸的技术传到和田后，到了玄奘的时代，和田不仅"桑树连阴"，而且当地人"工纺绩絁绸"。和田出产优质的丝绸，到今天还是如此。

但玄奘讲的故事中，有一个细节，似乎需要说明一下，这个细节往往被人忽视。玄奘讲，"蚕蛾飞尽，乃得治茧"。了解养蚕缫丝过程的人都知道，如果蚕蛾从茧中飞出，蚕茧的质量就要大打折扣。出过蚕蛾的蚕茧，不是不能缫丝，但难以缫出好丝。或许玄奘当时听到的故事就是如此。或许这只是和田佛教徒的一种说法，他们希望在缫丝过程中尽量保全蚕虫的生命。或许在当时的和田，人们养蚕缫丝，确实就只用出过蚕蛾的蚕茧。当然，真要这样做，也不是不可能。

无论这中间究竟是怎样一个情形，在他的伟大著作《大唐西域记》里，玄奘仍然为我们讲述了这样一个动听的传说，一个已经在古老的丝绸之路上流传了至少一千多年的传说。

十二、瞿萨旦那国：龙女求夫的传说

城东南百余里有大河，西北流，国人利之，以用溉田。其后断流，王深怪异。于是命驾，问罗汉僧曰："大河之水，国人取给，今忽断流，其咎安在？为政有不平，德有不洽乎？不然，垂谴何重也？"罗汉曰："大王治国，政化清和。河水断流，龙所为耳。宜速祠求，当复昔利。"王因回驾，祠祭河龙。忽有一女凌波而至，曰："我夫早丧，王命无从；所以河水绝流，农人失利。王于国内选一贵臣，配我为夫，水流如昔。"王曰："敬闻，任所欲耳。"龙遂目悦国之大臣。

王既回驾，谓群下曰："大臣者，国之重镇；农务者，人之命食。国失镇则危，人绝食则死。危死之事，何所宜行？"大臣越席，跪而对曰："久已虚薄，谬当重任。常思报国，未遇其时，今而预选，敢塞深责。苟利万姓，何吝一臣？臣者，国之佐；人者，国之本，愿大王不再思也。幸为修福，建僧伽蓝。"王允所求，功成不日，其臣又请早入龙宫。

于是举国僚庶，鼓乐饮饯。其臣乃衣素服，乘白马，与王辞诀，敬谢国人。驱马入河，履水不溺，济乎中流，麾鞭画水，水为中开，自兹没矣。顷之，白马浮出，负一栴檀大鼓，封一函书。其书大略曰："大王不遗细微，谬参神选，愿多营福，益国滋臣。以此大鼓，悬城东南，若有寇至，鼓先声震。"

河水遂流，至今利用。岁月浸远，龙鼓久无。

龙女"目悦"选夫，显得颇懂道理。

为了国家，这位大臣愿意献身。

旧悬之处，今仍有鼓池侧伽蓝，荒圮无僧。

[点评]

　　玄奘在故事讲到的大河，依玄奘的说法，在瞿萨旦
那国王城东南百余里。今天和田的东南，由南向北流淌
的河流大大小小有三十多条。其中比较大一些的，从西
向东排列，有喀拉喀什河、玉龙喀什河、策勒河、克里
雅河、尼雅河。这些河从昆仑山流出，向南流入今天的
塔克拉玛干大沙漠，最后或者汇入柴达木河，或者直
接消失在沙漠之中。河水流经之处，往往形成一块绿
洲。居民用水浇灌农田，种植树木，绿洲于是成为一处
城镇。从古至今，都是如此。这条大河，如果从方位推
测距离推断，或者是指今天的玉龙喀什河，或者是策
勒河。

　　对于绿洲，河流可以说是生命线。河水断流，对于
当地的人民生命攸关。可是故事中这样的事就是发生了。
国王请教"罗汉僧"，罗汉僧解释，是因为河中有龙，龙
在作怪，因此应该祭祀龙，一切就会恢复原状。国王因
此为河中的龙举行祭祀。这时龙女突然现身，直接告诉
国王，她的丈夫死去多年，没有了龙王，也就没人发号
施令，河水因此断流。龙女寡居，思盼有一位新的丈夫。
龙女要求国王选取一位大臣，婚配给自己，作自己的丈
夫。如果能够这样，河水将会跟过去一样奔流。国王让
龙女挑选。龙女一一望去，看上了一位大臣。但是国王
却很犹豫，让大臣跟龙女去呢，还是为国家的生计着想。

这时那位大臣自己表示，为了国家，他愿意去做龙女的丈夫。国王还犹豫，但大臣要国王不再犹豫，他唯一的要求，是要国王在河边修一座寺庙，为国家和他祈求福报。

国王答应了大臣的请求。寺庙很快就修好了。大臣也愿意早日进入龙宫。百姓们击鼓奏乐，把大臣送到河边。大臣身穿素衣素服，乘坐一匹白马，告别大家，跃入水中。马踏行水面，到了河的中流。大臣挥鞭划水，河水分开，人和马沉入河中。一会儿后，马重新浮出水面，马背上驮着一具栴檀大鼓，鼓上挂着大臣的信。信的大意讲，他是一个小人物，国王没有抛弃他，却让他参加选婿，成为龙女的丈夫。大臣希望国王多多营造福业，这样对国家和大臣们都会有好处。大臣还请国王把大鼓悬挂在王城的东南。他说，如果有敌人来，鼓声就会鸣响。

于是河水重新开始流淌，至今灌溉庄稼，老百姓都得到了好处。玄奘讲，岁月久远，从龙宫送来的大鼓早已经没有了，只是在原来悬鼓的地方，依然还挂着一架鼓。水池边的寺庙，也早已倾毁，不再有僧人。

这当然只是神话故事，但故事的情节曲曲折折，它使我们想起另外的一些与龙相关的故事。古今流传的龙的故事很多，在所有的关于龙的故事中，这个故事显得最有人情味。龙女寡居，思盼伴侣，这是人之常情——或者准确地说是"龙之常情"。龙女求夫，大臣出赘，则有些像是历史上那些"和亲"的故事，只是这里男女换位，不是女子去给男子做夫人，而是男子给龙女做夫君。

龙女选夫,"目悦"而定,并不马上强取,而是客客气气地留下话来,让大臣和国王都有时间做出决定,也不显得过分霸道。传说中龙的形象,大多暴戾张狂,这里却不是这样。在大臣这一方面,为国奉献,也基本出于自愿。玄奘的《大唐西域记》,前后也讲了不少有关龙和龙池的故事,所有的故事中,这一个故事在情节上显得最为张弛有度。唐代的段成式,从《大唐西域记》读到这个故事,也把它收录进了他的《酉阳杂俎》中,只是段成式的叙述很简略,而且没有提到故事的来源。

前面已经提到过20世纪初英国探险家斯坦因在和田东边沙漠中做考古发掘的事。也是在这里的丹丹乌里克(Dandan-Uiliq),斯坦因在一处房屋的遗址中,曾经发掘出一座泥塑的人像。塑像似乎是一位将军。像旁边有画,画的是一位体态丰盈、面目姣好的女子。女子身后是荷花,一个小孩紧抱女子的大腿。女子旁边端坐着两位男子,衣着精美,显然很有身份,男子表情严肃。斯坦因认为,这幅画讲的就是《大唐西域记》里的这个龙女求夫的故事。但从画面的整个内容看,这里的女子与男子,还有小孩,以及想表达的意思,似乎还难以与玄奘这里讲的故事相契合。

总的讲来,龙女"求夫"的故事情节并不复杂,但这样的故事出自古代的瞿萨旦那国,而不是来自汉族地区,并非偶然。瞿萨旦那国的各处村镇,虽然地处绿洲,附近大多是沙漠,完全依赖于从昆仑山流下来的河水的灌溉,有水无水,实在是太重要,于是就有了这样的故事。龙女求夫,大臣舍身相配,人龙结合,故事有些奇特,但同时故事情节中又有较多的人情味。人龙之间，男女之间，身份也显得比较平等，这其实一定程度上表现了当地人当时的观念。从这个故事中，我们可以看到的，就是这样的一些特点。

《中华传统文化百部经典》已出版图书

书　名	解读人	出版时间
周易	余敦康	2017 年 9 月
尚书	钱宗武	2017 年 9 月
诗经（节选）	李　山	2017 年 9 月
论语	钱　逊	2017 年 9 月
孟子	梁　涛	2017 年 9 月
老子	王中江	2017 年 9 月
庄子	陈鼓应	2017 年 9 月
管子（节选）	孙中原	2017 年 9 月
孙子兵法	黄朴民	2017 年 9 月
史记（节选）	张大可	2017 年 9 月
传习录	吴　震	2018 年 11 月
墨子（节选）	姜宝昌	2018 年 12 月
韩非子（节选）	张　觉	2018 年 12 月
左传（节选）	郭　丹	2018 年 12 月
吕氏春秋（节选）	张双棣	2018 年 12 月
荀子（节选）	廖名春	2019 年 6 月
楚辞	赵逵夫	2019 年 6 月
论衡（节选）	邵毅平	2019 年 6 月
史通（节选）	王嘉川	2019 年 6 月
贞观政要	谢保成	2019 年 6 月
战国策（节选）	何　晋	2019 年 12 月
黄帝内经（节选）	柳长华	2019 年 12 月
春秋繁露（节选）	周桂钿	2019 年 12 月
九章算术	郭书春	2019 年 12 月
齐民要术（节选）	惠富平	2019 年 12 月
杜甫集（节选）	张忠纲	2019 年 12 月
韩愈集（节选）	孙昌武	2019 年 12 月
王安石集（节选）	刘成国	2019 年 12 月
西厢记	张燕瑾	2019 年 12 月

书 名	解读人	出版时间
聊斋志异（节选）	马瑞芳	2019 年 12 月
礼记（节选）	郭齐勇	2020 年 12 月
国语（节选）	沈长云	2020 年 12 月
抱朴子（节选）	张松辉	2020 年 12 月
陶渊明集	袁行霈	2020 年 12 月
坛经	洪修平	2020 年 12 月
李白集（节选）	郁贤皓	2020 年 12 月
柳宗元集（节选）	尹占华	2020 年 12 月
辛弃疾集（节选）	王兆鹏	2020 年 12 月
本草纲目（节选）	张瑞贤	2020 年 12 月
曲律	叶长海	2020 年 12 月
孝经	汪受宽	2021 年 6 月
淮南子（节选）	陈 静	2021 年 6 月
太平经（节选）	罗 炽	2021 年 6 月
曹操集	刘运好	2021 年 6 月
世说新语（节选）	王能宪	2021 年 6 月
欧阳修集（节选）	洪本健	2021 年 6 月
梦溪笔谈（节选）	张富祥	2021 年 6 月
牡丹亭	周育德	2021 年 6 月
日知录（节选）	黄 珅	2021 年 6 月
儒林外史（节选）	李汉秋	2021 年 6 月
商君书	蒋重跃	2022 年 6 月
新书	方向东	2022 年 6 月
伤寒论	刘力红	2022 年 6 月
水经注（节选）	李晓杰	2022 年 6 月
王维集（节选）	陈铁民	2022 年 6 月
元好问集（节选）	狄宝心	2022 年 6 月
赵氏孤儿	董上德	2022 年 6 月
王祯农书（节选）	孙显斌	2022 年 6 月
三国演义（节选）	关四平	2022 年 6 月
文史通义（节选）	陈其泰	2022 年 6 月

书　　名	解读人	出版时间
汉书（节选）	许殿才	2022 年 12 月
周易略例	王锦民	2022 年 12 月
后汉书（节选）	王承略	2022 年 12 月
通典（节选）	杜文玉	2022 年 12 月
资治通鉴（节选）	张国刚	2022 年 12 月
张载集（节选）	林乐昌	2022 年 12 月
苏轼集（节选）	周裕锴	2022 年 12 月
陆游集（节选）	欧明俊	2022 年 12 月
徐霞客游记（节选）	赵伯陶	2022 年 12 月
桃花扇	谢雍君	2022 年 12 月
法言	韩敬、梁涛	2023 年 12 月
颜氏家训	杨世文	2023 年 12 月
大唐西域记（节选）	王邦维	2023 年 12 月
法书要录（节选）　历代名画记	祝　帅	2023 年 12 月
耶律楚材集（节选）	刘　晓	2023 年 12 月
水浒传（节选）	黄　霖	2023 年 12 月
西游记（节选）	刘勇强	2023 年 12 月
乐律全书（节选）	李　玫	2023 年 12 月
读通鉴论（节选）	向燕南	2023 年 12 月
孟子字义疏证	徐道彬	2023 年 12 月
嵇康集	崔富章	2024 年 12 月
白居易集（节选）	陈才智	2024 年 12 月
李清照集（节选）	诸葛忆兵	2024 年 12 月
近思录	查洪德	2024 年 12 月
林则徐集	杨国桢	2024 年 12 月